Jörg-Thomas Titz

Westerwald

mit Siebengebirge, Mittelrhein und Naturpark Nassau

50 ausgewählte Touren

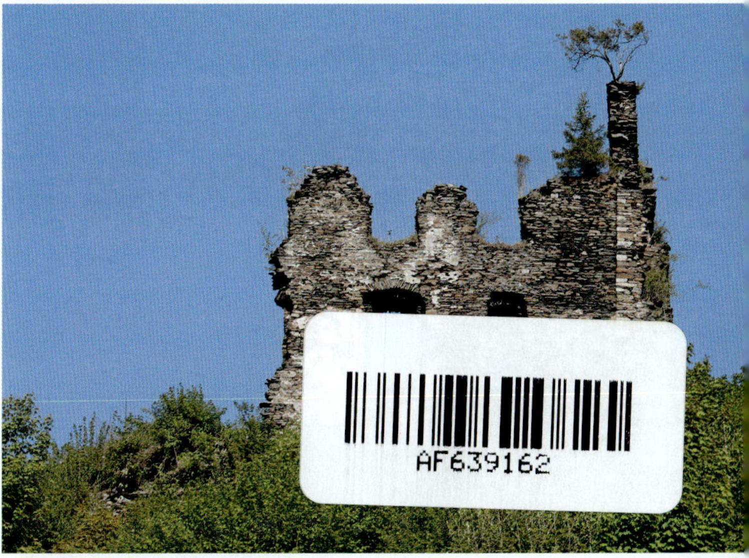

ROTHER
BERGVERLAG

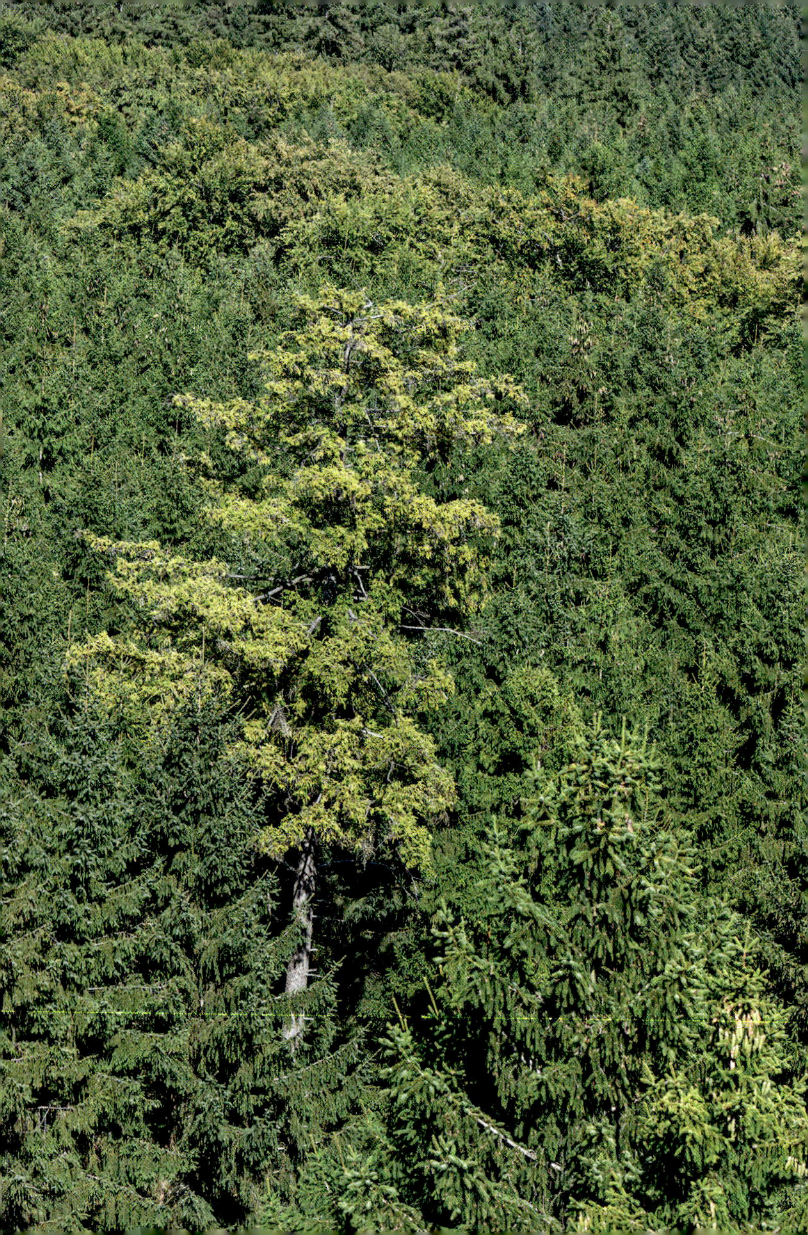

VORWORT

»Hui! Wäller?« – »Allemol!« Mit diesem Westerwälder Wandergruß, den der Bauerndichter Adolf Weiß 1913 prägte, lade ich Sie zu 50 kurzweiligen Rundwanderungen ein. Ich führe Sie zu den schönsten Zielen im Westerwald, im Siebengebirge, am östlichen Mittelrhein zwischen Bonn und Koblenz und im Naturpark Nassau mit der Lahn. Der Westerwald ist dank einer guten Verkehrsanbindung an die Metropolen Köln-Bonn und Frankfurt-Rhein-Main ein attraktives Ausflugsziel. Größter Anziehungspunkt für Wanderer ist der 2008 eröffnete Westerwaldsteig mit seinen zahlreichen Zuwegen. Wir wandern auf Teilstrecken dieses Fernwanderwegs und auf vielen Premiumwanderwegen wie dem Rheinsteig und den Wäller-Touren. Wir folgen Pfaden durch herrliche Wälder und naturbelassene Bachtäler wie das Wied- und Nistertal. Gelegenheit zum Innehalten bieten die Wanderungen zu den Klöstern Heisterbach, Marienthal und Marienstatt. Der Saynsteig führt uns zu alten Burgen und der Waldschluchtenweg durch das Kannenbäckerland bei Höhr-Grenzhausen.
2023 wurde der nur 3 km lange Auenlandweg bei Blickhausen zu Deutschlands zweitschönstem Wanderweg gewählt. Wie alle Wanderungen im Buch ist er ein abwechslungsreiches Ausflugsziel für die ganze Familie.
In Rheinbrohl beginnt der römische Limes, heute ein Weltkulturerbe der UNESCO. Auf dem Limesweg bestaunen wir rekonstruierte Limestürme und können am »Limes-Wandertag« den Alltag römischer Soldaten miterleben. Der Adolf-Weiß-Weg führt uns zum Wiesensee und auf anderen Wanderungen lernen wir die Westerwälder Seenplatte und den Herthasee kennen.
Auf der Fuchskaute, wo der Westerwald mit 657 Metern am höchsten ist, führt unsere Wanderung über eine fast schon alpine Hochebene. Von Aussichtstürmen genießen wir die schönsten Panoramen. Auf dem Köppel bei Montabaur erfahren wir, dass 25 Millionen Jahre alte Vulkankuppen aus Basalt und Schiefer das Siebengebirge aufbauen, die wir von dem Aussichtsturm gut erkennen können. Idyllische Kraterseen, steil aufragende Basaltsäulen, alte Stollen, historische Schieferbergwerke und der Stöffel-Park, ein geologischer Erlebnispark, liegen an unseren Wanderrouten.
Für die Begleitung beim Wandern, für die Motivation beim Recherchieren und die Durchsicht der Texte bedanke ich mich bei meiner Frau Annette Wolpert.

Ich wünsche Ihnen erlebnisreiche Wandertage!

Altleiningen, im Sommer 2024 Jörg-Thomas Titz

INHALTSVERZEICHNIS

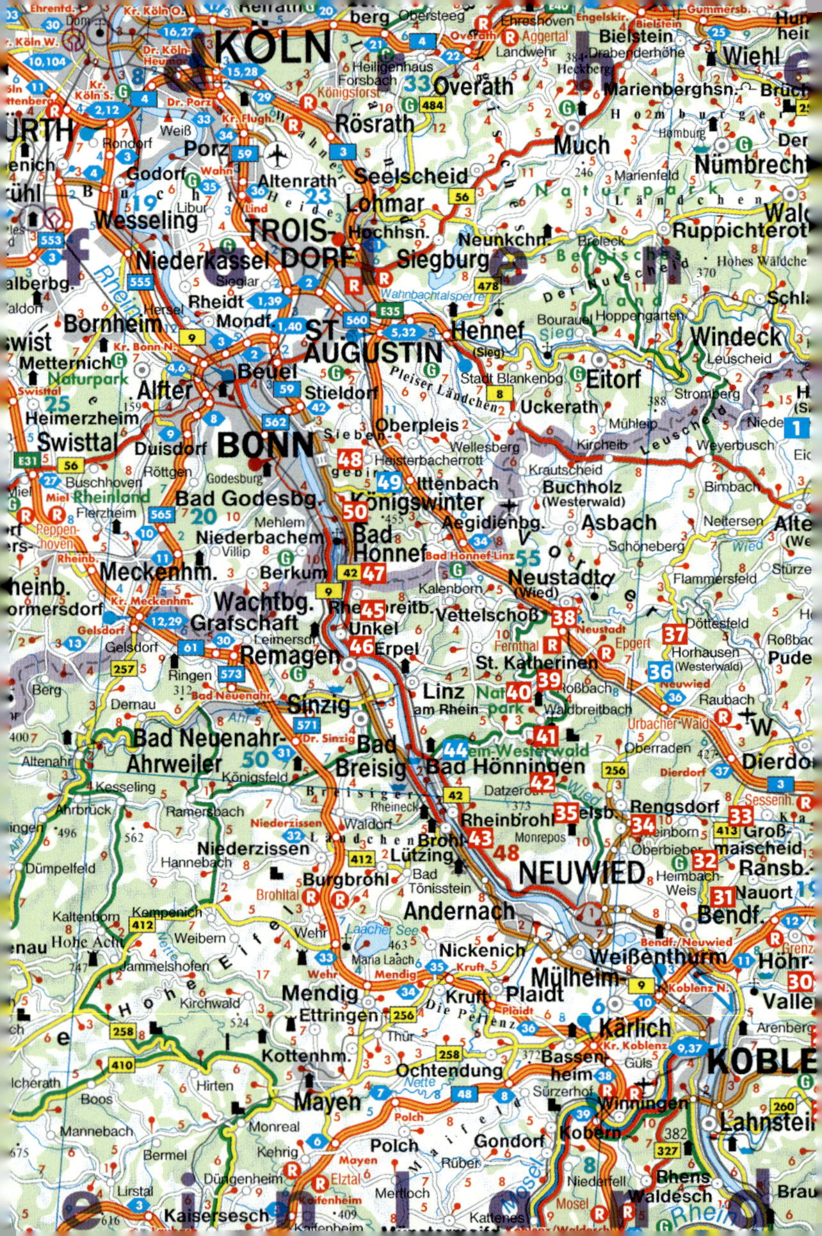
KÖLN
Overath
Rösrath
Much
Nümbrecht
Wiehl
Bielstein
Marienberghsn.
Porz
Godorf
Wesseling
Altenrath
Seelscheid
Lohmar
TROISDORF
Niederkassel
Siegburg
Neunkchn.
Ruppichteroth
Hennef (Sieg)
Eitorf
Windeck
Bornheim
ST. AUGUSTIN
Beuel
Alfter
Stieldorf
Uckerath
Swisttal
Duisdorf
BONN
Oberpleis
Buchholz (Westerwald)
Asbach
Königswinter
Bad Godesbg.
Aegidienbg.
Bad Honnef
Meckenhm.
Neustadt (Wied)
Wachtbg.
Grafschaft
Vettelschoß
Remagen
Unkel
Erpel
St. Katherinen
Linz am Rhein
Sinzig
Waldbreitbach
Bad Neuenahr-Ahrweiler
Bad Breisig
Bad Hönningen
Dierdorf
Rengsdorf
Rheinbrohl
Niederzissen
Brohl-Lützing
NEUWIED
Burgbrohl
Andernach
Bendf.
Nickenich
Weißenthurm
Mülheim-Kärlich
Mendig
Kruft
Plaidt
Ettringen
Kottenhm.
Ochtendung
Bassenheim
Mayen
Winningen
Kobern
Polch
Gondorf
Lahnstein
Kaisersesch
Waldesch
Rhens
Rhein
Mosel

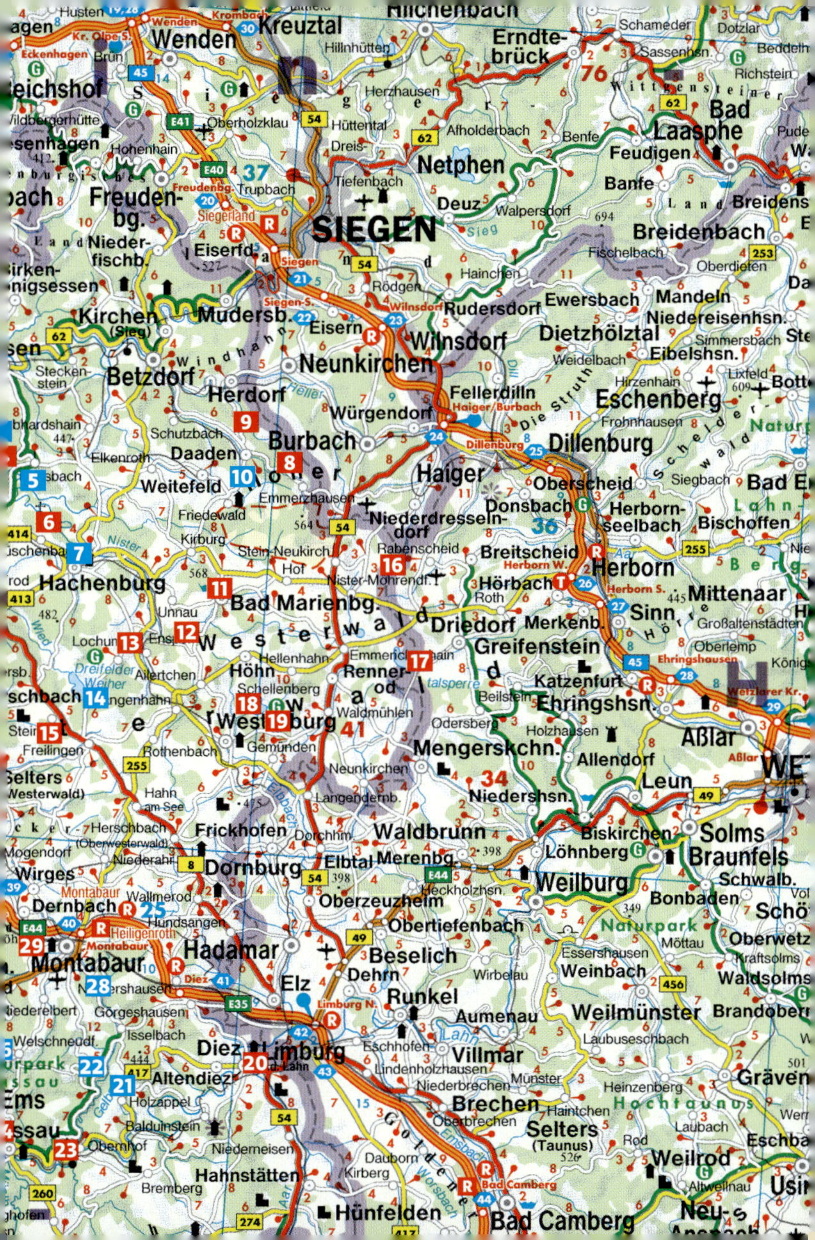

Kreuztal
Wenden
Hilchenbach
Erndtebrück
Bad Laasphe
Netphen
SIEGEN
Freudenbg.
Kirchen (Sieg)
Betzdorf
Mudersb.
Neunkirchen
Wilnsdorf
Rudersdorf
Dietzhölztal
Eschenberg
Herdorf
Burbach
Haiger
Dillenburg
Breidenbach
Daaden
Weitefeld
Niederdresselndorf
Donsbach
Herborn
Breitscheid
Hachenburg
Bad Marienbg.
Driedorf
Greifenstein
Sinn
Mittenaar
Westerwald
Rennerod
Westerburg
Mengerskchn.
Ehringshsn.
Aßlar
Leun
Solms
Braunfels
Waldbrunn
Löhnberg
Weilburg
Dornburg
Elbtal
Hadamar
Montabaur
Beselich
Runkel
Weilmünster
Elz
Diez
Limburg a.d. Lahn
Villmar
Brechen
Selters (Taunus)
Weilrod
Hünfelden
Bad Camberg
Hahnstätten
Altendiez
Siegen
Wilnsdorf
Haiger/Burbach
Herborn
Limburg N.
Montabaur
Heiligenroth
Naturpark
Hochtaunus

TOP-TOUREN

Vom Kloster Marienthal ans Weltende

Grüne Wiesen zwischen bewaldeten Hügeln und das tief eingeschnittene Tal der Nister lernen wir auf dieser landschaftlich äußerst reizvollen Rundwanderung durch die Kroppacher Schweiz kennen. Wir müssen aber auch ein wenig kraxeln, zählen der Weltende-Pfad bei Alhausen und der Gratweg über den Sonnenberg doch zu den abenteuerlichsten Strecken des Westerwaldsteigs *(Tour 2, 3.30 Std.).*

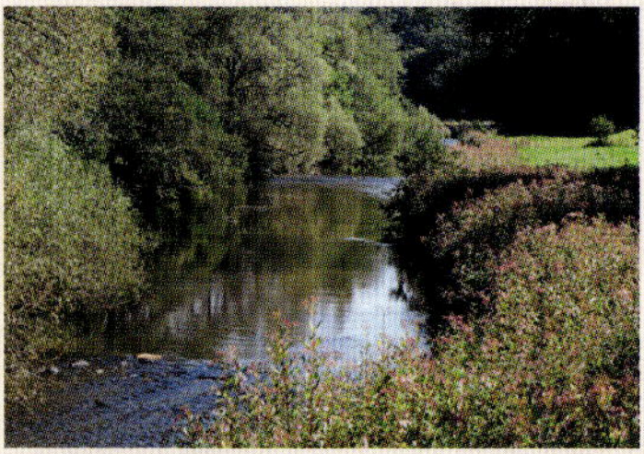

Vom Kloster Marienstatt zum Assberg

Höhepunkte dieser Rundwanderung zwischen der Großen und Kleinen Nister sind neben dem Kloster der Aussichtsfelsen auf der Hohen Ley und das größte Dachschieferbergwerk in der Kroppacher Schweiz. Auf einer steilen Leiter gelangen wir hier 20 m unter die Erde *(Tour 6, 2.40 Std.).*

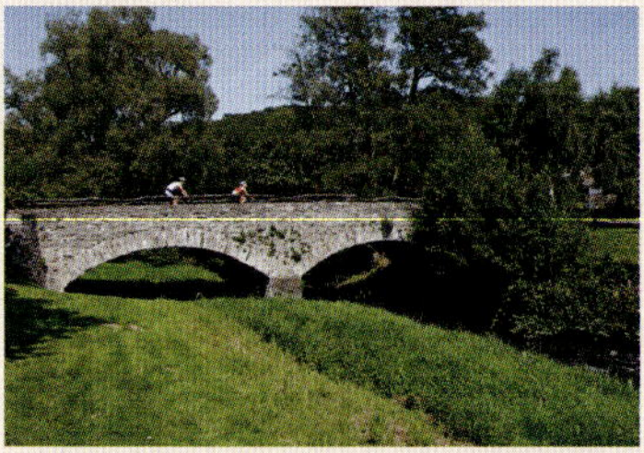

Von der Wiedquelle zur Alpenroder Hütte

Wir wandern von der Quelle der Wied hinauf zur Jausenstation Alpenroder Hütte auf den Gräbersberg. Am Welterstein, einem großen Felsblock aus Basaltsäulen, sollen der Sage nach einmal Heinzelmännchen in einer Erdhöhle gewohnt haben *(Tour 13, 3.20 Std.).*

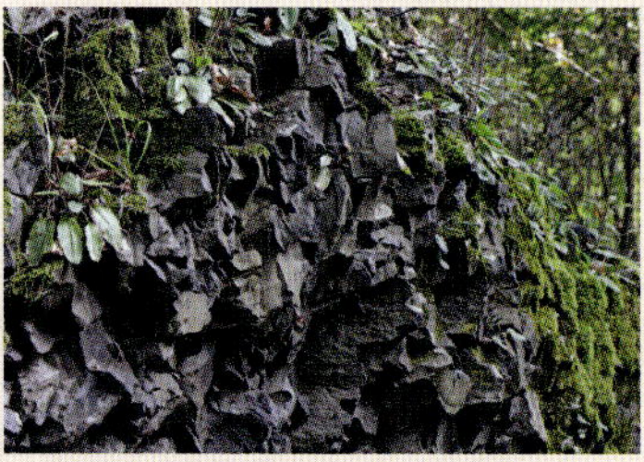

Zum Dreiländereck, zu den Ketzersteinen und zur Fuchskaute

Auf dem Rothaarsteig geht es über das Dreiländereck zu den Ketzersteinen und zur Fuchskaute, wo der Westerwald am höchsten ist *(Tour 16, 3.20 Std.).*

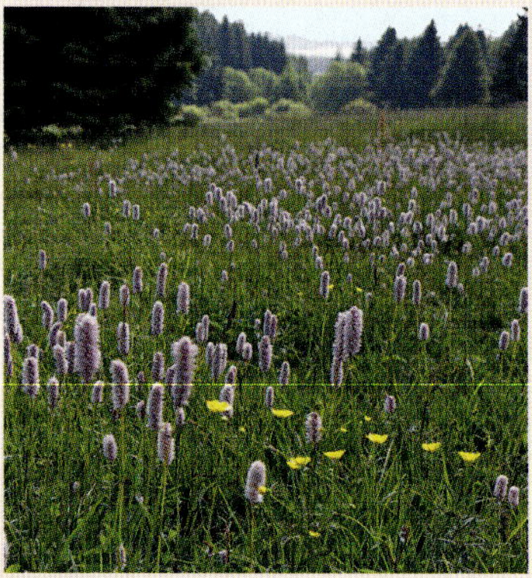

Vom Wiesensee in die Holzbachschlucht
Wir wandern vom Wiesensee zum Westerwaldsteig, der uns durch die Holzbachschlucht führt. Der Holzbach hat hier eine etwa einen Kilometer lange und bis zu 30 m tiefe Schlucht durch das harte Basaltgestein gegraben *(Tour 19, 3.30 Std.).*

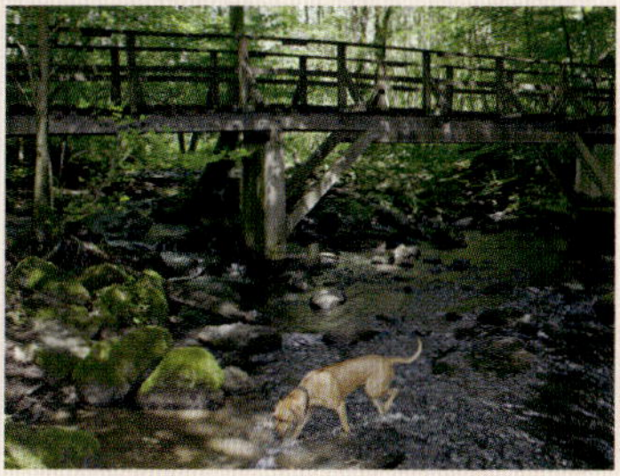

Von Obernhof nach Weinähr
Auf dieser Wanderung sind wir hoch oberhalb des Lahntals unterwegs. Vom Weindorf Obernhof an der Lahn geht es hinauf zum Kloster Arnstein *(Tour 23, 2.30 Std.).*

Vom Schloss Sayn ins Brexbachtal
Herrliche Pfade führen uns auf dem Saynsteig vom Schloss Sayn hinauf zur Burg Sayn. Auf eindrucksvollen Waldwegen wandern wir weiter ins Brexbachtal *(Tour 31, 4.45 Std.).*

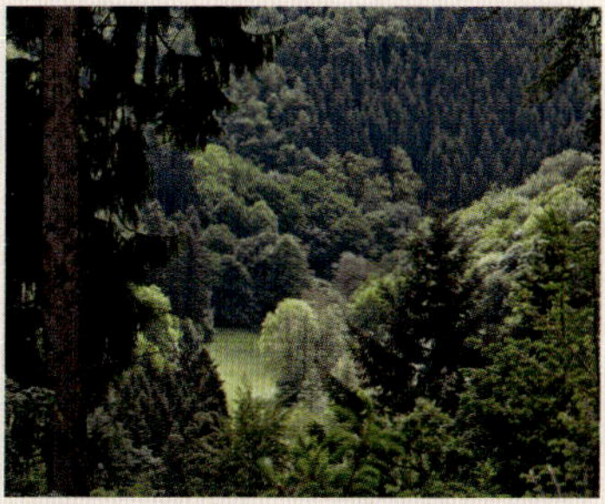

Von Arienheller auf dem Westerwaldsteig zum Malberg
Unsere Wanderung führt entlang des römischen Limes zum rekonstruierten Wachturm auf dem Beulenberg und weiter zum ehemaligen Basaltsteinbruch am Malberg. Hier erkunden wir den von Basaltsäulen eingerahmten Malbergsee und wandern auf bequemen Waldwegen im Bahlsbachtal zurück *(Tour 44, 4.00 Std.).*

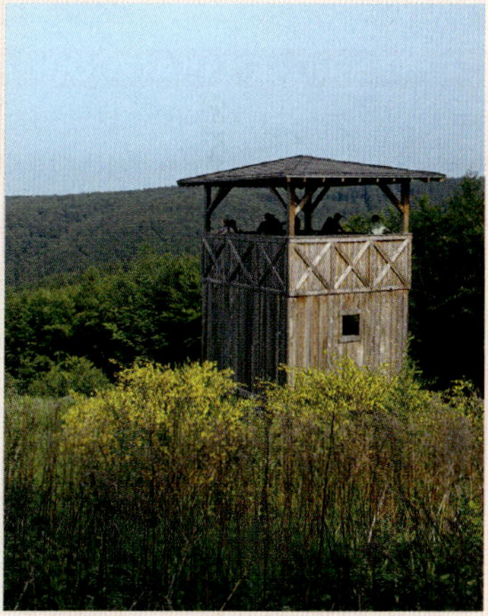

Durchs Kasbachtal zum Auge Gottes
Entlang der historischen Bahnlinie, auf der heute ein roter Schienenbus verkehrt, wandern wir durch das Kasbachtal und auf dem Rheinsteig zum Auge Gottes, einer kleinen Waldkapelle, um die sich eine Legende rankt *(Tour 45, 6.00 Std.).*

Der Naturpark Siebengebirge
Besonders im Herbst, wenn die Buchenwälder des Siebengebirges in gelben und roten Farbtönen leuchten, ist diese Wanderung ein Erlebnis. Durch das Rhöndorfer Tal geht es hinauf zur Löwenburg und zum Drachenfels *(Tour 50, 4.30 Std.).*

WICHTIGE HINWEISE FÜR UNTERWEGS

Anforderungen

Alle beschriebenen Touren sind Rundwanderungen mit einer Länge von 1.15 bis 5.30 Stunden auf meist gut markierten Wegen. Nehmen Sie sich an einem Wandertag auch ausreichend Zeit für Besichtigungen, eigene Entdeckungen und eine Einkehr. Die Touren führen zu den interessantesten und schönsten Plätzen im Westerwald, am Mittelrhein, im Siebengebirge und im Naturpark Nassau, die Sie auf herrlichen Wanderwegen kennenlernen. Die Anforderungen sind in zwei Gruppen eingeteilt; die Farben bedeuten:

SCHWIERIGKEITSKATEGORIEN

■ = Leicht

Die Wege sind meistens ausreichend breit und deutlich zu erkennen. Sie können gefahrlos auch von weniger Geübten begangen werden. Die reine Gehzeit überschreitet vier Stunden kaum.

■ = Mittel

Die Route kann längere Zeit über schmale, felsige und rutschige Pfade führen; es wird ein gewisses Maß an Trittsicherheit, Orientierungssinn und Kondition vorausgesetzt.

Hinweis: In unserem Wandergebiet sind vor allem im Bereich der Wied einige Streckenabschnitte bis auf Weiteres wegen Unwetterschäden nicht begehbar. In den gesperrten Gebieten wurden Umleitungen ausgeschildert. Diese sind im Buch angegeben, die GPS-Tracks geben aber den ursprünglichen Verlauf wieder. Auch in den Wäldern müssen noch viele umgestürzte Bäume beseitigt werden, weshalb Wanderwege dort kurzfristig gesperrt werden können.

Gehzeiten

Die angegebenen Gehzeiten beziehen sich auf ein durchschnittliches Wandertempo von vier Kilometern pro Stunde auf guten Wegen. Steigungen, Abstiege und schlechte Wege verlängern die benötigte Zeit. Dies wurde bei den Zeitangaben berücksichtigt. Beschriebene Abstecher sind in den Gehzeiten und Entfernungsangaben enthalten. Pausen und Besichtigungen wurden bei den angegebenen Zeiten nicht berücksichtigt.

Beste Wanderzeit

Beste Wanderzeit ist vom Frühjahr bis in den späten Herbst. Im Winter können im Westerwald viele Wanderwege wegen der Höhenlage bei hohem Schnee nicht begangen werden.

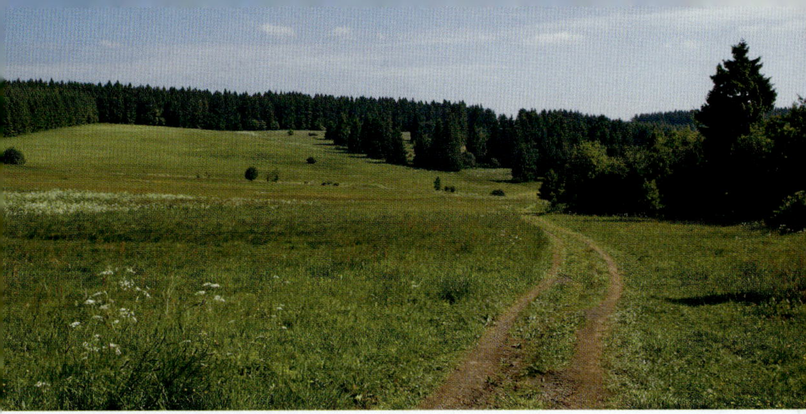

Wiesenwanderweg auf der Fuchskaute (Tour 16).

Ausrüstung und Wanderwege

Die meisten Wanderungen verlaufen auf gut begehbaren Wegen. Leichte Wanderschuhe mit Profilsohle sind auf allen Touren ausreichend. Bei Regenwetter und Nässe sind wasserdichte Wanderschuhe empfehlenswert, denn einige Streckenabschnitte verlaufen auf Gras- und Naturwegen, die aufgeweicht und rutschig sein können. Regen- und Sonnenschutz sollte man immer parat haben. Vor allem im Hohen Westerwald kann es ziemlich windig und kalt sein, weshalb man auch im Sommer eine leichte Jacke dabeihaben sollte. Denken Sie daran: Wandern macht durstig! Deshalb sollte man auf längeren Touren auch etwas zum Trinken mitnehmen.

SYMBOLE

Symbole im Tourenkopf

- Mit Bahn/Bus erreichbar
- Einkehrmöglichkeit unterwegs
- für Kinder geeignet

Symbole im Höhenprofil

- eingerichteter Parkplatz
- Bahnanschluss
- Ort mit Einkehrmöglichkeit
- Einkehrmöglichkeit
- Unterstand, Schutzhütte
- Kirche, Kapelle, Bildstock
- Burg, Schloss, Ruine
- Aussichtsturm
- Aussichtsplatz
- archäologische Stätte
- Brücke, Steg
- Zeltplatz
- Wassermühle
- Picknickplatz
- markanter Baum
- Bademöglichkeit
- Quelle
- Wasserfall

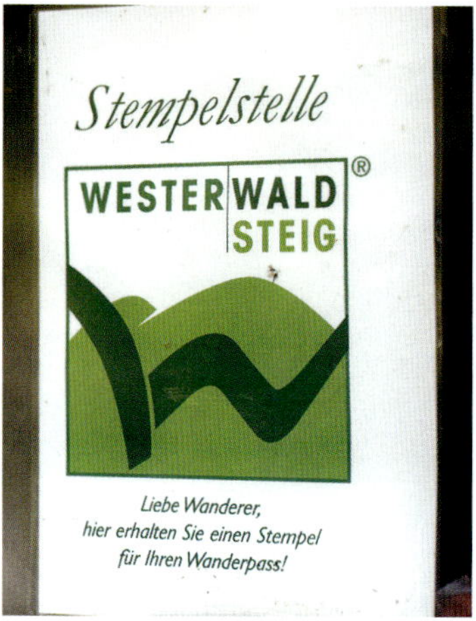

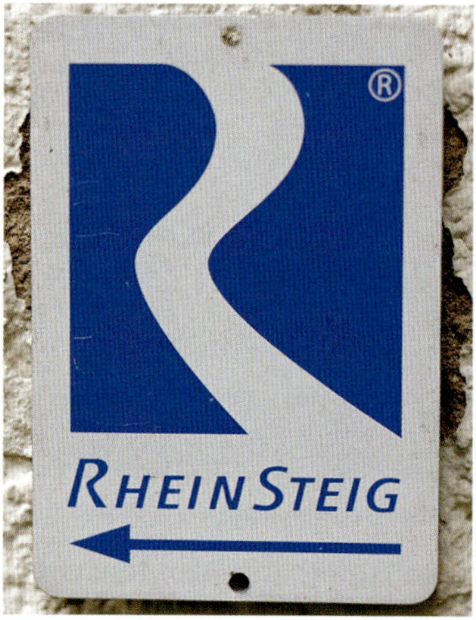

Die Logos des Westerwaldsteigs und des Rheinsteigs.

Markierung und Beschilderung sind meistens gut. Fast alle Touren verlaufen auf markierten Wegen. Trotzdem können unterwegs Markierungen fehlen, geändert oder der beschriebene Wanderweg verlegt worden sein. Manchmal wird man beim Wandern auch einfach abgelenkt und verpasst die richtige Abzweigung. Dann hilft es, wenn man eine Wanderkarte dabeihat, an der man sich auch abseits der beschriebenen Tour orientieren kann.

Fernwanderwege

- Westerwaldsteig, Markierung grünes W auf weißem Grund, Zuwege grünes W auf gelbem Grund, der 235 km lange Weg führt in 16 Etappen von Herborn nach Bad Hönningen durch den gesamten Westerwald und das Siebengebirge, westerwaldsteig.de; Westerwaldsteig Erlebnisschleifen sind vom Fernwanderweg ausgehende Rundwanderungen, die kein eigenständiges Logo haben und auf vorhandenen, unterschiedlich markierten Wegen verlaufen.
- Rheinsteig, Rhein-Logo, der 2006 als schönster Wanderweg Deutschlands ausgezeichnete Rheinsteig auf der rechten Rheinseite zwischen Bonn und Koblenz durch das Wandergebiet, rheinsteig.de
- Europäischer Fernwanderweg E1 Nordsee – Bodensee, Markierung liegendes Andreaskreuz mit 1
- Europäischer Fernwanderweg E8 Nordsee – Rhein – Main – Karpaten, Markierung liegendes Andreaskreuz mit 8
- Rheinhöhenweg rechte Rheinseite, Markierung R, Bonn – Koblenz
- Limesweg, Markierung Limesturm, Rheinbrohl – Bendorf – Arzbach – Bad Ems

- Lahnhöhenweg, Markierung L, Limburg – Nassau – Bad Ems
- Hauptwanderwege des Westerwaldvereins (HW, römische Ziffern Verlauf von West nach Ost, arabische Ziffern Verlauf von Nord nach Süd), westerwaldverein.de:
  HW I, Königswinter – Hachenburg – Bad Marienberg – Herborn
  HW II, Lins am Rhein – Neustadt (Wied) – Westerburg – Katzenfurt (Dill)
  HW III, Neuwied – Wetzlar
  HW IV, Vallendar – Weilburg
  HW 2, Flammersfeld – Oberlahr – Roßbach – Niederbreitbach – Neuwied
  HW 3, Altenkirchen – Dierdorf – Höhr-Grenzhausen – Arzbach – Bad Ems
  HW 4, Wissen – Hachenburg – Montabaur – Obernhof (Lahn)
  HW 5, Herdorf – Diez
  HW 6, Birbach – Limburg
  HW 7, Burbach – Weilburg
  HW 8, Haiger – Weilburg
- 7-Weiher-Weg, Markierung blaue 7 auf weißem Grund, insgesamt 31 km, Start des Wegs, der sich aus einer Nordschleife (13,5 km) und einer Südschleife (17,5 km) zusammensetzt, am Parkplatz am Waldspielplatz in Steinen; kürzere Teilstücke sind die 9 km lange Blaue Schleife ab dem Postweiher und die 4,7 km lange Grüne Schleife bei der Schmanddippe
- Thüringen-Rhein-Wanderweg, Markierung geschwungenes R, Westerburg – Neuwied
- Wiedweg (106 km), W-Logo, Wiedquelle bei Linden – Dreifelder Weiher – Altenkirchen – Neuwied (Mündung in den Rhein), vom Deutschen Wanderverband zertifiziert als Qualitätsweg Wanderbares Deutschland
- Kölner Weg, Markierung K, Bad Marienberg – Dreifelser Weiher – Dierdorf – Königswinter

Felsgesäumter Wanderweg durchs Engelsbachtal (Tour 34).

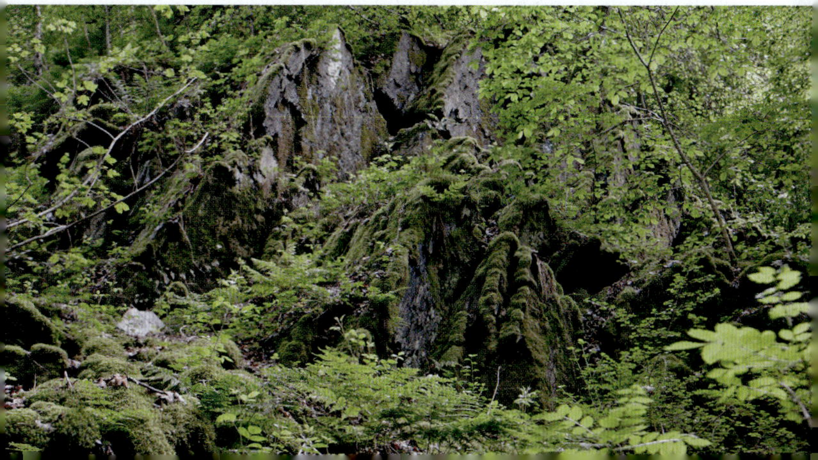

Premium-Wanderwege

Premium-Wanderwege sind erlebnisreiche, naturnahe Wanderwege, die regelmäßig auf ihre Begehbarkeit und Beschilderung kontrolliert und vom Deutschen Wanderinstitut (wanderinstitut.de) zertifiziert werden. Die Wäller-Touren erschließen den südlichen Westerwald. In unserem Wandergebiet verlaufen mehrere Premium-Wanderwege und Wäller-Touren: Wäller-Tour Bexbachschluchtweg (16,2 km), Waldschluchtenweg (11,5 km), Wäller-Tour Hohe Hahnscheid (10,4 km), Wäller-Tour Elberthöhen (15,2 km), Wäller-Tour Buchfinkenland (14,5 km), Wäller-Tour Eisenbachtal (9 km), der Klosterweg zwischen Rengsdorf und Waldbreitbach (17,7 km) oder die Lahn-Facette Küppeltour (16,7 km). Auf Teilstücken dieser Premiumwanderwege verlaufen auch die Touren in diesem Buch.

Die Leser der Zeitschrift »Wandermagazin« wählten 2023 den Auenlandweg in Blickhausen bei Wissen zu Deutschlands zweitschönstem Wanderweg. Der nur 3 km lange Rundweg, an dem Holzskulpturen aus J. R. R. Tolkiens Fantasy-Roman »Herr der Ringe« aufgestellt sind, liegt am nördlichen Rand unseres Wandergebiets. Die abwechslungsreiche Landschaft aus Wiesen und Wäldern, in denen auch Hobbits gerne wohnen würden, Figuren wie das Doppelwesen Gollum und Sméagol, der Zwerg Gimli, der Elfenprinz Legolas, der weise Zauberer Gandalf und die Wargen, Riesenwölfe, auf denen die Anführer der Orks reiten, machen den Auenlandweg zum beliebten Ziel von Familien mit Kindern und Herr-der-Ringe-Fans. Als eigenständige Wandertour ist der Weg im Buch nicht beschrieben. Der gpx-Track kann auf der Internetseite tourenplaner-rheinland-pfalz.de heruntergeladen werden.

Verkehrsverbindungen

Straße

Im Westen grenzt das Wandergebiet an die Bundesstraße 42, die von Koblenz nach Bonn am Rhein entlangführt. Die Autobahn A3 Limburg–Köln quert den Westerwald von Südosten nach Nordwesten. Im Norden grenzt das Wandergebiet an die Linie Bonn–Siegen. Im Osten verläuft die Siegerlandautobahn A45, und im Süden bildet das Lahntal mit der Bundesstraße 417 die Grenze.

Bus und Bahn

Die Region ist durch Bus- und Eisenbahnlinien gut erschlossen. Fahrpläne sind unter den angegebenen Internet-Adressen abrufbar.

- Öffentlicher Personen-Nahverkehr (ÖPNV) für den Westerwaldkreis: Verkehrsverbund Rhein-Mosel GmbH (VRM), Info-Hotline Tel. +49 800 5986986, vrminfo.de

Nachhaltigkeit

Nachhaltigkeit und sanfter Tourismus sind Schlagworte, die heute in aller Munde sind und ihre Berechtigung haben. Wir müssen unsere Umwelt vor Zerstörung schützen und erhalten!

Der Umwelt zuliebe ...

Auch beim Wandern hinterlassen wir einen ökologischen Fußabdruck, aber im Einklang mit der Natur unterwegs zu sein, ist gar nicht so schwer!

VORBEREITUNG UND ANFAHRT

- Sich vorab informieren, worauf in Bezug auf Natur und Umwelt in der jeweiligen Wanderregion besonders zu achten ist.
- Soweit möglich mit Bahn und Bus anreisen, Wander- und Rufbusse nutzen.
- Ist eine Anfahrt mit dem Auto nötig, Fahrgemeinschaften bilden.
- Bei weiten Anfahrten Mehrtagestouren planen oder von einem Quartier vor Ort aus mehrere Touren absolvieren.
- Flugreisen möglichst reduzieren und durch Beiträge zu Klimaschutzprojekten kompensieren.

KLEIDUNG UND AUSRÜSTUNG

- Beim Kauf von Outdoor-Kleidung auf umweltfreundliche und faire Herstellung achten und Kleidungsstücke möglichst viele Jahre nutzen.
- Ausrüstung kann man eventuell auch gebraucht kaufen oder ausleihen.
- Reparieren statt neu kaufen.

VERPFLEGUNG

- Beim Einkauf Bio-Ware, regionale und saisonale Erzeugnisse bevorzugen.
- Hütten und Gasthäuser auswählen, die regionale Produkte verwenden.
- Auf Einwegflaschen und Plastikverpackungen verzichten, stattdessen wiederverwendbare Trinkflaschen und Brotzeitboxen benutzen.

ÜBERNACHTUNG

- Bei lokalen Anbietern buchen, damit Menschen vor Ort profitieren.
- Auf Hütten und in anderen Unterkünften Strom und Wasser sparen.

UNTERWEGS

- Wege benutzen und Abkürzer vermeiden.
- Sperrungen von Wegen und Schutzgebieten respektieren.
- Keine Blumen pflücken und keine Pflanzen entnehmen.
- Waldbrandgefahr beachten.
- Müll wieder mit nach Hause nehmen und dort entsorgen.
- Toilettengänge in freier Natur möglichst vermeiden.
- Lärm vermeiden.
- Hunde an die Leine nehmen.

ROTHER
BERGVERLAG

Als Wanderer kann man seinen Beitrag dazu leisten. Es sollte selbstverständlich sein, dass man seinen Abfall unterwegs nicht wegwirft, sondern ihn mitnimmt und ordentlich entsorgt. Auch sollte man die angelegten Wanderwege nicht willkürlich verlassen – was in Naturschutzgebieten auch gesetzlich verboten ist. Wir sollten unterwegs achtsam durch die Landschaft wandern, dabei die Töne und Düfte der Natur genießen, uns die Pflanzen und kleinen Tiere am Weg ansehen und nicht lärmend oder gar rauchend durch den Wald stampfen.
Für eine nachhaltige Anreise sollte man öffentliche Verkehrsmittel nutzen. Viele Touren führen durch größere Orte, die verkehrstechnisch gut erschlossen sind. Hier kann man Bus oder Bahn für die An- und Abreise dem Auto vorziehen und gegebenenfalls auch an einer anderen Stelle als dem Ausgangspunkt in eine Tour einsteigen. Einige der ausgewählten Touren, die in die schönsten Gebiete der Region führen, sind aber leider nicht gut mit öffentlichen Verkehrsmitteln erreichbar. Diese liegen oft abseits der Hauptverkehrswege und größerer Siedlungen und starten an Waldparkplätzen.

Wanderkarten

Empfehlenswert sind noch immer die topografischen Karten des Landesamts für Vermessung und Geobasisinformation Rheinland-Pfalz im Maßstab 1:25.000, die inzwischen nur noch in digitaler Form unter lvermgeo.rlp.de abrufbar sind, in denen aber keine Wanderwege eingezeichnet sind. Folgende dieser Karten decken unser Wandergebiet ab:

- Ferienland Westerwald, Blatt 1
- Naturpark Rhein-Westerwald, Blätter 1–4
- Wandern im nördlichen Westerwald, Blätter 1 und 2
- Naturpark Nassau, Blätter 1, 3 und 5
- Verbandsgemeinde Daadener Land

GPS-TRACKS UND KOORDINATEN DER AUSGANGSPUNKTE

Auf **gps.rother.de** stehen zu diesem Wanderführer GPS-Tracks und die Koordinaten der Ausgangspunkte zum kostenlosen Download bereit. Dieser QR-Code führt direkt zum Download. 3. Auflage, Passwort: **415603fgb**
Die GPS-Tracks können in die **Rother App** importiert werden. In der App kann man unterwegs stets sehen, wo man gerade ist und wo es langgeht. **Anleitungen dazu: rother.de/gps**
Trotz sorgfältiger Prüfung können wir Fehler und zwischenzeitliche Veränderungen nicht ausschließen. Verlassen Sie sich für die Orientierung niemals einzig und allein auf die GPS-Daten, sondern beurteilen Sie die Verhältnisse vor Ort.

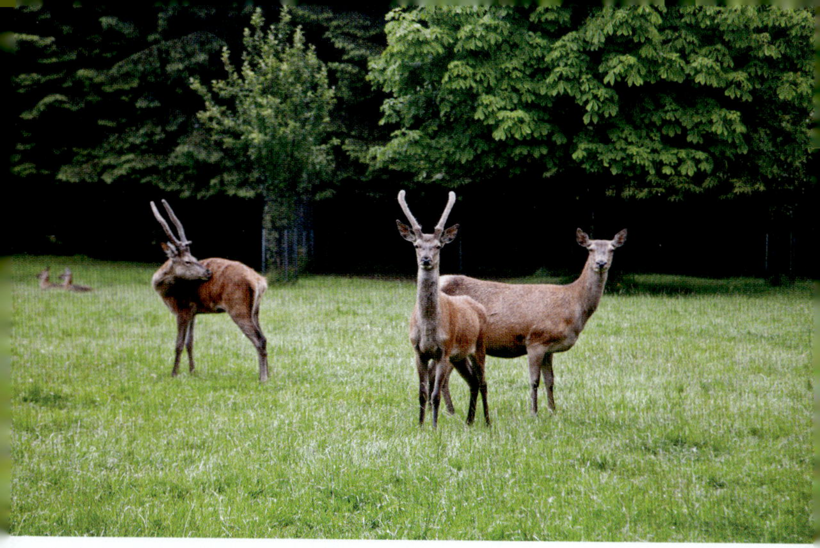

Hirsche im Wildpark bei Bad Marienberg (Tour 11).

Aktuelle Wanderkarten zur Region geben der Kompass Verlag und die NaturNavi GmbH heraus:

- Kompass Wander- und Radkarte Westerwald Nord 1:50.000 (erhältlich über Westerwald Touristik-Service)
- Kompass Wander- und Radkarte Westerwald Süd 1:50.000 (erhältlich über Westerwald Touristik-Service)
- Kompass-Wanderkarte 847 Westerwald, Siegen, Naturpark Lahn-Dill-Bergland, 1:50.000
- Kompass-Wanderkarte 822 Bonn, Siebengebirge, Ahrtal, 1:35.000
- Rheinwandern 3 Koblenz von NaturNavi, 1:25:000
- Rheinwandern 4 Neuwied von NaturNavi, 1:25:000
- Rheinwandern 5 Bonn-Siebengebirge von NaturNavi, 1:25:000
- Wanderkarte Limburg an der Lahn von NaturNavi, 1:25.000

Digitale Karten:

- Die digitale topografischen Karte »Germany« von OpenTopoMap kann man kostenlos auf opentopomap.org herunterladen. Sie lässt sich auf Navigationsgeräten von Garmin und mit Garmin BaseCamp auf dem PC installieren. Die Karte wird regelmäßig aktualisiert und gibt Details im Maßstab 1:30.000 wieder.

Tier- und Freizeitparks

- Zoo Neuwied, Waldstraße 160, 56566 Neuwied, Tel. +49 2622 90460, geöffnet 9–18 Uhr, im Winter 9–17 Uhr, zooneuwied.de

- Schmetterlingsgarten Sayn, Im Fürstlichen Schlosspark, 56170 Bendorf-Sayn, Tel. +49 2622 15478, Mitte März–Mitte Sept. 10–18 Uhr, Okt. 10–17 Uhr, Nov. 10–16 Uhr, sayn.de
- Wildpark Bad Marienberg, Wildparkstraße, 56470 Bad Marienberg, ganztägig und ganzjährig geöffnet, Eintritt frei, Falknerei mit Flugshows kostenpflichtig, Di–Fr 15 Uhr, Sa, So um 11.30 Uhr, wildpark-badmarienberg.de
- Wild- und Freizeitpark Westerwald, Wildparkstraße 1, 56412 Gackenbach, Tel. +49 6439 233, nach Unwetterschäden bis auf Weiteres geschlossen, wild-freizeitpark-westerwald.de
- Stöffel-Park, Stöffelstraße, 57647 Enspel, Tel. +49 2661 9809800, März bis Okt. Di–Do 10–17 Uhr, Fr–So und Feiertag 10–18 Uhr, stoeffelpark.de

Höhlen

Tropfsteinhöhle »Herbstlabyrinth«, Breitscheid, geöffnet April–Okt. Sa, So 11–18 Uhr, letzte Führung um 17 Uhr, Nov.–Dez. verkürzte Zeiten, Ticket-Bestellung 2–3 Wochen im Voraus empfohlen, Online-Buchung, Ticket-Hotline +49 231 9172290, Tickets auch im Rathaus Breitscheid, schauhöhle-breitscheid.de

Auskünfte über die Region

Westerwald und Daadener Land

- Westerwald Touristik-Service, Kirchstraße 48a, 56410 Montabaur, Tel. +49 2602 30010, westerwald.info
- Tourist-Info Hoher Westerwald, Westernoher Straße 7 a, 56477 Rennerod, Tel. +49 2664 9939093, rennerod.de
- Tourist-Info, Wilhelmstraße 10, 56470 Bad Marienberg, Tel. +49 2661 7031, badmarienberg.de
- Tourist-Info Hachenburger Westerwald, Alter Markt 4–6, 57627 Hachenburg, Tel. +49 2662 958339, hachenburger-westerwald.de
- Tourist-Info, Rathausstraße 13, 57610 Altenkirchen, Tel. +49 2681 85193 und 85249, vg-altenkirchen.de
- Tourist-Info Daaden, Bahnhofstraße 4, 57567 Daaden, daaden-herdorf.de
- Tourist-Info, Am Saynbach 5–7, 56242 Selters, Tel. +49 2626 76458, selters-ww.de
- Tourist-Info WällerLand »Alter Markt«, Marktplatz 6, 56457 Westerburg, Tel. +49 2663 291495, waellerland.com
- Tourist-Info WällerLand am Wiesensee, Winner Ufer 9, 56459 Stahlhofen am Wiesensee, Tel. +49 2663 291494, waellerland.com

Rhein und Siebengebirge

- Stadtinformation Bad Honnef, Rathausplatz 1, 53604 Bad Honnef, Tel. +49 2224 1840, meinbadhonnef.de
- Unkel Kulturstadt am Rhein, Linzer Straße 2, 53572 Unkel, Tel. +49 2224 3309, unkel-kulturstadt.de
- Tourismus Siebengebirge GmbH, Drachenfelsstraße 51, 53639 Königswinter, Tel. +49 2223 917711, siebengebirge.com

Kannenbäckerland, Naturpark Nassau und Lahntal

- Kannenbäckerland-Touristik-Service, Lindenstraße 13, 56203 Höhr-Grenzhausen, Tel. +49 2624 19433, kannenbaeckerland.de und Rheinstraße 50, 56235 Ransbach-Baumbach, Tel. +49 2623 86500, kannenbaeckerland.de
- Tourist-Info Bad Ems, Römerstraße 11, 56130 Bad Ems, Tel. +49 2603 94150, badems-nassau.info
- Tourist-Info, Wilhelmstraße 63, 65582 Diez, Tel. +49 6432 9543211, urlaub-in-diez.de
- Tourist-Info, Barfüßerstraße 6, 65549 Limburg/Lahn, Tel. +49 6431 6166, limburg.de
- Tourist-Info Nassau, Obertal 9a, 56377 Nassau, Tel. +49 2604 95250, badems-nassau.info

Schloss Walburg bei Roßbach (Tour 40).

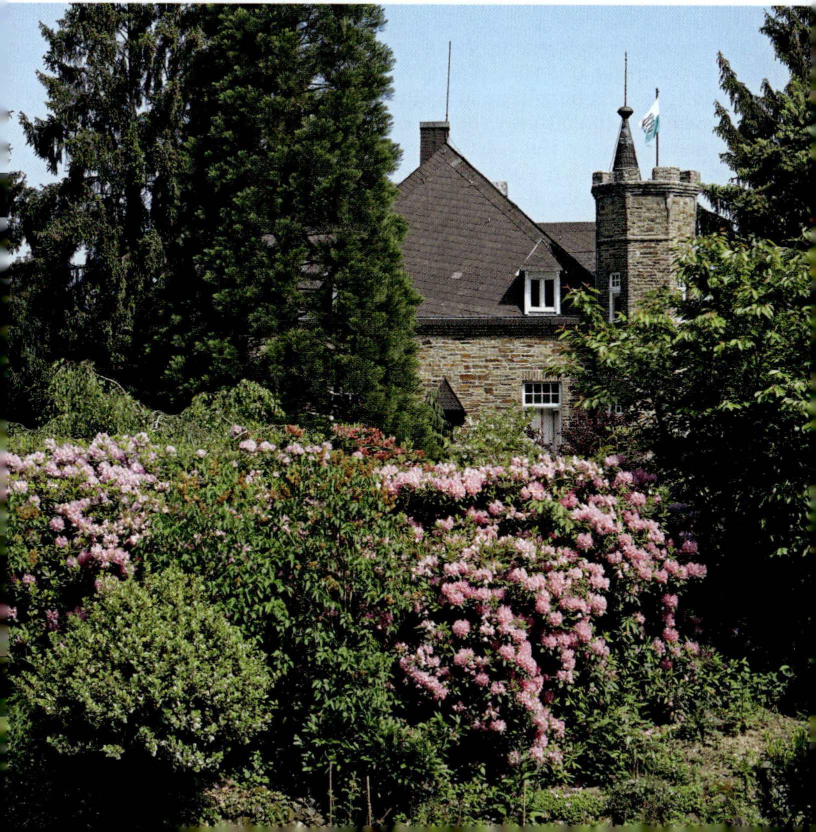

GEOLOGIE, GEOGRAFIE, NATUR UND GESCHICHTE

Geologie

Geologisch gehört der Westerwald zum Rheinischen Schiefergebirge, das im Erdaltertum vor 600 bis 270 Millionen Jahren aus den Sedimenten eines urzeitlichen, warmen Meeres entstand. Dessen mehrere Kilometer dicke Sedimentschichten wurden im Verlauf der variszischen Gebirgsbildung aufgefaltet und durch Erosion zu einem großen Teil wieder abgetragen. Während dieser Phase – vom Devon vor 400 Millionen Jahren bis zum Perm vor 270 Millionen Jahren – entstanden die meisten mittel- und westeuropäischen Gebirge. Als geologische Besonderheit erstreckte sich vor 40 Millionen Jahren im Gebiet des heutigen Kannenbäckerlandes um Höhr-Grenzhausen ein Seengebiet. In tiefer gelegenen Mulden lagerten sich bis zu 50 m dicke Tonschichten ab. Dieser Ton bildete sich aus den Verwitterungsprodukten von feldspat- und glimmerhaltigen Sedimenten und wird bis heute zur Herstellung von feuerfesten Auskleidungen für Industrieöfen, Keramiken und Fliesen genutzt. Vor 25 Millionen Jahren zerbrach das Rheinische Schiefergebirge in mehrere große Gesteinsschollen, an deren Bruchlinien sich Vulkane bildeten. Das heutige Siebengebirge lag an einer solchen Bruchlinie. Mehr als 30 Vulkane schufen einst dieses Mittelgebirge, und die bewaldeten Kuppen, die wir heute sehen, sind die Reste dieser alten Vulkanschlote. Darin stieg das flüssige Magma aus dem Erdinneren auf und erstarrte in den oberflächennahen Gesteinsschichten, bevor es als

Basaltsäulen unterhalb der Erpeler Ley (Tour 46).

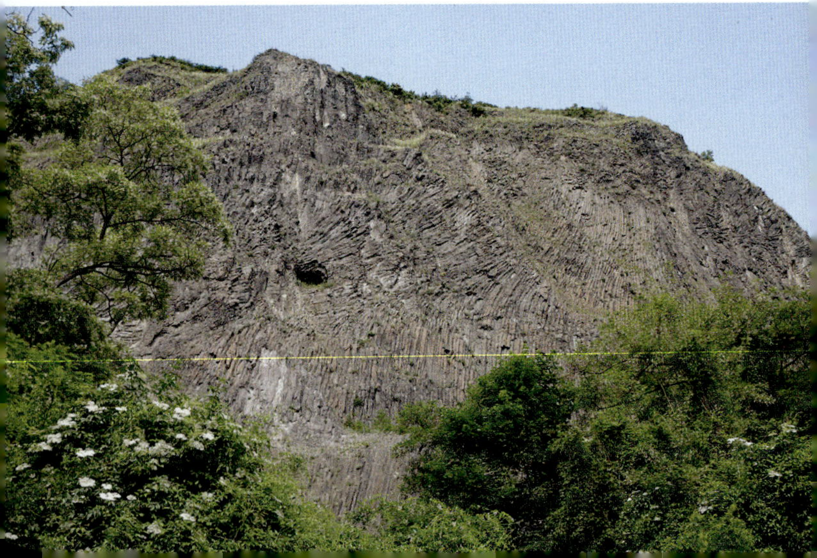

Lava aus dem Vulkan ausfloss. Die umgebende weichere Gesteinshülle wurde durch Erosion abgetragen, und nur der harte magmatische Kern der Schlote blieb stehen. Auch südlich des Siebengebirges gab es Vulkanismus; hier floss die glutflüssige Lava aus und bedeckte weite Landstriche. Noch heute sind an einigen Stellen eindrucksvolle, oft sechseckige schwarz-graue Basaltsäulen zu sehen, die sich bilden können, wenn die Lava in einer dicken Schicht langsam abkühlt.

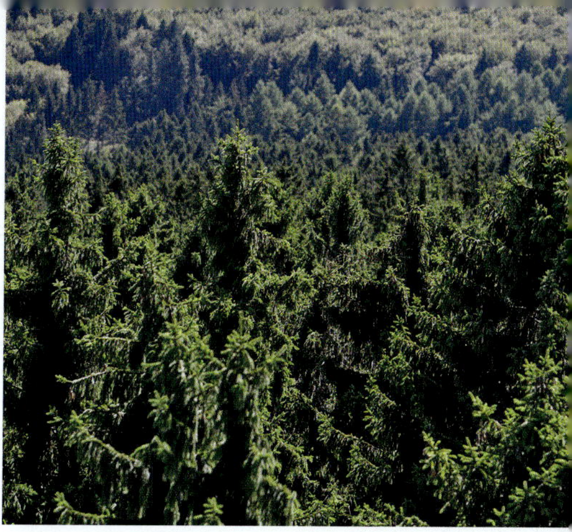

Die Montabaurer Höhe – das größte geschlossene Waldgebiet im Westerwald (Tour 29).

Das Vulkangestein – Basalt genannt – war einst ein wertvolles Baumaterial. Schon die Römer nutzten dieses Gestein, mittelalterliche Stadtmauern und Teile des Kölner Doms wurden daraus errichtet, und es fand beim Straßenbau Verwendung.

Die meisten der ehemaligen Basalt-Steinbrüche sind heute nicht mehr in Betrieb, da sich der Abbau wirtschaftlich nicht lohnt. 1820 verbot der Preußenkönig Friedrich Wilhelm III. den Basaltabbau am Drachenfels im Siebengebirge, um diese einzigartige Landschaft am Ostrand des Mittelrheintals zu erhalten. Viele Steinbrüche sind heute Naturschutzgebiete oder wurden wie der Stöffel-Park zu einer Vulkan-Erlebnislandschaft.

Wo einmal eine Landschaft aus Vulkankratern, Lavafeldern und Kegelbergen war, erstreckt sich heute die dicht bewaldete Hochfläche des Westerwalds mit sanften Hügeln und breiten Talniederungen. In den tieferen Lagen findet man ausgedehnte Laubmischwälder mit vielen Buchen; in den höheren Lagen wachsen in den Nadelwäldern Fichten und Tannen. Das größte geschlossene Waldgebiet ist die Montabaurer Höhe mit ihren alten Buchenbeständen. Im Nordosten findet man auch alte »Haubergwälder«. Diese Niederwälder aus Buchen, Eichen und Birken wurden früher alle 18 Jahre abgeholzt.

Bei Breitscheid entstand aus einem Atoll des urzeitlichen Meers das größte Höhlensystem Hessens. Rund 5800 m der Höhle, in der man Knochen von Säugetieren wie dem Höhlenbär fand, sind vermessen. Seit 2009 ist eine Schauhöhle zugänglich; in der 50 m langen und 32 m hohen Knöpfenhalle kann man herrliche Tropfsteine und Orgeln aus Kalksintergestein wie eine acht Meter lange und 50 Zentimeter breite Sinterfahne bestaunen.

Geografie

Der etwa 3000 km^2 große Westerwald liegt südöstlich von Bonn und nördlich von Koblenz auf der rechten Seite des Rheins. Politisch gehört der größte Teil zu Hessen, ein kleinerer Teil zu Nordrhein-Westfalen und Rheinland-Pfalz. Das Dreiländereck im Hohen Westerwald ist eines unserer Wanderziele. Das große Waldgebiet wird von Flüssen umrahmt: Im Westen vom Rhein, im Norden von der Sieg, im Nordosten von der Heller, im Osten von der Dill und im Süden von der Lahn.

Naturräumlich unterteilt man den Westerwald in drei Gebiete: Im Süden, an das Rhein- und Lahntal angrenzend, liegt der **Niederwesterwald** mit durchschnittlichen Höhen zwischen 200 und 400 m. In den eingelagerten geologischen Senken um Dierdorf und Montabaur mit dem Kannenbäckerland findet man die erwähnten Tonvorkommen. Die 545 m hohe, waldreiche Montabaurer Höhe ist ein Bergrücken aus hartem Quarzitgestein.

In Richtung Norden schließt sich an den Niederwesterwald der **Oberwesterwald** an. Die abgeflachten, ehemaligen vulkanischen Kuppen und die ausgedehnten Basaltdecken sind teilweise bewaldet und durchschnittlich 350 bis 500 m hoch. Hier liegt auch die **Westerwälder Seenplatte**, ein beliebtes Erholungs- und Freizeitgebiet. Die sieben Weiher, die zwischen den Orten Hachenburg, Westerburg, Montabaur und Dierdorf liegen, wurden im 17. Jahrhundert für die Fischzucht angelegt. Bereits im 12. Jahrhundert stauten hier Mönche aus den umliegenden Klöstern die Bäche zu kleinen Fischweihern. Um 1650 ließ Graf Friedrich zu Wied (1618–1698) diese Weiher vergrößern und neue anlegen. Der Dreifelder Weiher, der auch Seeweiher genannt wird, ist mit einer Wasserfläche von 123 Hektar der größte See. Die anderen Weiher der Seenplatte sind der Postweiher, Brinkenweiher, Haidenweiher, Hausweiher, Hofmannsweiher und Wölferlinger Weiher. Der 32 km lange Sieben-Weiher-Weg (Markierung blaue 7 mit Wellenlinien) erschließt diese großartige Seenlandschaft mit den drei Freizeit- und Angelseen und den unter Naturschutz stehenden Weihern, die von breiten Schilfrandzonen umgeben sind.

Weiter nordwärts liegt der **Hohe Westerwald** mit der 656,5 m hohen **Fuchskaute**, einem erloschenen Vulkan und heute höchstem Berg des Westerwalds. Dieses windreiche, bewaldete Hochplateau aus Basaltgestein mit seinen sanften Wellen liegt größtenteils über 450 m hoch. Die ausgedehnten Heideflächen und Blumenwiesen mit Orchideen und Arnika auf der Fuchskaute sind Naturschutzgebiet. Diese botanischen Kostbarkeiten entdecken wir auf einer unserer Wanderungen. Über die Fuchskaute führen der Westerwaldsteig und der Rothaarsteig, auf denen wir wandern werden. Unsere Wanderungen führen auch durch angrenzende Randgebiete des Westerwalds: im Nordwesten durch das Siebengebirge, am Rhein zu den Ursprüngen des römischen Limes und entlang der Lahn durch den Naturpark Nassau.

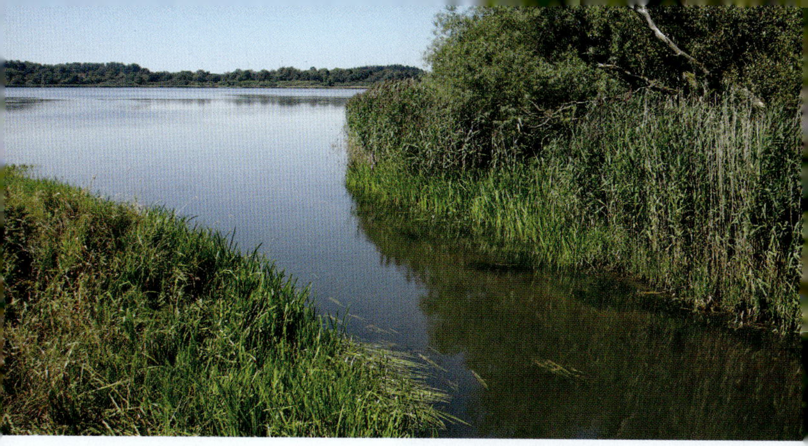

Dreifelder Weiher (Tour 14).

Fauna und Flora

Klimatisch liegt der Westerwald im Übergangsbereich zwischen kühl-feuchtem atlantischen und trocken-warmem kontinentalen Klima. Als sich die Gletscher nach der letzten Eiszeit vor 10.000 bis 20.000 Jahren durch die Erderwärmung von Mitteleuropa nach Norden zurückgezogen hatten, verblieben nur wenige eiszeitliche Pflanzenarten an ihrem ursprünglichen Standort. Sie bilden den Grundstock der heutigen Vegetation des Westerwalds. Aus dem Rhonetal wanderten durch die Burgundische Pforte Birken und mediterrane Pflanzen und aus den Steppen des Ostens Kiefern und Steppenpflanzen ein. Vor 10.000 Jahren breiteten sich unter den nun wärmeren klimatischen Bedingungen Haselnusssträucher aus, und es entstanden flächendeckende Mischwälder aus Eichen, Ahorn, Linden, Ulmen und Eschen. Als es vor 2500 Jahren wieder eine Kälteperiode gab, verdrängten Buchen und Tannen aus Südeuropa den artenreichen Eichenmischwald. Diese Bäume bestimmen auch heute noch das Bild des Westerwalds, wenngleich aus dem ursprünglichen Urwald Wirtschaftswälder geworden sind. Durch Rodungen im Mittelalter wurden Kulturflächen geschaffen, auf denen Siedlungen entstanden und Landwirtschaft betrieben wurde. Vor allem im Hohen Westerwald wurden durch Aufforstung auch neue Wälder gebildet. Schon Herzog Wilhelm Albrecht von Nassau ließ Schutzhecken aus Fichten zum Schutz der Felder und Weiden vor Stürmen anlegen. Je nach Region ist heute noch ein Drittel bis knapp die Hälfte der Fläche mit Wald bedeckt. In den Wirtschaftswäldern wurden verstärkt schnell wachsende Fichten, Kiefern, Douglasien und Lärchen angepflanzt, wodurch der Anteil der Nadelbäume stellenweise auf über 50% anstieg. Auf den Basaltböden des Siebengebirges blieben ausgedehnte Rotbuchenwälder erhalten, die vor allem im Herbst in herrlichen gelben und roten Farbtönen leuchten.

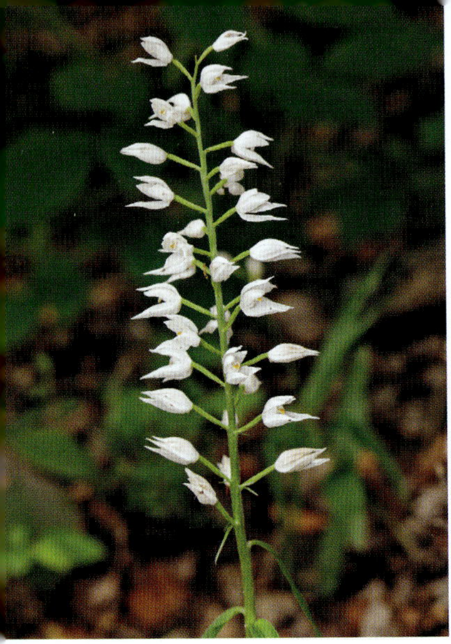

Waldvögelein, eine heimische Orchidee.

In einigen Bachtälern findet man artenreiche, feuchte Schluchtwälder, und Indisches Springkraut säumt die Ufer. Geschützte Uferstreifen von Seen sind häufig mit einer breiten Schilfrandzone umgeben, Lebensraum von Vögeln, Insekten und Amphibien.

Auch die Tierwelt folgte den Einwanderungsrouten der Pflanzen, wobei die heutigen Wirtschaftswälder und Kultursteppen als artenarm gelten. So wurde der letzte Wolf vermutlich 1845 bei Dierdorf erlegt, doch neuerdings wandern wieder Wölfe ein. Offiziell bestätigt ist ein kleines Wolfsrudel mit mehr als zwei Tieren bei Leuscheid, ein Wolfspaar bei Hachenburg und ein Einzeltier bei Greifenstein. Auch die Wildkatze ist in den Westerwald zurückgekehrt. Auer- und Birkhuhn, große Greifvögel wie der Uhu oder der Fischotter kommen heute nicht mehr vor. Durch den Menschen wurden auf der Montabaurer Höhe Mufflons angesiedelt und für die Jagd Rothirsche und Damwild eingeführt. Auch Reh und Hase verdanken ihre Existenz dem Jäger. Wildschweine, Bisamratte, Kaninchen und Waschbär breiten sich immer weiter aus. An Kriechtieren kommen Eidechsen, Blindschleichen, Ringel- und Glattnattern vor. An der unteren Lahn kann man die seltene Würfelnatter entdecken. Beachtlich ist der Fischreichtum der klaren Seen und Bäche des Westerwalds. Doch nachdem 2017 die kommerzielle Fischzucht in der Westerwälder Seenplatte aufgegeben wurde, veralgten die Weiher zusehends und ihre Zukunft war ungewiss. Im Herbst 2019 übernahm die NABU-Stiftung Nationales Kulturerbe die sieben miteinander verbundenen Gewässer und sicherte damit diesen wertvollen Lebensraum dauerhaft für die hier über 250 vorkommenden Vogelarten, andere Tiere und Pflanzen.

Geschichte

Erste Siedlungsspuren im Westerwald stammen aus der Zeit um 8000 v. Chr., als umherziehende Jäger und Sammler aus den Flusstälern von Rhein, Lahn und Sieg in das Gebiet vordrangen. Um 4000 v. Chr. entstanden die ersten festen Siedlungen. Grabungsfunde belegen, dass damals schon Ackerbau betrieben wurde. Die Kelten hatten im 8. Jahrhundert v. Chr. ein besonderes Interesse am hier vorkommenden Eisenerz und gründeten mehr als 20 befestigte Höhensiedlungen. Die Römer drangen im ersten Jahrhundert n. Chr. vom Rhein in den Westerwald vor. Der Limes von Rheinbrohl bis Bad Ems markierte die Grenze des Römischen Reichs. Nach dem Untergang dieses Imperiums gehörte der Westerwald zum Herrschaftsbereich der Franken, die zusammen mit den Alemannen die Römer vertrieben hatten. Die endgültige Besiedlung des Westerwalds erfolgte durch die Chatten (später Hessen) im 3. Jahrhundert n. Chr., auch die Franken behaupteten ihren Einfluss. Von Osten drangen schließlich die Germanen ab dem 4. Jahrhundert auf Westerwälder Gebiet vor.

Der Name »Westerwald« tauchte erstmals 1048 in einer kurtrierischen Urkunde auf, die das Waldgebiet westlich von Herborn als »westlichen Wald« bezeichnete. Das Gebiet des Hohen Westerwalds erstreckte sich auf die Bezirke Marienberg, Emmerichenhain und Neukirch. Erst ab Mitte des 19. Jahrhunderts wurde die gesamte Mittelgebirgslandschaft Westerwald genannt.

Nachdem vorher vor allem die Ottonen und Salier geherrscht hatten, gewannen im 13. Jahrhundert die Grafen von Diez, Sayn und Wied an Einfluss. Von Bedeutung waren auch die Grafen von Laurenburg, die späteren Grafen von Nassau. Im Osten behaupteten sich die hessischen Landgrafen gegen das Mainzer Erzbistum. Wichtigen Einfluss hatten außerdem die Grafen von Sayn-Wittgenstein und das Kurfürstentum Trier. Im 16. Jahrhundert gewannen neben den Herrschern aus Hessen, Köln, Mainz und Trier auch die Grafen von Nassau weiter an Macht. 1871 gliederten die Preußen den Hohen Westerwald in das Deutsche Reich ein. Heute gehört die Region zu den Bundesländern Hessen, Rheinland-Pfalz und Nordrhein-Westfalen.

Früher hatte der abgelegene Westerwald eine schlechte Infrastruktur und schwache Wirtschaftsleistung. Für die Bewohner herrschten harte Bedingungen, umherziehende Händler verkauften ihre selbst gefertigten Waren. Da die Landwirtschaft nicht für den Lebensunterhalt ausreichte, mussten sich viele Bewohner einen Nebenerwerb im Braunkohle- und Erzbergbau sowie in der Eisenverarbeitung im Siegerland verdienen.

Die zunehmende Industrialisierung im 19. und 20. Jahrhundert, öffentliche Förderung, regionales Marketing und vor allem die gute Verkehrsanbindung an die Ballungszentren Rhein-Main und Köln-Bonn durch Flughäfen, Autobahnen und die ICE-Verbindung Köln–Frankfurt mit Halt in Montabaur und Limburg sorgten für den neuzeitlichen Aufschwung der Region. Auch der Tourismus gewinnt immer mehr an Bedeutung; Übernachtungs- und Restaurationsbetriebe sind zahlreich vorhanden, obwohl in den ländlichen Regionen immer mehr Gasthäuser verschwinden. Die Kur- und Fremdenverkehrsorte locken außerdem mit vielfältigen Wellness- und Gesundheitsangeboten und laden zu vielen sportlichen Aktivitäten ein. Der Westerwald bietet auch herrliche Wandermöglichkeiten in einer Landschaft, die noch nicht überlaufen ist, auch durch den 2008 eröffneten Westerwaldsteig und andere Premium-Wanderwege.

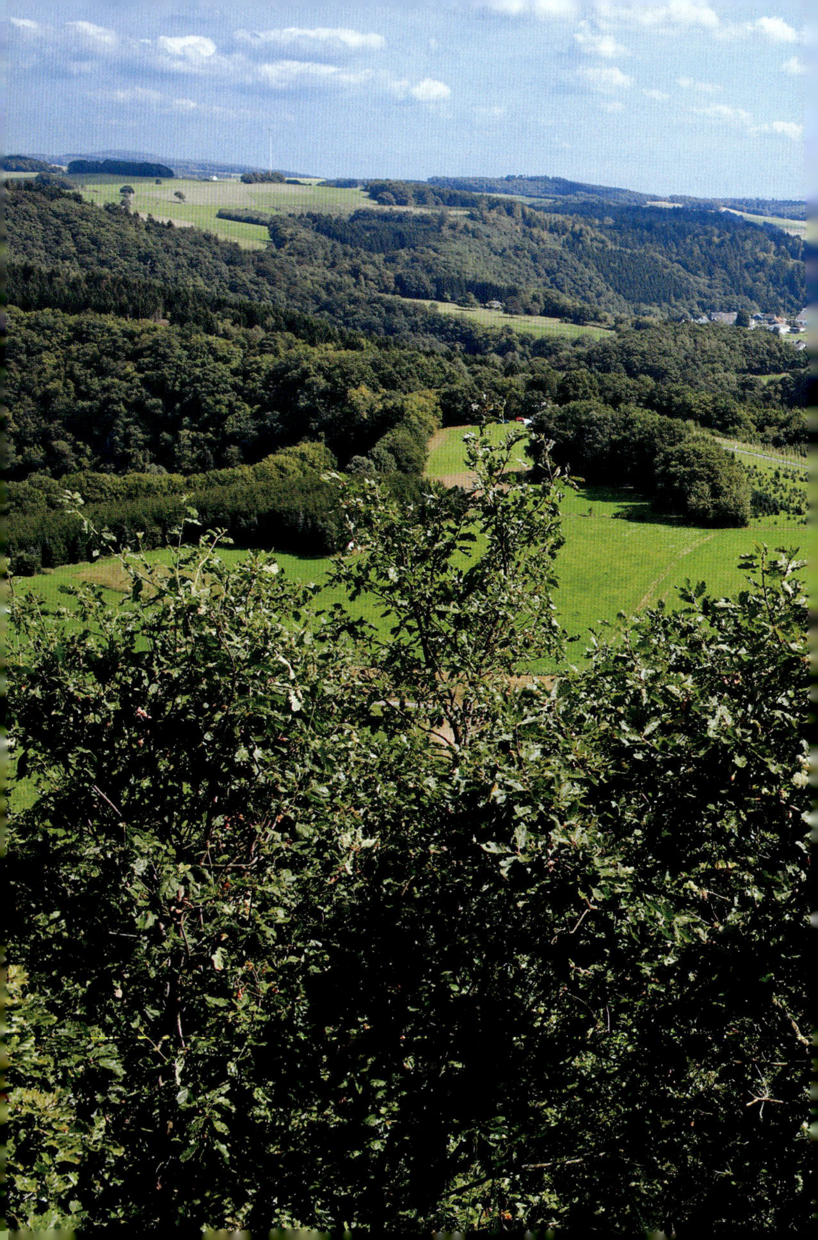

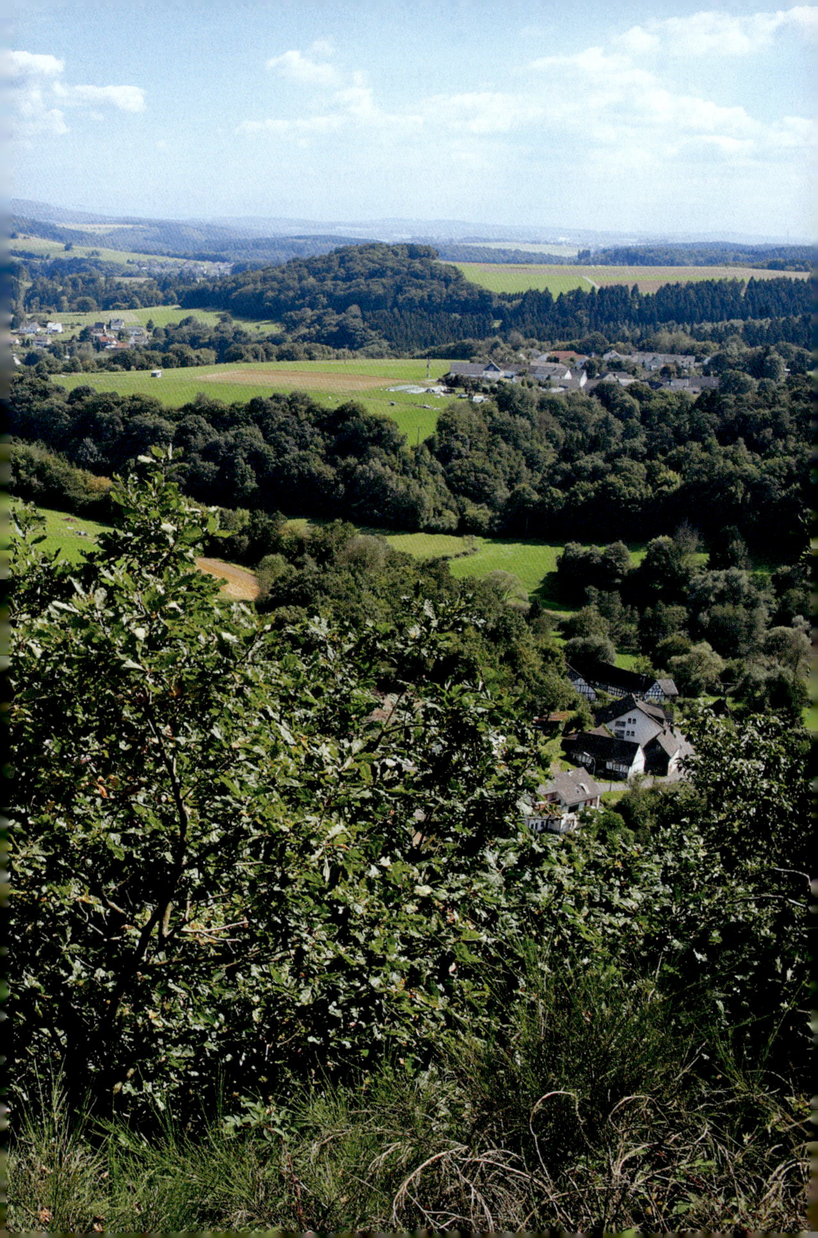

↗ 200 m | ↘ 200 m | 9.2 km

1 Vom Kloster Marienthal auf den Beulskopf

2.30 h

Wunderheilungen und ein Aussichtsturm

Ausgangspunkt unserer Wanderung ist das ehemalige Kloster Marienthal, das wegen eines Gnadenbilds aus dem 15. Jahrhundert auch heute noch Ziel von Wallfahrern ist. Wir wandern auf dem Westerwaldsteig zum Raiffeisen-Turm auf dem Beulskopf und kehren über Hilgenroth zurück.

Ausgangspunkt: Kloster Marienthal bei Hilgenroth. Zug RB 90 von Altenkirchen zum Haltepunkt Kloster Marienthal. Alternativ Bus Linie 285 von Altenkirchen nach Beul/Turm (Mo–Fr), dort Toureinstieg.
Markierung: Westerwaldsteig, I/S.
Anforderungen: Gering.
Einkehrmöglichkeit: Keine.
Sehenswürdigkeiten: Die Geschichte des Klosters Marienthal beginnt in der ersten Hälfte des 15. Jh. Eine Legende erzählt, dass ein Hirte hier ein selbst geschnitztes Marienbild aufgestellt hatte, um 1460 wurde eine erste Kapelle errichtet. Im Marienthaler Mirakelbüchlein aus dem 15. Jh. sind mehrere Wunderheilungen und Totenerweckungen verzeichnet, weshalb viele Wallfahrer zur Kapelle mit dem Wunder bringenden Gnadenbild der Muttergottes pilgerten. Ab 1494 wurde eine neue, dreischiffige gotische Kirche erbaut, von der der Ostteil erhalten blieb. Nachdem die Grafen von Sayn im 16. Jh. die lutherische und 1605 die reformierte Konfession einführten, fanden keine Wallfahrten mehr statt. 1666 erfolgte die Gründung eines Franziskanerklosters, bereits 1703 wurde das Klostergebäude durch einen dreigeschossigen Fachwerkbau erweitert und ersetzt. 1803 löste man das Kloster im Zuge der Säkularisation auf, und es verfiel. Im 19. Jh. wurde es wieder zum Wallfahrtsort, bis heute finden Wallfahrten statt. Ende des 19. Jh. zogen erneut Franziskanermönche ein, die bis 1974 blieben. Heute wird das Kloster vom Erzbistum als Bildungsstätte genutzt, in dem Tagungen und Kurse stattfinden. Das Gnadenbild steht in einer Seitenkapelle. Auf dem Basaltkegel des 388 m hohen Beulskopfs wurde 1990 der 34 m hohe Raiffeisen-Turm erbaut, von dem sich eine gute Fernsicht zum Siebengebirge, Bergischen Land und zum Rothaargebirge bietet.
Karte: Kompass Wander- und Radkarte Westerwald Nord, 1:50.000.

Vom **Kloster Marienthal** ❶ gehen wir in westlicher Richtung *Am Kloster* über den Parkplatz, dann in der Kurve der Marienthaler Straße hinter dem Kloster links auf dem Westerwaldsteig bergauf. Nach der zweiten Kehre sind wir auf den letzten Stationen eines im 19. Jahrhundert errichteten Kreuzwegs unterwegs. Ab dem Feldrand folgen wir dem asphaltierten Weg links. An unserem Weg liegen ein Grillplatz und die Hütte **»Waldesruh'«** ❷. Am Ende des Waldes wandern wir rechts über die Felder zum nächsten Waldstück und über-

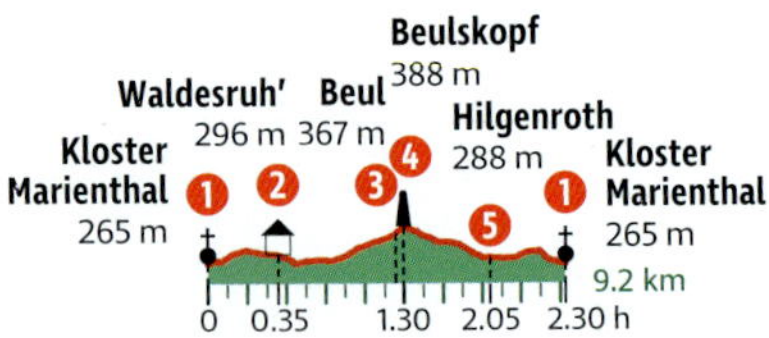

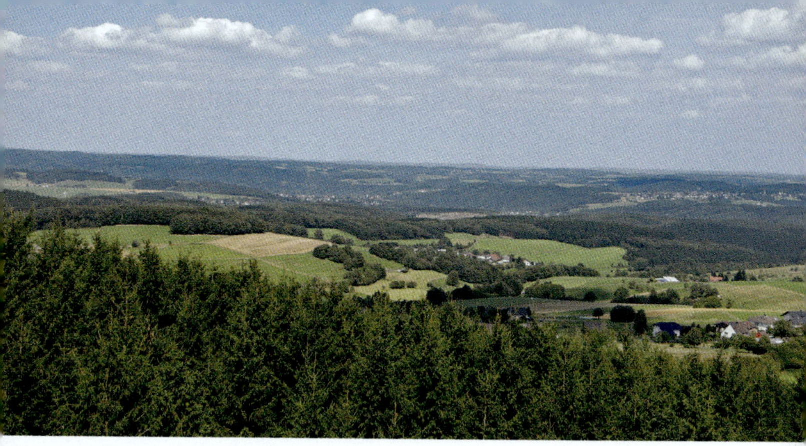

Auf dem Beulskopf – Blick vom Raiffeisen-Turm.

queren unterwegs die Straße *K 52*. Wir wandern anschließend am Waldrand entlang und überqueren auch die Straße *K 37*. Nach einem kurzen, weiteren Wegstück am Waldrand geht es in den Wald hinein. Am Waldende kommen wir am Friedhof vorbei und überqueren in **Beul** ❸ bei der Pension Hubertushöhe die Straße *L 267*. Am Waldrand oberhalb des Orts steht der Raiffeisen-Turm auf dem 388 m hohen **Beulskopf** ❹.
Für den Rückweg verlassen wir hier den Westerwaldsteig und orientieren uns rechts an den Markierungen *I* und *S*. Wir wandern am Waldrand um den Beulskopf, halten uns nach knapp 250 m am nächsten Weg rechts, überqueren uns links haltend die *L 267* und gehen danach am Waldrand entlang und an der Weggabelung im Wald geradeaus. Kurz darauf halten wir uns an der nächsten Abzweigung rechts und nach 200 m links. Über die Felder gelangen wir nach **Hilgenroth** ❺ und durchqueren links auf der *Hauptstraße* und rechts auf der *Marienthaler Straße* den Ort. Weiter den Markierungen *I* und *S* folgend kehren wir entlang dieser Straße zum **Kloster Marienthal** ❶ zurück.

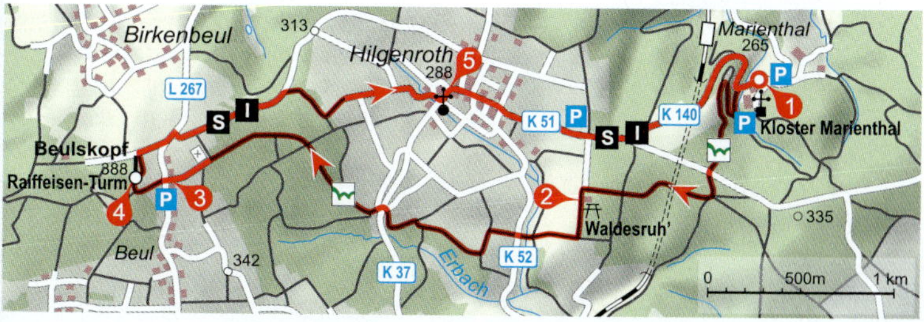

TOP

2

↗ 330 m | ↘ 330 m | 12.4 km

Vom Kloster Marienthal ans Weltende

3.30 h

Höhenwege in der Kroppacher Schweiz

Die Stille einer reizvollen Landschaft, saftig grüne Wiesen zwischen bewaldeten Hügeln und das tief eingeschnittene Tal der Nister lernen wir auf dieser landschaftlich äußerst reizvollen Rundwanderung durch die Kroppacher Schweiz kennen. Auf dem Sonnenweg erfahren wir unterwegs viel über Sonnenuhren, mit denen man früher die Zeit bestimmt hat. Wir müssen aber auch ein wenig kraxeln, denn der Weltende-Pfad bei Alhausen und der Gratweg über den Sonnenberg zählen zu den abenteuerlichsten Strecken des Westerwaldsteigs! Doch keine Bange, allzu schwierig sind die Wege nicht, denn früher war der Weltende-Pfad ein Weg, auf dem die Kinder in die Schule gelaufen sind.

Ausgangspunkt: Kloster Marienthal bei Hilgenroth. Zug RB 90 von Altenkirchen zum Haltepunkt Kloster Marienthal.
Markierung: HW I, MW, K, MW, Westerwaldsteig, Sonnenweg, Westerwaldsteig.
Anforderungen: Mittel. Gute Wanderwege bis auf den leicht alpinen Weltende-Pfad und den Gratweg auf dem Sonnenberg. Bei Nässe werden wegen einiger Graswege wasserdichte Wanderschuhe empfohlen.
Einkehrmöglichkeit: Keine.
Karte: Kompass Wander- und Radkarte Westerwald Nord, 1:50.000.

In der Kroppacher Schweiz.

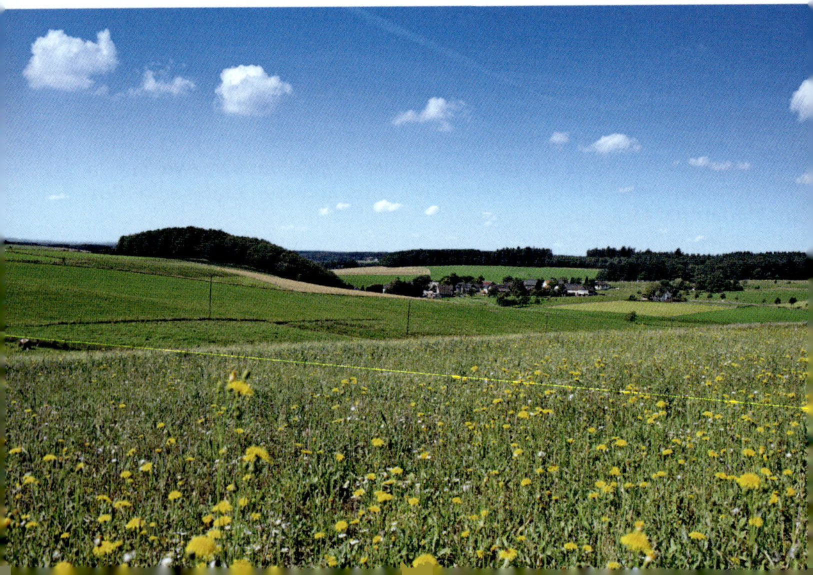

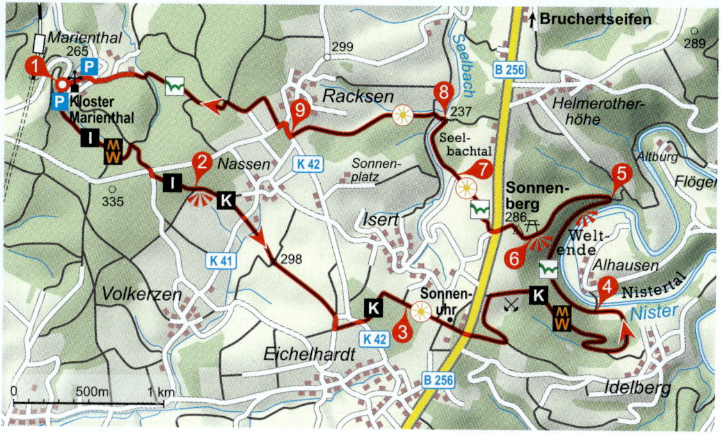

Beim ehemaligen **Kloster Marienthal** ❶ gehen wir in der Kurve der *Marienthaler Straße* hinter dem Kloster links auf dem *Hauptwanderweg (HW) I* des Westerwaldvereins und dem *Marienwanderweg (MW)* im Tal des Marienthaler Bachs durch den Wald. Oberhalb des Bachtals wandern wir auf dem breiten Waldweg 80 m links durch den Hochwald und biegen an der Wegkreuzung nach rechts in Richtung Marienstatt ab (*I*, *MW* und *Kölner Weg K*). Wenig später überqueren wir ein Sträßchen und wandern geradeaus auf dem Forstweg zum **Waldrand** ❷. Hier bietet sich zum ersten Mal eine herrliche Aussicht über die hügelige Kroppacher Schweiz bei Nassen. Ein sonniger Höhenweg führt uns nun am Waldrand über die Felder. Am Ende des Waldstücks verlassen wir die Markierung *I*, orientieren uns nur noch an *MW* und *K* und wandern geradeaus über die Felder an Nassen vorbei. Nachdem wir die Straße *K 41* überquert haben, gelangen wir geradeaus durch das kleine Tal des Volkerzer Bachs. Danach führt der grasbewachsene Feldweg über eine aussichtsreiche Hochebene; rechts liegt das Dorf Volkerzen. Vor der Stromleitung an der Gabelung des asphaltierten Wegs gehen wir 70 m rechts, danach links an dem alten Bergmannsdorf **Eichelhardt** vorbei zur Straße *K 42*. Dieser folgen wir 50 m rechts und ge-

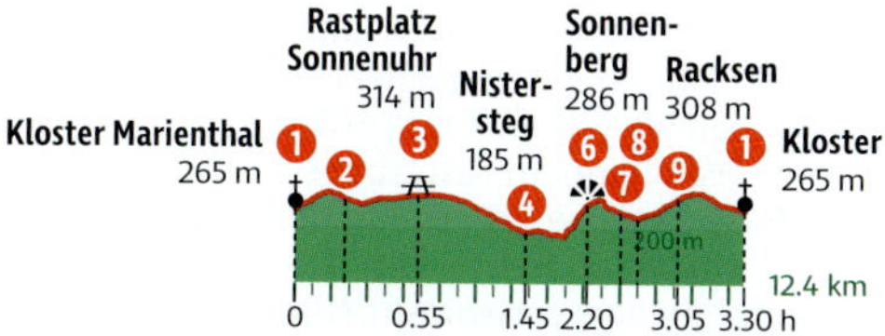

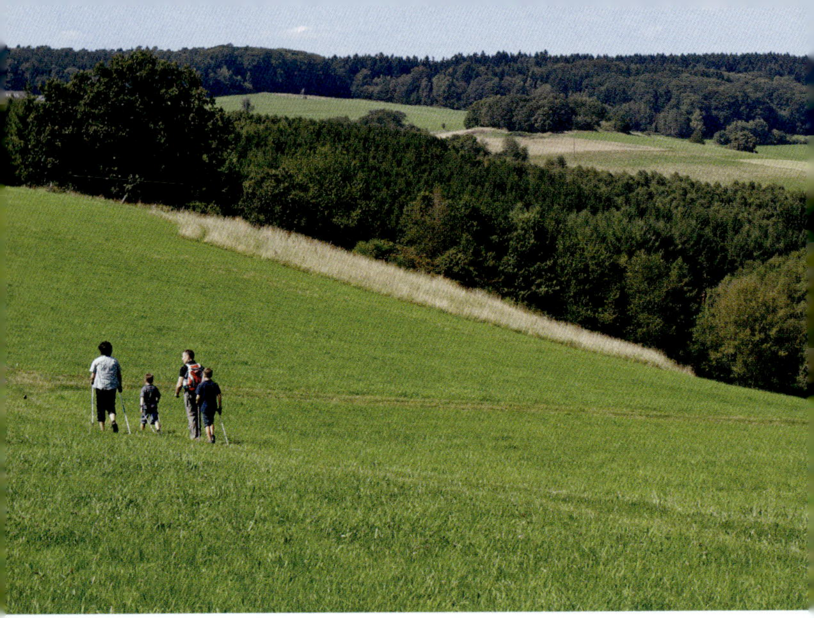

Im Seelbachtal.

hen dann links in den Wald. Am Ende des Waldstücks, wo wir auch auf die Markierung *Sonne* des *Sonnenwegs* treffen, haben wir eine schöne Aussicht über Isert und die abwechslungsreiche Hügellandschaft. Am Horizont drehen sich Windräder. Etwas weiter erfahren wir am **Rastplatz Sonnenuhr** 3, wie man im Jahr 1451 mit der Klappsonnenuhr von Georg von Peuerbach die Zeit bestimmt hat. Danach gelangen wir geradeaus durch ein kleines Waldstück zur Bundesstraße *B 256*. Wie andere, wurde auch diese *Raiffeisenstraße* nach der Idee des Sozialreformers mit Unterstützung von »Sozialhilfeempfängern« gebaut. Hier wurde früher das Eisenerz transportiert, das bis 1937 in der Grube Petersbach bei Eichelhardt gefördert wurde. Wir überqueren die Bundesstraße und gehen auf *K* 250 m geradeaus durch den Wald. An der nächsten Weggabelung biegen wir scharf links ab; rechts steht eine Forstarbeiterhütte. Wir verlassen nun den Wald und folgen am Waldrand dem Grasweg in Richtung Bundesstraße. Dort, wo der Wanderweg kurz vor der Straße in einen geschotterten Feldweg einmündet, geht es nach rechts. Jetzt können wir uns an *K* und *MW* orientieren. Vor uns liegt das **Weltende**, der steile Waldhang im Nisterbogen bei Alhausen.
Nach einem kurzen Stück über die Felder wandern wir durch den schattigen Wald hinunter ins **Nistertal**. Dabei kommen wir kurz vor der Nister an einer biologischen Kläranlage vorbei. Am **Nistersteg** 4 bei Alhausen

beginnt dann der alpine **Weltende-Pfad**, ein abenteuerliches Teilstück des *Westerwaldsteigs*. Auf diesem folgen wir dem Nister-Bogen. Bei Nässe kann der teilweise etwas abschüssige Naturpfad rutschig sein; kleinere Kletterpassagen sind mit Stahlseilen gesichert. In einem **Seitentälchen** ❺ (Rastbank) verlassen wir nach etwa 1,2 km den Pfad und links von dem kleinen Bach das Nistertal. Der schmale Weg (*Westerwaldsteig*) führt erst steil den Waldhang hinauf und dann eben über den schmalen Grat des Sonnenbergs. Der *Weltende-Pfad* und der Gratweg über den Sonnenberg gehören zu den abenteuerlichsten Strecken des Westerwaldsteigs! Vom 286 m hoch gelegenen Rastplatz Hunert auf dem **Sonnenberg** ❻ bietet sich uns ein weiterer toller Blick, wir sehen hier hinab ins Nistertal am Weltende. Auf dem Gratweg gehen wir am Rastplatz vorbei und kurz vor dem Waldende rechts. Danach verlassen wir den Wald und überqueren die Bundesstraße *B 256*. Auf der anderen Straßenseite gehen wir rechts zum Feldrand und 50 m daran entlang. Anschließend biegen wir nach links ab und folgen dem Grasweg ins **Seelbachtal** ❼ (*Westerwaldsteig* und *Sonnenweg*), wobei wir uns nach 100 m rechts und nach weiteren knapp 100 m links halten. Am Wanderweg werden uns weitere Sonnenuhren wie die Würfelsonnenuhr erklärt. Nachdem wir 500 m durch das bewaldete Seelbachtal gewandert sind, überqueren wir den kleinen Bach am **Talende** ❽ links und wandern auf dem Westerwaldsteig hinauf zum Höhendorf **Racksen** ❾, wo wir südlich des Orts auf die Straße *K 42* treffen.

Dieser folgen wir für 100 m nach rechts, gehen dann 50 m nach links und anschließend rechts auf dem *Westerwaldsteig* über die Felder. Wir genießen die schöne Aussicht über Racksen und das bewaldete Seelbachtal. Kurz vor dem Ende unserer Wanderung kommen wir am Obersalterberger Hof vorbei und erreichen wenig später wieder das **Kloster Marienthal** ❶.

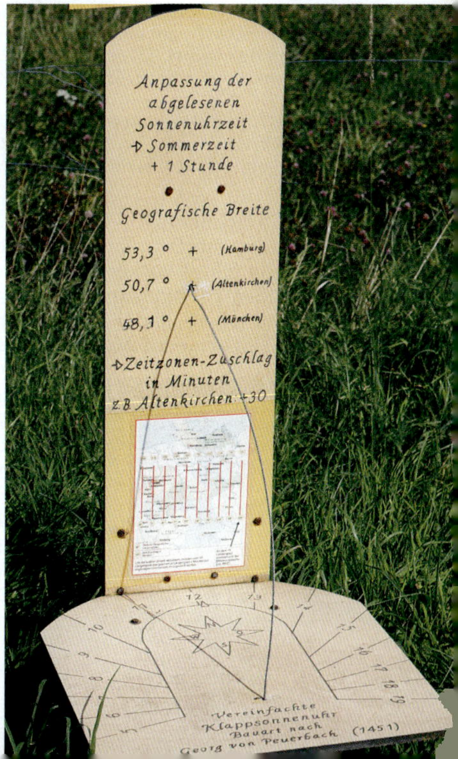

Klappsonnenuhr nach Georg von Peuerbach.

3 Von Helmeroth zur Schönen Aussicht

3.20 h

Auf dem Sieg-Höhenweg durch die Kroppacher Schweiz

Am nördlichen Ende der Kroppacher Schweiz, deren Landschaft durch die steil zur Nister hin abfallenden Felsrücken geprägt ist, wandern wir vom Nistertal hinauf zur Schönen Aussicht. Nach einer waldreichen Tour kehren wir durchs Nistertal nach Helmeroth zurück.

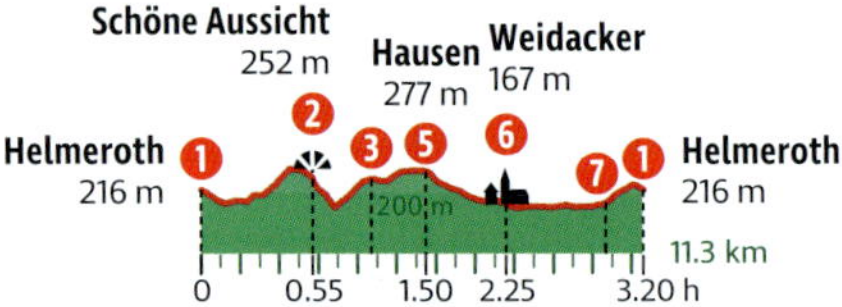

Ausgangspunkt: Parkplatz *Im Winkel* neben der Hauptstraße am nördlichen Ortsrand von Helmeroth. Bus Linie 289 von Altenkirchen nach Helmeroth (Mo–Fr).
Markierung: Zuweg zum Westerwaldsteig, S, S1/R11, H2.
Anforderungen: Gering. Gut sind Wanderschuhe mit rutschfester Sohle, da die Wege bei Nässe rutschig sein können.
Einkehrmöglichkeit: Gaststätte Zum Hahnhof in Weidacker (Getränke und kleine Gerichte, von Ostern bis Sept. Mo, Di, Fr, Sa ab 16 Uhr, So ab 10 Uhr).
Karte: Kompass Wander- und Radkarte Westerwald Nord, 1:50.000.

Wir gehen in **Helmeroth** ❶ vom Parkplatz auf der Straße *Im Winkel* in südlicher Richtung am Ortsrand entlang, bis wir im Ort auf die *Hauptstraße* treffen. Dieser folgen wir kurz nach rechts und anschließend geradeaus auf dem Sträßchen *Zur Alten Mühle* zur Nister. Wir überqueren den Bach und wandern links oberhalb der Nister durch den Wald. Nach 250 m biegen wir links ab und folgen dem Waldpfad noch weitere 350 m entlang der Nister. Vor allem bei Nässe kann es hier rutschig sein! Dann wandern wir rechts durch das enge, bewaldete Tal eines kleinen Seitenbachs. Nach 750 m halten wir uns scharf links und nach weiteren 250 m erneut links. Geradeaus gelangen wir nun zur **Schönen Aussicht** ❷, von der wir einen herrlichen Blick ins Nistertal haben. Danach führt unser Weg hinunter zur Nister, wo wir vor der Brücke auf

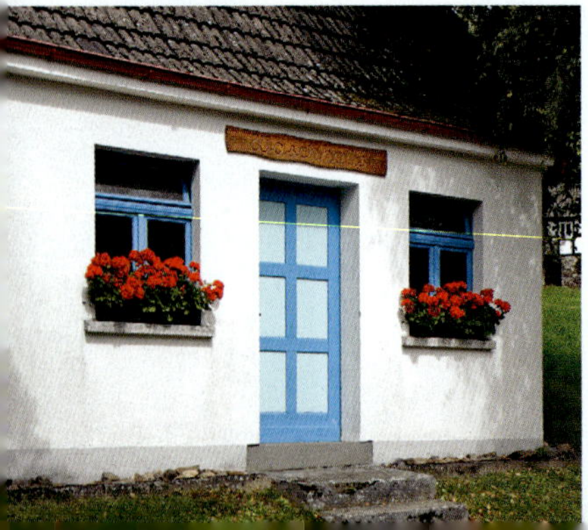

Waschhaus am Dorfplatz in Helmeroth.

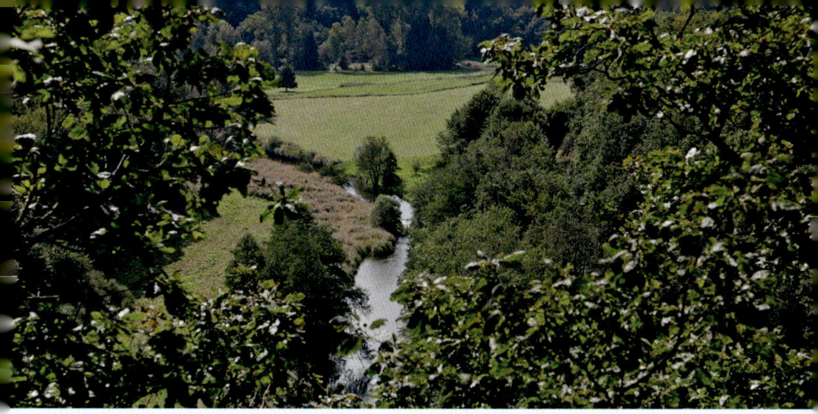

Blick ins Nistertal.

die gelbe Markierung des *Zuwegs Westerwaldsteig* treffen. Dieser folgen wir kurz nach rechts und dann links durch den Wald hinauf zum 252 m hoch gelegenen Jagdhaus **Nisterberg** ❸.
Davor halten wir uns links und nach 75 m rechts. Der *Zuweg Westerwaldsteig* leitet uns weiter nach **Glatteneichen** ❹. Wir gehen geradeaus durch die kleine Siedlung und wandern auf dem *Glatteneicher Weg*, der Straße *K 131*, bis dieser am nördlichen Ortsrand von **Hausen** ❺ auf den *Häuserweg* trifft. Hier verlassen wir den *Zuweg Westerwaldsteig* und folgen dem *Häuserweg* nach links. Nach der S-Kurve des Wegs biegen wir nach rechts in den Wald ab und orientieren uns am *S* des *Sieg-Höhenwegs*. Nun wandern wir die nächsten 1,5 km geradeaus durch den Wald, bis unser Weg auf die Straße *K 132*, die *Paffrather Straße*, trifft. Dieser folgen wir links durch **Weidacker** ❻, wo wir *S* verlassen. Beim Hochspannungsmast am Ortsende leitet uns ein kurzer Weg links zur *Nistertalstraße*, der *K 133*, und zum bewirtschafteten Hahnhof. Von dort wandern wir links entlang der *K 132* (Markierungen *S1*/*R11*) durch das Nistertal nach **Langenbach** ❼, wo wir hinter dem Ort die Straße verlassen und nach rechts in den Wald abbiegen. Der Markierung *H2* folgend gelangen wir am Waldrand entlang zurück nach **Helmeroth** ❶.

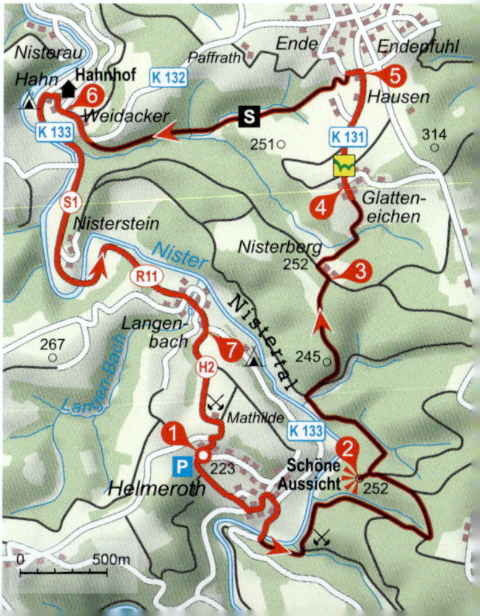

↗ 235 m | ↘ 235 m | 12.7 km

4 Rundwanderung von Heimborn entlang der Nister

3.30 h

Die keltisch-germanische Höhensiedlung Altburg und das Weltende

Am abgelegenen Weltende im Nistertal ist die Kroppacher Schweiz am schönsten. Auf wildromantischen Uferwegen wandern wir am gewundenen Flusslauf der Nister entlang. Der Weltende-Pfad hat sogar leicht alpinen Charakter. Bereits die Kelten haben sich in diese Waldeinsamkeit zurückgezogen und auf einem schwer zugänglichen Höhenrücken eine Fliehburg errichtet.

Ausgangspunkt: Wanderparkplatz nordwestlich von Heimborn. Bus Linie 410 Hachenburg–Wissen nach Heimborn (Mo–Fr). Dort noch 500 m bis zum Ausgangspunkt.
Markierung: Westerwaldsteig, 4, gelber Punkt, Westerwaldsteig, 4.
Anforderungen: Mittel. Bis auf den alpinen Weltende-Pfad und kurze Stichwege meist bequeme Wanderwege.
Einkehrmöglichkeit: Gaststätte »Zum Nisterstrand« in Ehrlich (geöffnet Anfang März bis Anfang Nov. Fr ab 16 Uhr, Sa, So 11–21.30 Uhr, Biergarten).
Karte: Kompass Wander- und Radkarte Westerwald Nord, 1:50.000.

Ausblick von der Spitzen Ley.

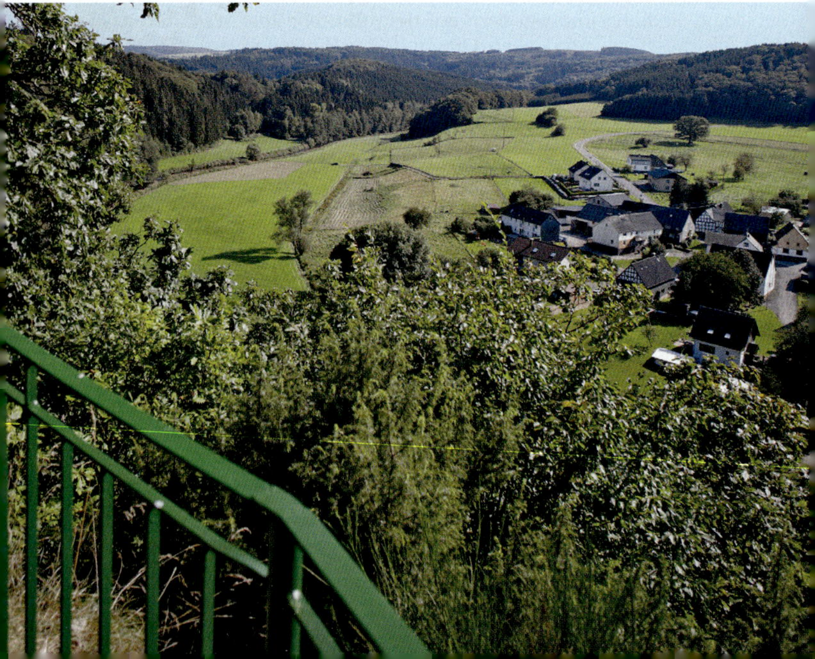

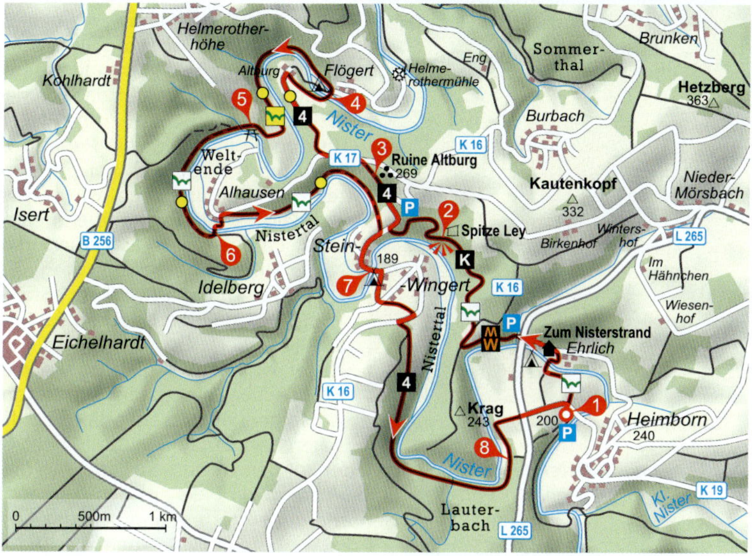

Am **Wanderparkplatz ❶** hinter der Nisterbrücke nordwestlich von Heimborn wandern wir rechts auf dem *Westerwaldsteig* unter der Stromleitung hindurch über die Wiese. Auf dem Uferpfad geht es an der Nister entlang nach Ehrlich, wo wir den Bach überqueren. Vor der Gaststätte »Zum Nisterstrand« halten wir uns rechts und auf dem oberhalb des Campingplatzes verlaufenden Sträßchen links (*Westerwaldsteig, Marienwanderweg* und *Kölner Weg K*). Nachdem wir die Straße *L 265* überquert haben, leiten uns die Wanderwegmarkierungen geradeaus zur **Spitzen Ley ❷**. Von dem Aussichtsfelsen oberhalb von Stein-Wingert haben wir einen schönen Blick ins Nistertal und die Kroppacher Schweiz.

An der Schutzhütte vorbei gehen wir an der nächsten Forststraße links zum Parkplatz an der Straße *K 16*. Hier verlassen wir die Wanderwegmarkierungen und folgen der Straße am Friedhof 300 m rechts. In der Rechtskurve der Straße wandern wir links auf dem mit 4 markierten Waldpfad geradeaus bergauf. Auf dem bewaldeten, auf drei Seiten von der Nister umflossenen Höhenrücken stand im 2. bis 1. Jahrhundert v. Chr. die keltisch-germanische Höhensiedlung **Altburg ❸**, von der heute aber

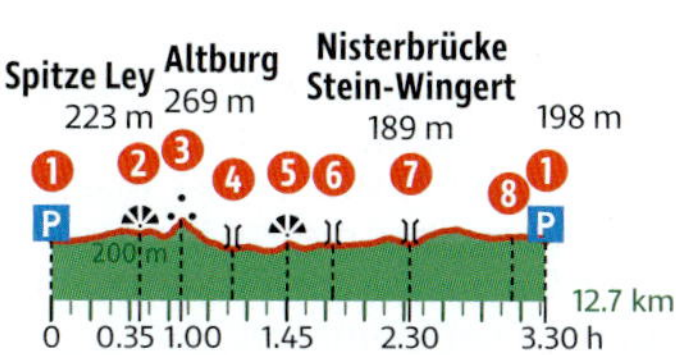

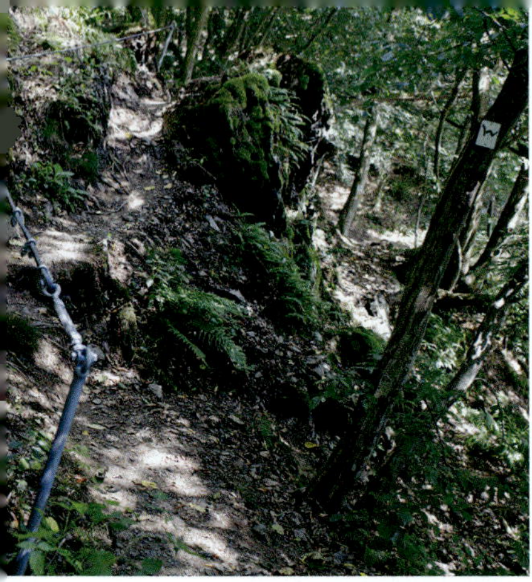

Alpine Qualitäten: der Weltende-Pfad.

nichts mehr zu sehen ist. Wir gehen nach dem Abstieg vom Burgberg auf der Straße *K 17* 200 m links und biegen dann rechts auf das schmale Zufahrtssträßchen zum Weiler Altburg ab (4 und *gelber Punkt* des *Naturpfads Weltende*). Vor den ersten Häusern umgehen wir rechts die kleine Siedlung und überqueren beim Campingplatz in Flögert die Nister auf einem schmalen **Steg** ❹. Die Entfernung zwischen Stein-Wingert und Flögert beträgt 900 m Luftlinie, der gewundene Lauf der Nister ist 6 km lang! Hier, wo die Kroppacher Schweiz am schönsten ist, folgen wir diesem wildromantischen Bachverlauf.

Hinter dem Nistersteg treffen wir wieder auf den *Westerwaldsteig*. Auf diesem und dem *gelben Punkt* folgend wandern wir links auf dem romantischen Uferweg zwischen den Felsen und der Nister entlang bis zum Aussichtspunkt **Weltende** ❺. Hier wird der Weg alpin! Hinter dem Rastplatz gehen wir auf dem schmalen und steilen Waldpfad (*Westerwaldsteig* und *gelber Punkt*) hinunter zur Nister. Dort führt der abenteuerliche Weltende-Pfad etwa 1,5 km am bewaldeten Steilhang entlang. An einigen mit Stahlseilen gesicherten Stellen müssen wir sogar etwas klettern. Am Weg liegt ein alter Erzstollen, in dem heute Fledermäuse überwintern. Gegenüber von Ahlhausen endet der Weltende-Pfad. Wir überqueren hier auf einem **Steg** ❻ die Nister, halten uns danach kurz links und folgen im Ort rechts weiter dem *Westerwaldsteig* um die Nisterschleife bis zur Straße *K 16*. Hier verlassen wir den *Westerwaldsteig* und gehen rechts entlang der *Hauptstraße* nach **Stein-Wingert** ❼. Dort überqueren wir auf der Steinbogenbrücke die Nister erneut und biegen nach 100 m rechts auf den Ringweg ab.

Der *Rundwanderweg Nr. 4* führt nun oberhalb des Campingplatzes durch das Wohngebiet und geradeaus auf einem grasbewachsenen Feldweg weiter. Oberhalb des Orts gehen wir auf der *Hauptstraße* 150 m rechts bis zum Waldrand und dort links auf 4 zurück nach Heimborn. Von dem 2,2 km langen Waldweg entlang der Nister haben wir anfangs einen schönen Blick auf Stein-Wingert und das Nistertal. Nach der **Abzweigung** ❽, die zum Nistersteg führt, verlassen wir die 4 und folgen geradeaus weiter dem Weg entlang der Nister. Dieser macht nach knapp 300 m einen Rechtsbogen und führt über die Felder zur Straße *L 265*, die wir überqueren. Danach wandern wir geradeaus entlang der Straße *K 19* zurück zum **Wanderparkplatz** ❶ bei Heimborn.

↗ 150 m | ↘ 150 m | 10.5 km

2.40 h

Große und Kleine Nister zwischen Heimborn und Limbach

5

Wildromatische Nisterwindungen und schattige Waldwege

Am »Deutschen Eck« bei Heimborn mündet die Kleine in die Große Nister. Die Täler dieser beiden Wildbäche gehören zu den schönsten Landschaften in der Kroppacher Schweiz. Auf bequemen, schattigen Uferwegen folgen wir zwischen Heimborn und Limbach den wildromantischen Windungen der Nister und sind hier auch auf dem Westerwaldsteig und dem Marienwanderweg unterwegs.

Ausgangspunkt: Wanderparkplatz nordwestlich von Heimborn. Bus Linie 410 Hachenburg–Wissen nach Heimborn (Mo–Fr).
Markierung: Westerwaldsteig, K, 4, MW, Westerwaldsteig, R1, K, Westerwaldsteig, I, MW.
Anforderungen: Gering, durchgängig gute Wege.
Einkehrmöglichkeit: Keine.
Karte: Kompass Wander- und Radkarte Westerwald Nord, 1:50.000.

Die Nister bei Heuzert.

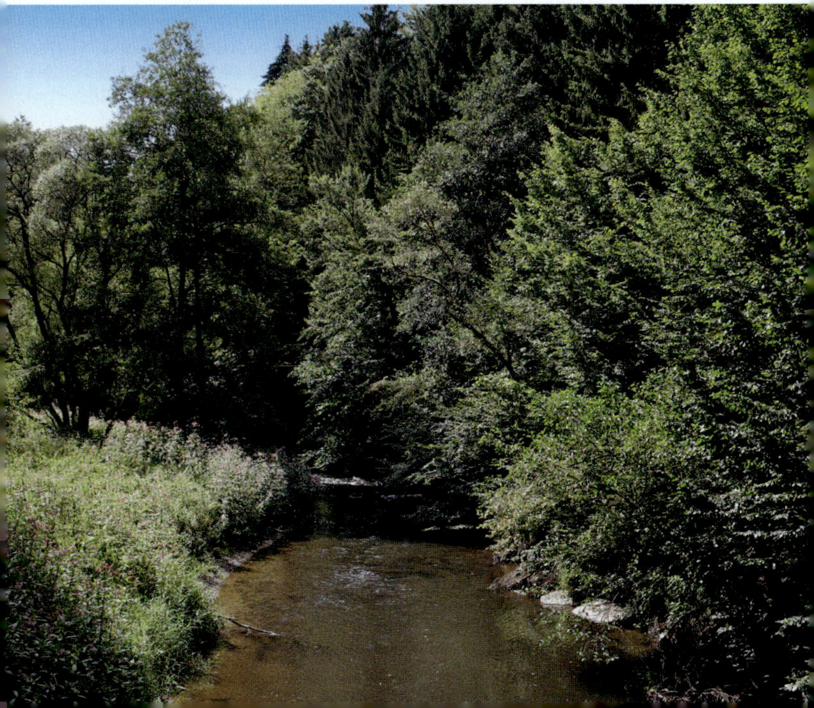

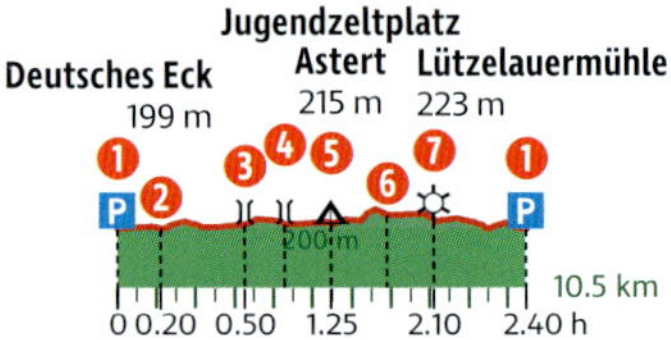

Am **Wanderparkplatz** ❶ hinter der Nisterbrücke nordwestlich von **Heimborn** gehen wir links auf dem *Westerwaldsteig*, dem *Marienwanderweg* (*MW*), dem *Kölner Weg K* und *4* in südlicher Richtung an der Nister entlang. An der Mündung der Kleinen Nister in die Große Nister, im Volksmund bekannt als **Deutsches Eck** ❷, überqueren wir die Große Nister auf dem Steg. Auf der anderen Bachseite steht eine Schutzhütte an einem beliebten Rast- und Freizeitplatz. Hier gehen wir rechts, überqueren die Kleine Nister auf einem weiteren Steg und wandern danach rechts auf einem schattigen Waldweg an der Großen Nister (meist nur Nister genannt) entlang nach Heuzert (*Westerwaldsteig, K, 4* und *MW*). Indisches Springkraut säumt im Spätsommer das Ufer.

Wir kommen beim Jugendzeltplatz am langen *Wilhelm-Steg* und der alten Steinbrücke nördlich von **Heuzert** ❸ vorbei und folgen weiter dem *Westerwaldsteig* entlang der Nister. Beim nächsten **Steg** ❹ über die Nister südlich von Neuzert steht eine kleine Schutzhütte. Beim **Jugendzeltplatz** ❺ (Grillplatz mit Schutzhütte) vor dem Dorf Astert gehen wir links auf dem *Westerwaldsteig* weiter bis zur Straße *K 19*. Hier verlassen wir den *Westerwaldsteig*. Wir überqueren vor dem Waldparkplatz die Straße und folgen der Markierung *R1* bergauf zur Abzweigung der Straße *K 20*. Auf dieser gehen wir 200 m rechts in Richtung Limbach (*K*) und verlassen die Straße

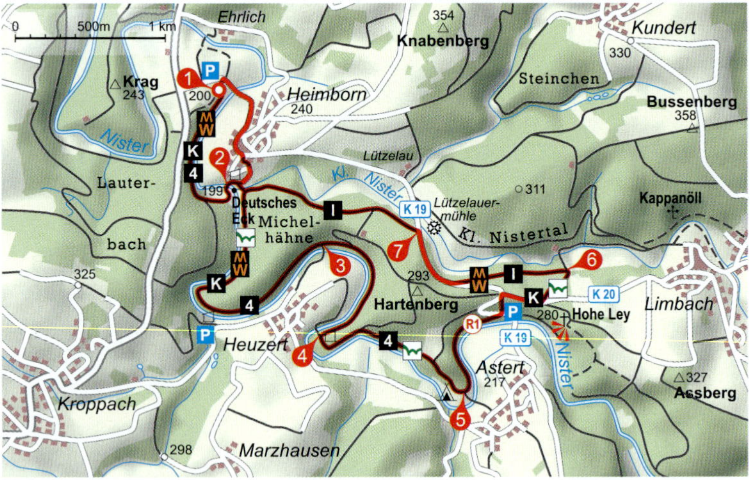

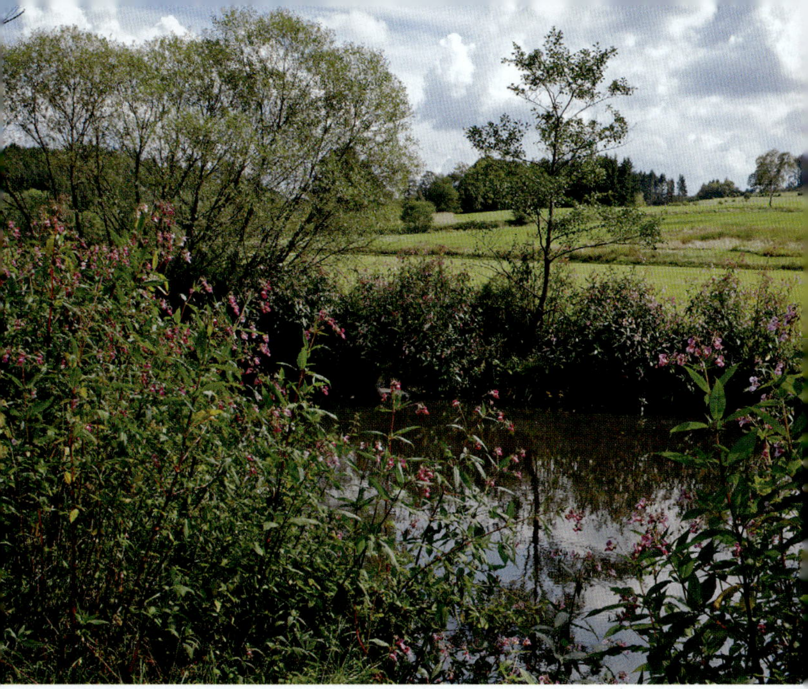

An der Nister.

nach links. Jetzt wandern wir wieder auf dem *Westerwaldsteig* und dem *Hauptwanderweg* (*HW*) *I* ins **Tal der Kleinen Nister** westlich von Limbach. Der Waldweg führt 300 m bergab und trifft auf eine **Forststraße** 6. Hier verlassen wir den *Westerwaldsteig* und wandern links auf der Forststraße (*Hauptwanderweg I* und *MW*) und nach 750 m rechts entlang der Straße *K 19* zur **Lützelauermühle** 7.
Das Hofgut der Herren von Lützelau, eine ehemalige Wasserburg, ist schon 1270 urkundlich erwähnt. 1826 wurden die Gebäude bis auf die 1756 erbaute Mühle abgerissen. Auf Höhe der Mühle, die auf der anderen Bachseite liegt, wandern wir links weiter durch den Wald; nach 50 m halten wir uns an der Gabelung rechts, verlassen die Markierung und folgen dem Forstweg zurück nach **Heimborn**. Am »Deutschen Eck« überqueren wir rechts die Kleine Nister und gehen rechts an der Schutzhütte vorbei in den Ort. Die *Nisterstraße* führt uns dort rechts zur *Wilhelmstraße*, der *K 19*, auf der wir links zurück zum **Wanderparkplatz** 1 hinter der Nisterbrücke gelangen. In einem Vorgarten am Weg steht das Modell einer Heidemühle aus dem Jahr 1700.

TOP

6

↗ 195 m | ↘ 195 m | 9.6 km

Kloster Marienstatt und Dachschieferbergwerk am Assberg

2.40 h

Rundwanderung zwischen der Großen und Kleinen Nister

Das Zisterzienser-Kloster Marienstatt liegt etwas weltabgeschieden in einer Schleife der Nister. Gestiftet im Jahr 1212, wurde die mittelalterliche Klosteranlage im 18. Jahrhundert abgerissen und 1747 im klassizistischen Stil neu aufgebaut. Die Wallfahrtskirche zählt zu den ältesten gotischen Bauwerken in Deutschland. Beim Assberg besuchen wir das größte Dachschieferbergwerk in der Kroppacher Schweiz, das einmal dem Kloster Marienstatt gehörte. Der Schiefer aus dem Devon vor 350 Millionen Jahren war von guter Qualität und hielt auf den Klosterdächern bis zu 100 Jahre lang. Das 1548 erstmals urkundlich erwähnte Bergwerk soll im Dreißigjährigen Krieg (1618–1648) als Versteck und Sakralraum gedient haben. Darauf deuten seine Kapellenform mit gewölbten Wänden, die Altarstufe und das eingemeißelte Kreuz hin. 1803 wurde es stillgelegt. Auf einer steilen Leiter gelangen wir hier 20 Meter unter die Erde, wo drei bis fünf Mann den Schiefer von Hand ausgehauen haben.

Ausgangspunkt: Kloster Marienstatt an der Nister. Bus Linie 270 Hachenburg–Betzdorf zum Kloster Marienstatt.
Markierung: Marienwanderweg, Westerwaldsteig, Marienwanderweg, K.
Anforderungen: Mittel, mehrere Auf- und Abstiege, stellenweise schmale, bei Nässe rutschige Pfade (Wanderschuhe mit rutschfester Sohle).
Einkehrmöglichkeit: Unterwegs keine; am Startpunkt Klostergaststätte und Klosterbrauerei Marienstatt (Mo Ruhetag, Okt. bis April auch Di Ruhetag, Biergarten).
Tipp: Bergweihnacht im Dachschieferbergwerk am Assberg. Das Dorfmuseum Limbach (Bornstube 2) in einer historischen Scheune von 1770 zeigt Leben und Arbeit der Menschen in der Kroppacher Schweiz im 19. und 20. Jh. Termin der Bergweihnacht und Öffnungszeiten des Museums siehe limbach-ww.de.
Karte: Kompass Wander- und Radkarte Westerwald Nord, 1:50.000.

Beim **Kloster Marienstatt** ❶ gehen wir vor der Wallfahrtskirche links zur Nister und rechts auf dem ausgeschilderten *Marienwanderweg MW* und dem *Westerwaldsteig* in Richtung Streithausen am Bach entlang. An dem Waldlehrpfad stehen Tafeln, die uns die im und am Bach vorkommenden Tiere und Pflanzen erklären. Wer möchte, kann an einem Rastplatz auch

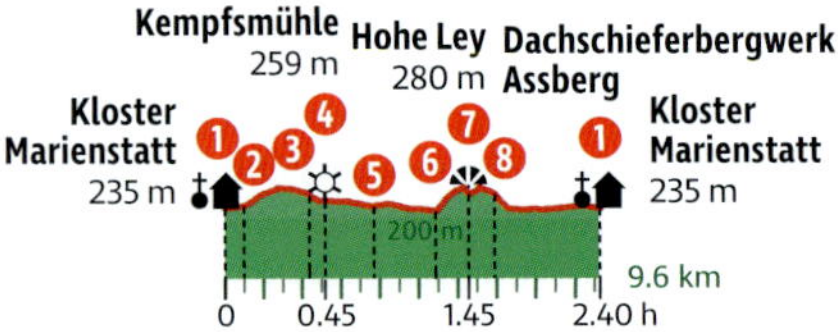

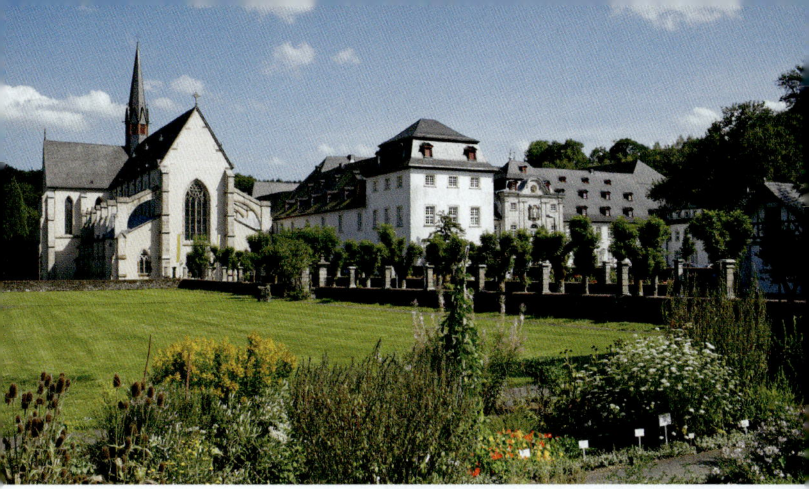

Kloster Marienstatt.

auf einer Holzorgel, einem Dendrophon, spielen. Danach verlassen wir beim **Wasserkraftwerk** ❷, mit dem das Kloster seinen Strom erzeugt, den *Marienwanderweg* und folgen dem *Westerwaldsteig* rechts steil bergauf. Am Waldrand gehen wir dann auf der Straße *K 21* kurz links und bleiben auf dem *Westerwaldsteig*. Dieser führt uns links nach **Streithausen** ❸ an der Kleinen Nister. Auf dem *Marienstätter Weg* gelangen wir durch den Ort, überqueren die *Hochstraße (K 20)* und gehen auf dem Fußweg rechts an dem Industriebetrieb vorbei ins Tal, bis wir nach 150 m auf den *Mühlenweg* treffen. Auf diesem gehen wir kurz rechts und überqueren links bei der **Kempfsmühle** ❹ die Kleine Nister. Dort stand einmal die mittelalterliche Turmhügelburg der Herren von Nister, die »Motte« genannt wird. Sie war vom 11. bis zum 15. Jahrhundert bewohnt. Reste des 4 m hohen Turmhügels, der einen Durchmesser von 23 m hat, sowie der bis zu 2,4 m tiefe und 4–5 m breite Wassergraben sind noch zu erkennen.

Hinter der Mühle wandern wir links auf dem *Westerwaldsteig* (geschotterter Waldweg) durch das bewaldete Tal der Kleinen Nister nach Limbach. Vor den Tennisplätzen verlassen wir kurz den *Westerwaldsteig*, biegen links ab und kommen am Limbacher Weiher an einem schön gelegenen Rastplatz vorbei. Danach passieren wir – wieder auf dem *Westerwaldsteig* – die ehemalige **Limbacher Mühle**, die 1802 als Drahtzug- und Eisenwalzwerk erbaut wurde. Der *Mühlenweg* führt uns weiter zur alten, 1871 erbauten Steinbogenbrücke in **Limbach** ❺. Dort folgen wir rechts der *Bergstraße* bis zum *Hardtweg* und verlassen dabei den *Westerwaldsteig*. Wir biegen links in den *Hardtweg* ein. Hier kommen wir am Haus des Gastes vorbei, wo alle zwei Jahre an einem Sonntag (zuletzt 21.5.2023) der Kräutermarkt

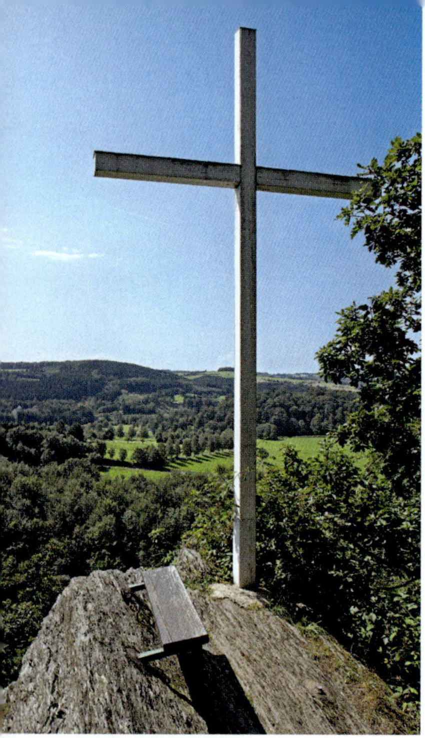

Gipfelkreuz auf der Hohen Ley.

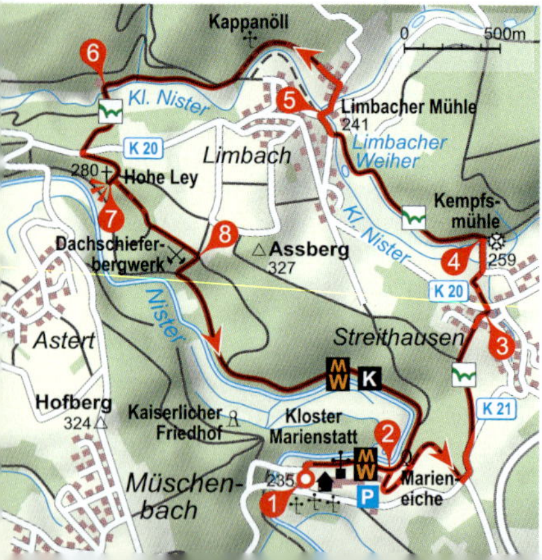

Limbach stattfindet. Am Ende des *Hardtwegs* folgen wir dem Bachlehrpfad zur Kleinen Nister. Unterhalb des Kappanöll-Felsens liegt eine Kneipp-Anlage mit Rastplatz. Wir kommen nun an moosbewachsenen Felswänden vorbei und treffen danach wieder auf den *Westerwaldsteig*. Wir folgen diesem auf dem schmalen Wurzelpfad, der am Ufer der Kleinen Nister entlangführt, in Richtung Lützelauermühle. Beim **Wetterhäuschen** 6, einer Schutzhütte, überqueren wir links auf dem Holzsteg die Kleine Nister und folgen dem *Westerwaldsteig* geradeaus hinauf zur Hohen Ley. Dazu halten wir uns an der Straße *K 20* kurz links und gehen dann rechts weiter. Die **Hohe Ley** 7 mit ihrem mächtigen Gipfelkreuz liegt hoch über dem Tal der Großen Nister. Von dem Aussichtsfelsen aus Schiefergestein haben wir einen schönen Blick in das waldreiche Flusstal. Von hier wandern wir auf dem *Westerwaldsteig* weiter zum **Dachschieferbergwerk** 8 am Assberg. Das historische Bergwerk ist frei zugänglich und beleuchtet. Am Eingang steht eine Schutzhütte. Nach der Bergwerksbesichtigung steigen wir auf dem *Westerwaldsteig* den langen Treppenpfad hinunter zur Nister, verlassen dort den *Westerwaldsteig* und wandern links auf der geschotterten Forststraße durch das Nistertal (*Marienwanderweg MW* und *Kölner Weg K*). Nach 600 m halten wir uns an der Abzweigung geradeaus und erreichen nach dem Nisterbogen wieder das **Wasserkraftwerk** 2, von dem wir rechts zurück zum **Kloster Marienstatt** 1 gelangen.

↗ 135 m | ↘ 135 m | 6.5 km

1.50 h

Von Hachenburg in die kleine Holzbachschlucht bei Nister

7

Das Landschaftsmuseum im Westerwald

Auf malerische, gut erhaltene Patrizierhäuser treffen wir in Hachenburg, wo unsere Runde beginnt. Den Alten Markt ziert der goldene Saynsche Löwe. Nach der Stadtbesichtigung brechen wir nach Nister auf, wo wir durch die kleine Holzbachschlucht gehen. Den Wandertag können wir danach mit einem Besuch des Hachenburger Landschaftsmuseums ausklingen lassen.

Ausgangspunkt: Landschaftsmuseum Westerwald, Hachenburg. Zug RB 90 von Altenkirchen nach Hachenburg. Toureinstieg am Bahnhof.
Markierung: Westerwaldsteig, K, Westerwaldsteig.
Anforderungen: Gering. Bei Nässe rutschiger Weg in der Holzbachschlucht.
Einkehrmöglichkeit: Unterwegs keine, nur in Hachenburg.
Sehenswürdigkeiten: Hachenburg blickt auf eine lange Geschichte zurück, denn hier bestand bereits in der Zeit der Karolinger vor dem Jahr 1000 ein Rastplatz am mittelalterlichen Verbindungsweg von Köln nach Leipzig. Auch der »Alte Eisenweg« aus dem Siegerland und eine Handelsstraße nach Frankfurt verliefen hier. Verschiedene Gebäude aus der Region finden wir im Landschaftsmuseum Westerwald in Hachenburg (landschaftsmuseum-westerwald.de, Mo geschlossen). Bauernhäuser, ein Backhaus, eine Ölmühle, einen alten Dorfbrunnen mit einem Bauerngarten oder einen Kräutergarten können wir uns in dem Freilichtmuseum ansehen. Im Hachenburger Schloss, der ab 1717 anstelle der alten Burg erbauten einstigen Residenz der Grafen von Sayn, befindet sich heute die Hochschule der Deutschen Bundesbank. Zahlreiche reich verzierte Patrizierhäuser säumen den Alten Markt, die Wilhelm- (Fußgängerzone), Friedrich- und Herrenstraße. Auch als Bierstadt ist Hachenburg bekannt, in einer Erlebnisbrauerei können wir den Bierbrauern bei ihrer Arbeit zusehen (hachenburger.de/erlebnis-brauerei).
Karte: Kompass Wander- und Radkarte Westerwald Nord, 1:50.000.

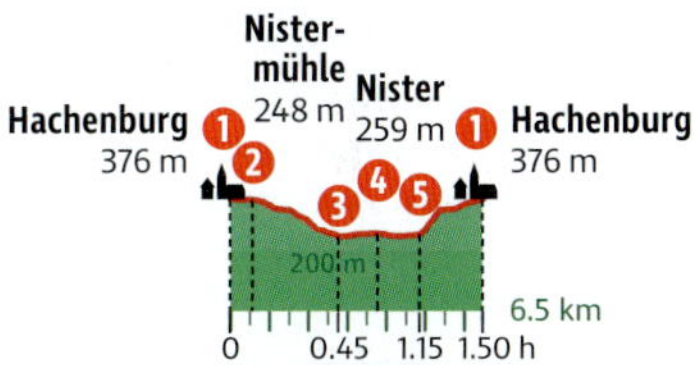

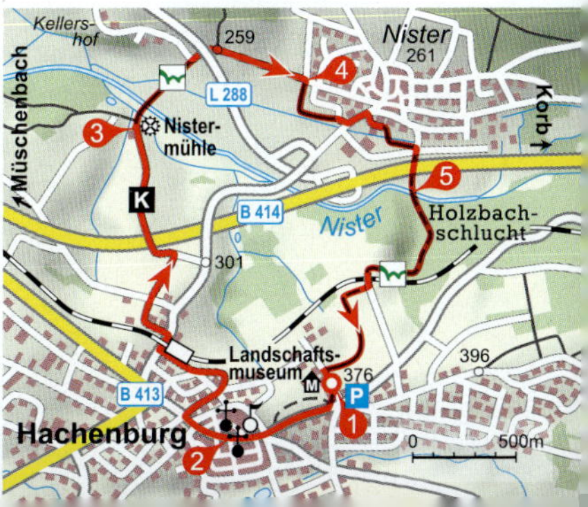

Vom Landschaftsmuseum in **Hachenburg** ❶ gehen wir auf der *Leipziger Straße* am Burggarten entlang in Richtung Innenstadt zum Hachenburger Schloss. Von dort führt uns die Straße *Schlossberg* zwischen dem Schloss und der Schlosskirche

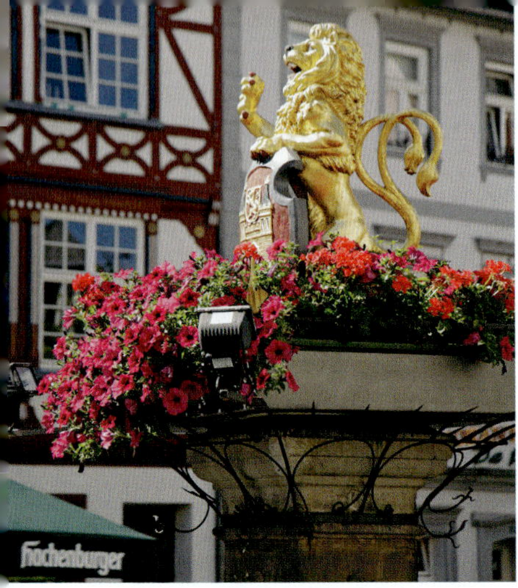

Der Marktbrunnen in Hachenburg mit dem goldenen Saynschen Löwen.

zum **Alten Markt** ❷, der von zwei Kirchen und wunderschönen Fachwerkhäusern aus dem 17. und 18. Jahrhundert gesäumt wird. Den Marktbrunnen bewacht der goldene Saynsche Löwe. Wir gehen geradeaus auf der *Wilhelmstraße* zum *Neumarkt* und danach rechts auf der *Bahnhofstraße* zum Bahnhof. Dahinter überqueren wir die Gleise, biegen links ab in die Straße *Zur Tiefenbach* und halten uns nach 150 m rechts. Wir kreuzen den *Marienstätter Weg* und folgen geradeaus dem Wiesenweg. Auf einer Brücke überqueren wir die Straße *B 414*. Nach 500 m erreichen wir die **Nistermühle** ❸. An dem heutigen Reiterhof erinnert eine Gedenktafel an den früheren Bundeskanzler Konrad Adenauer, der hier 1944 mehrere Wochen lang Unterschlupf vor der Gestapo fand. Wir halten uns dahinter rechts, verlassen *K* wieder und überqueren die Nister. Danach folgen wir der Markierung des *Westerwaldsteigs*. Nach 400 m unterqueren wir die Straße *L 288* und gelangen rechts auf der *Friedhofstraße* nach **Nister** ❹. Am Ortsanfang gehen wir auf dem Feldweg rechts um das Wohngebiet zur Straße *Unterste Bitze*. Danach folgen wir der *Hachenburger Straße* nach links, der *Dorfwiese* nach rechts und dem *Auenweg* erneut nach rechts. Wir überqueren die Bundesstraße *B 414* durch die Unterführung und die Nister auf einem Steg. Kurz darauf erreichen wir die in einem artenreichen Laubwald eingebettete kleine **Holzbachschlucht** ❺, die wir auf dem *Westerwaldsteig* durchwandern. Bei Nässe kann der schmale Pfad mit seinen 136 Treppenstufen rutschig sein. Am Ende der Schlucht überqueren wir links auf einer Brücke die Bahnlinie und kehren über die Felder nach **Hachenburg** ❶ zurück.

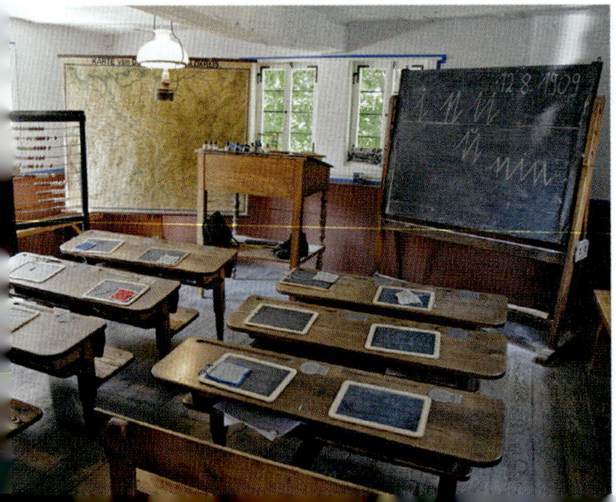

Altes Klassenzimmer im Landschaftsmuseum.

↗ 360 m | ↘ 360 m | 16.3 km

4.30 h

Rundwanderung im Daadener Land

8

Einsame Wälder zwischen den Trödelsteinen und dem Hohenseelbachskopf

Bis 1965 wurden im Daadener Land Eisen- und Kupfererze abgebaut und verhüttet; der Bergbau prägte das Land und seine Bewohner. Heute informiert ein Grubenwanderweg über die Industriegeschichte. Den Turm der 1722 erbauten evangelischen Pfarrkirche in Daaden ziert der »Hahnengel«, ein eiserner Engel. Von Daaden wandern wir durch das Tal des Daadenbachs hinauf zu den Trödelsteinen. Diese Gesteinsgruppe aus einzelnen Basaltblöcken entstand im Tertiär durch drei verschiedene Lavaausflüsse. Eine lange Forststraße führt uns dann durch einsame Wälder zum Hohenseelbachskopf, wo wir in der Waldgaststätte einkehren können.

Ausgangspunkt: Daaden, Parkplatz an der Betzdorfer Straße (Nähe Bahnhof). Zug 463 von Betzdorf nach Daaden.
Markierung: Grubenwanderweg, D6, Andreaskreuz, H, D2, 5, Grubenwanderweg, Druidensteig.
Anforderungen: Mittel, längere Tour auf überwiegend bequemen Waldwegen.
Einkehrmöglichkeit: Daaden, Waldgaststätte Hohenseelbachskopf (Mo, Di Ruhetag, Mi–Fr ab 15 Uhr, Sa, So ab 11 Uhr geöffnet).
Karte: Kompass Wander- und Radkarte Westerwald Nord, 1:50.000.

In **Daaden** ❶ gelangen wir am südlichen Ende des Parkplatzes an der *Betzdorfer Straße* auf dem *Grubenwanderweg* (*gekreuzter Hammer und Schlegel*) ins Zentrum und dort links zur evangelischen Pfarrkirche. Davor überqueren wir die *Hachenburger Straße* und gehen auf der *Mittelstraße* links an der Kirche vorbei und auf der *Obersten Ströthe* geradeaus aus dem Ort. Die Markierung *D6* leitet uns. Nach dem Freibad wandern wir geradeaus auf einer bequemen Forststraße durch das bewaldete Tal des Daadenbachs. Wir überqueren diesen und erreichen kurz darauf die **Steinches Mühle** ❷. Die mit einem Strohdach gedeckte ehemalige

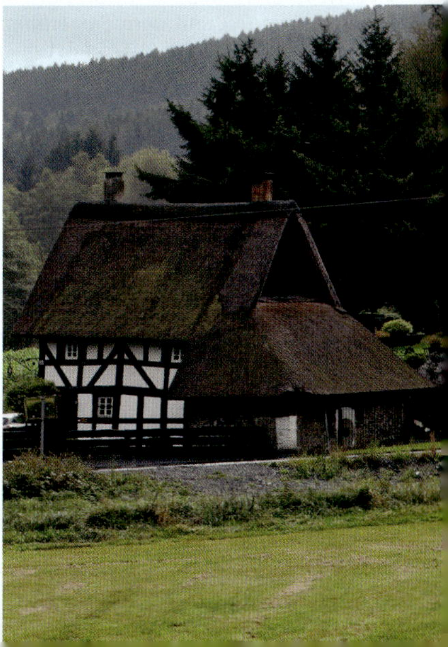

Steinches Mühle.

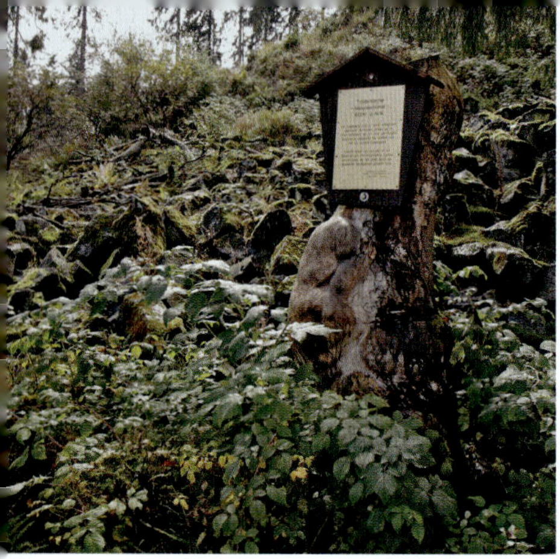

Die Trödelsteine bei Emmerzhausen.

Bannmühle stammt vermutlich aus dem 15. Jahrhundert und dient heute als Wohnhaus. Davor überqueren wir die Straße *K 109*, kommen geradeaus an der Mühle vorbei und wandern auf *D6* weiter durch das Daadenbachtal. An der Straße *L 280* halten wir uns 100 m links und folgen rechts dem am Bach entlangführenden Talweg nach **Emmerzhausen** ❸. Hier gehen wir geradeaus auf der *Wiesenstraße* und dem *Kapellenweg* durch das Dorf (Markierung *D6*). Bei *Auf dem Hof* geht es dann schwach links in den Wald. Nach einem längeren Anstieg folgen wir *D6* und der Radwegmarkierung links auf der geschotterten Forststraße weiter bergauf und erreichen nach dem Anstieg die **Schutzhütte An den Trödelsteinen** ❹. Hier berühren sich die Bundesländer Rheinland-Pfalz und Nordrhein-Westfalen. Wir wandern nun links auf dem *Andreaskreuz* des *Europäischen Fernwanderwegs Nr. 1*, dem *Hellerhöhenweg (H)* und dem *Siegerland-Höhenring* zu den 250 m entfernten, 613 m hoch gelegenen **Trödelsteinen** ❺, einem Säulen- und Blockfeld aus moosbewachsenem Feldspatbasalt. Die nächsten knapp 6 km folgen wir der Forststraße entlang der Grenze der beiden Bundesländer durch einsame Wälder zum Hohenseelbachskopf. Der Höhenweg verläuft eben bis leicht bergab immer geradeaus. Unterwegs erinnert beim **Naturschutzgebiet Atzelnhardt** ❻ ein Holzkreuz an die Piloten, die hier 1944 bei einem Flugzeugabsturz ums Leben kamen. In dem 3,5 ha großen Gebiet, in dem der Mittelspecht und der Grauspecht vorkommen, sind Wacholderheiden und der Birkenbruchwald geschützt. An der Abzweigung vor dem 518 m hohen Hohenseelbachskopf halten wir uns 100 m rechts und gelangen dann links zur Waldgaststätte auf dem **Hohenseelbachskopf** ❼, der »Köppel« genannt wird.

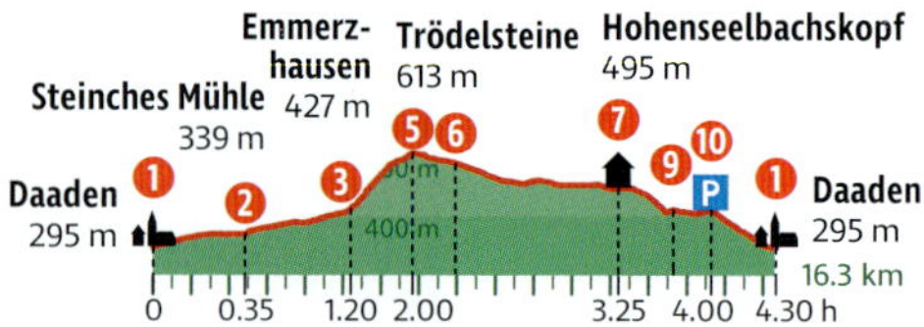

Von dort gehen wir anfangs auf *H, D2, 5* und dem *Grubenwanderweg* auf der Forststraße, die südwärts um den Hohenseelbachskopf führt, weiter und treffen unterwegs auf die Markierung des *Druidensteigs*. Diese leitet uns zurück nach Daaden. Nach 350 m halten wir uns dazu an der **Gabelung** ❽ rechts und orientieren uns nur noch am *Druidensteig*. Unterwegs überqueren wir den kleinen **Hellebach** ❾, halten uns danach rechts und wandern zum **Waldparkplatz** ❿ an der **Hüllbuche**. Danach überqueren wir den Sotterbach und kommen an der Hüllbuche vorbei, einer etwa 13 m hohen Rotbuche mit hohlem Stamm, die zu den ältesten Bäumen der Region zählt. Wir bleiben etwa 100 m auf der Zufahrtsstraße und folgen dann links weiter dem *Druidenpfad* durch den Wald zur Straße *Schaftrift* am Ortsrand von Daaden. Auf dieser Straße gehen wir rechts durch das Wohngebiet, dann geradeaus auf der Straße *Zur Hüllbuche* zur Straße *Fünf Linden*, auf dieser kurz links, anschließend rechts auf der langen *Freiergrundstraße* bis zur *Herdorfer Straße*. Auf dieser geht es links zum Verkehrskreisel und von dort auf der *Betzdorfer Straße* zurück zum nahen Parkplatz in **Daaden** ❶.

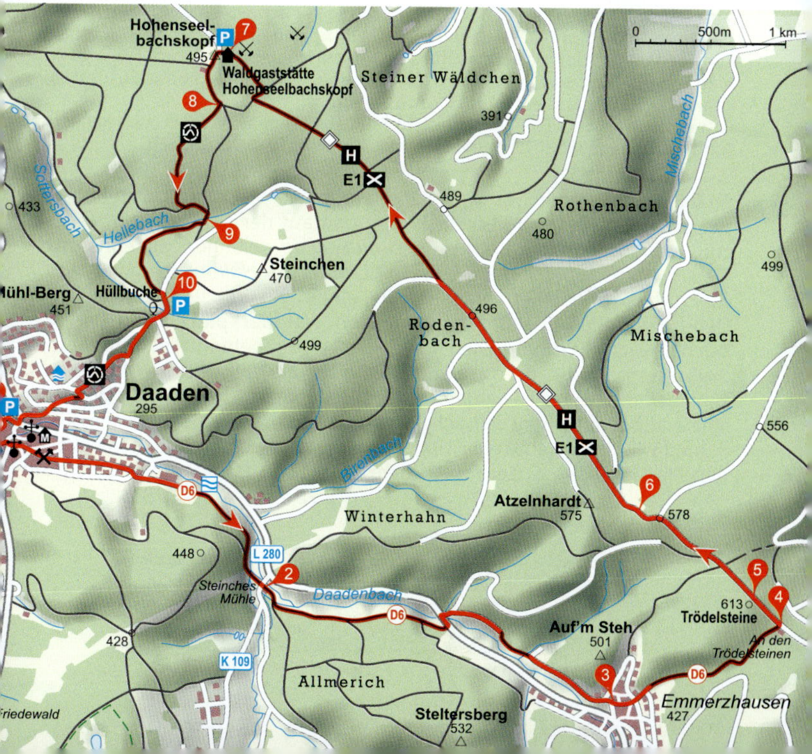

↗ 520 m | ↘ 520 m | 20.0 km

9 Von Daaden nach Herdorf

5.45 h

Aus ehemaligen Basalt-Steinbrüchen wurden Naturschutzgebiete

Im letzten und vorletzten Jahrhundert wurde um Herdorf Basalt abgebaut. Der 518 Meter hohe Hohenseelbachskopf war einmal die größte und schönste Basaltkuppe Deutschlands; ihre Basaltsäulen waren 20 Meter lang. In der »Steinbruchzeit« von 1890 bis 1924 wurde das Vulkangestein hier vollständig abgetragen. Der ehemalige Basaltsteinbruch Mahlscheid ist heute ein Naturschutzgebiet, das wegen drohenden Steinschlags nur auf einem ausgeschilderten Stichweg betreten werden darf. Der 0,25 Hektar große Kratersee, der Silbersee, wird von 40 Meter hohen Steilwänden aus Basalt umrahmt. Die Felswände und Schotterfluren sind der Lebensraum seltener Wärme und Trockenheit liebender Tiere und Pflanzen, und im Wasser leben zahlreiche Amphibien.

Ausgangspunkt: Daaden, Parkplatz an der Betzdorfer Straße (Nähe Bahnhof). Zug 463 von Betzdorf nach Daaden.
Markierung: Druidensteig, Grubenwanderweg, 5, Raute, Andreaskreuz, 5, Grubenwanderweg, H3, H2, H, Druidensteig.
Anforderungen: Mittel, lange Wanderung auf bequemen Waldwegen.
Einkehrmöglichkeit: Daaden, Waldgaststätte Hohenseelbachskopf (Mo, Di Ruhetag, Mi–Fr ab 15 Uhr, Sa, So ab 11 Uhr), Herdorf.
Karte: Kompass Wander- und Radkarte Westerwald Nord, 1:50.000.

In **Daaden** 1 gehen wir vom Parkplatz an der *Betzdorfer Straße* rechts auf dieser Straße zum Verkehrskreisel und auf der *Herdorfer Straße* links zur *Freiersgrundstraße*. Auf dem *Druidensteig* gelangen wir entlang der *Freiersgrundstraße*, den Straßen *Fünf Linden*, *Zur Hüllbuche* und *Schaftrift* durch das Wohngebiet zur Hüllbuche, einem Rekordbaum der Deutschen Dendrologischen Gesellschaft, und zum **Waldparkplatz** 2 an der **Hüllbuche**. Nach 80 m verlassen wir an der Weggabelung den *Druidensteig* und lassen uns rechts vom *Grubenwanderweg (gekreuzter Hammer und Schlegel)* durch das bewaldete Tal des **Hellebachs** 3 hinauf zur Waldgaststätte auf dem **Hohenseelbachskopf** 4 leiten.
Sobald wir die Gaststätte passiert haben, folgen wir in nördlicher Richtung den Markierungen *5*, der *Raute*, dem *Siegerland-Höhenring* und dem *An-*

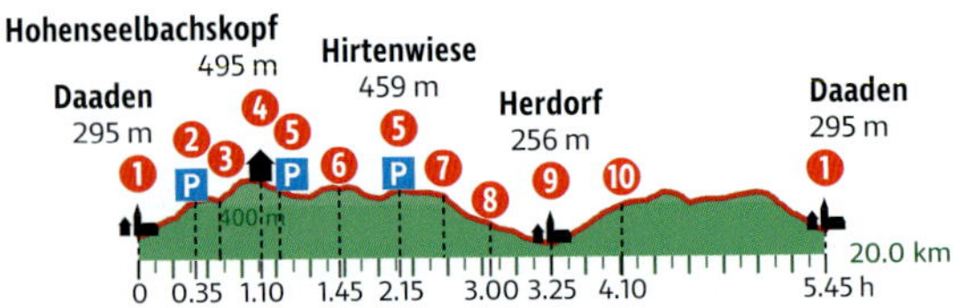

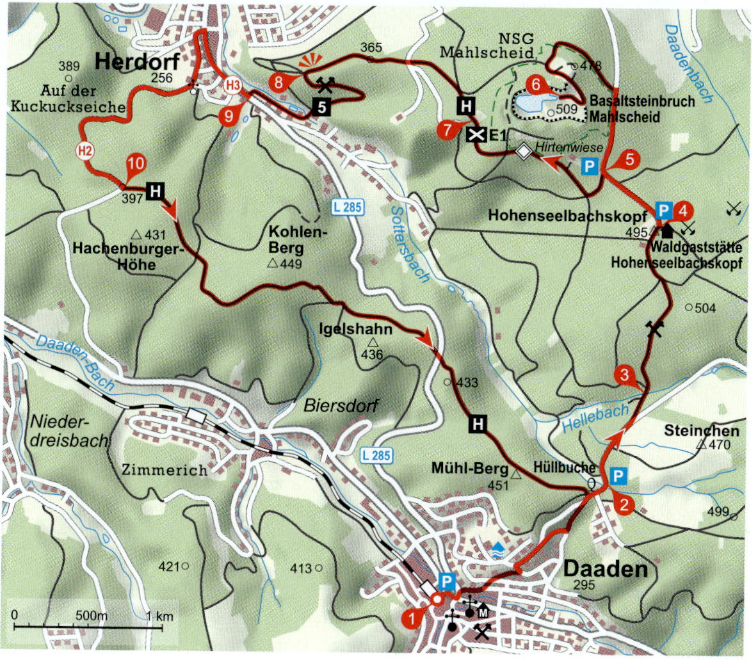

dreaskreuz des *Europäischen Fernwanderwegs Nr. 1* zum **Waldparkplatz Hirtenwiese** ❺. Dort verlassen wir die Markierungen und gehen auf dem *Mahlscheider Weg* rechts. Nach gut 500 m verlassen wir diesen und folgen links dem ausgeschilderten Fußweg zum ehemaligen **Basaltsteinbruch Mahlscheid** mit dem **Silbersee** ❻. Nach der Besichtigung des Naturdenkmals wandern wir auf demselben Weg zurück zum **Waldparkplatz Hirtenwiese** ❺. Dort treffen wir wieder auf die Wanderwegmarkierungen, die uns geradeaus und an der nächsten Wegkreuzung rechts um das ausgedehnte Naturschutzgebiet leiten. Vom Wanderweg sehen wir den Steinbruch nicht, sondern nur die von Bäumen und Büschen überwucherte **Blaue Halde** ❼ nach 1,2 km. Nach weiteren 600 m kreuzen wir an einem Trinkwasserreservoir den *Haldenweg*, halten uns 50 m geradeaus, dann rechts und an der nächsten Kreuzung wieder geradeaus. Vom Waldrand bietet sich eine schöne Aussicht auf Herdorf mit seinen zwei Kirchen.

Nach dem Aussichtspunkt erreichen wir eine **Wegkreuzung** ❽, an der wir links auf *5* und dem *Grubenwanderweg* weitergehen. Der Weg verläuft zwischen zwei Böschungen hindurch, dann durch einen Birkenwald. Am

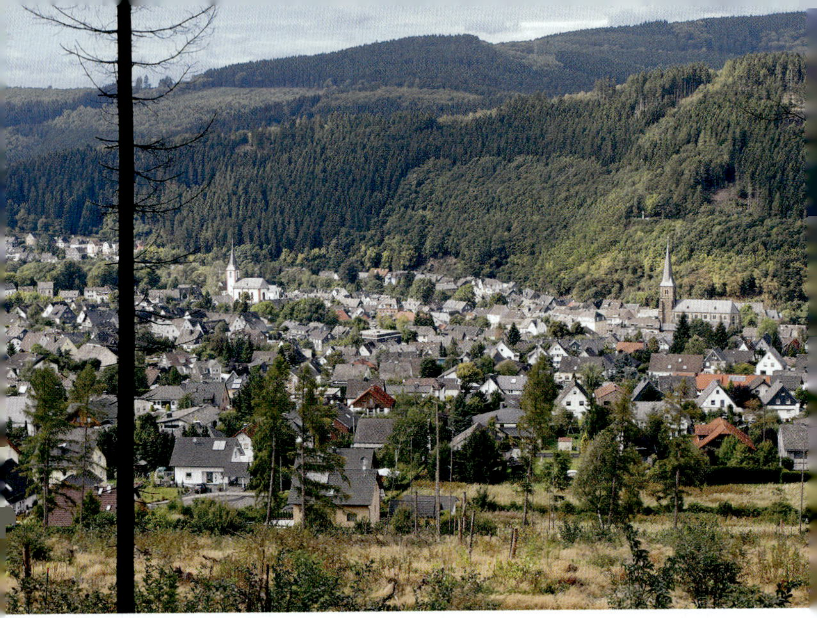

Blick auf Herdorf.

Ende eines kleinen Tälchens gelangen wir scharf rechts durch das Tal in das Herdorfer Wohngebiet Ziegenberg. Dort folgen wir der Straße *Ziegenberg* und der Markierung *H3* geradeaus bis zur Straße *Glockenfeld*, der *L 285*. In **Herdorf** ❾ wurde August Sander geboren (1876–1964), einer der bedeutendsten Porträtfotografen des 20. Jahrhunderts. Sein schlichtes Geburtshaus und eine Erinnerungstafel stehen ganz in der Nähe (200 m auf der *L 285* links). Wir gehen auf der Straße *L 285* 500 m rechts in Richtung Ortsmitte bis zum Buswartehäuschen an der Abzweigung der Straße zum Friedhof. Hier überqueren wir die *L 285* und folgen der Markierung *H2* und der *Biersdorfer Straße*. Nach 200 m kommen wir an einem kleinen Kapellchen vorbei und halten uns nach weiteren 200 m am Waldrand rechts. Nun wandern wir 1,5 km auf der Forststraße bergauf durch einen schönen Hochwald bis zu einer **Wegkreuzung** ❿ nördlich der **Hachenburger Höhe**. Dort verlassen wir beim Wegkreuz die Markierung *H2* und wandern geradeaus auf der Forststraße und dem *Hellerhöhenweg (H)* weiter. Die Markierung entdecken wir erst später an einem Baum. Der Höhenweg führt uns die nächsten 2,8 km im Wald um den 449 m hohen Kohlenberg und am 436 m hohen Bergrücken Igelshahn vorbei zur Straße *L 285*. Wir überqueren diese und gelangen auf *H* über den 451 m hohen **Mühlberg** zur Hüllbuche. Von dort wandern wir rechts auf dem *Druidensteig* zurück nach **Daaden** ❶.

↗ 240 m | ↘ 240 m | 9.8 km

2.45 h

Von Daaden nach Friedewald

Waldtour zum Schloss Friedewald

Daaden ist der Mittelpunkt des Daadener Lands, das sich sternförmig in drei Täler erstreckt. Hier befand sich im Mühlhof das Elternhaus des ehemaligen Bundespräsidenten Walter Scheel. Im einstigen Wohnsitz eines gräflich-saynischen Oberamtsmannes, der 1671 erbauten Alten Post mit ihrem auffallenden Rundturm, richteten heimatverbundene Bewohner ein kleines Museum ein. Hier werden das Leben der einfachen Leute in früherer Zeit, die Geschichte des Bergbaus und die Kirchengeschichte des Daadener Landes lebendig gehalten (geöffnet Mi 16–18 Uhr und jeden 1. So im Monat 15–18 Uhr). Von Daaden wandern wir zum Schloss in Friedewald.

Ausgangspunkt: Daaden, Parkplatz an der Betzdorfer Straße (Nähe Bahnhof). Zug 463 von Betzdorf nach Daaden.
Markierung: Panoramaweg, B2, B3, Druidensteig.
Anforderungen: Gering.
Einkehrmöglichkeit: Unterwegs keine; nur in Daaden.
Sehenswürdigkeiten: Für seine militärische Unterstützung erhielt Graf Gottfried zu Sayn im 14. Jh. von Kaiser Ludwig für Friedewald die gleichen Rechte, wie sie auch die Reichsstadt Frankfurt hatte. Um 1580 ließ Graf Heinrich IV. zu Sayn hier ein Schloss erbauen. 1750 beginnt eine wechselvolle Geschichte mit vielen Besitzern, Verfall und Wiederaufbau Ende des 19. Jh. Im Jahr 2019 kaufte ein Privatmann das Schloss, der es erhält und als Eventlocation vermarktet. Im Innenhof spendet ein schöner Brunnen Wasser, die reich verzierte Schlossfassade stammt aus der Spätrenaissance.
Karte: Kompass Wander- und Radkarte Westerwald Nord, 1:50.000.

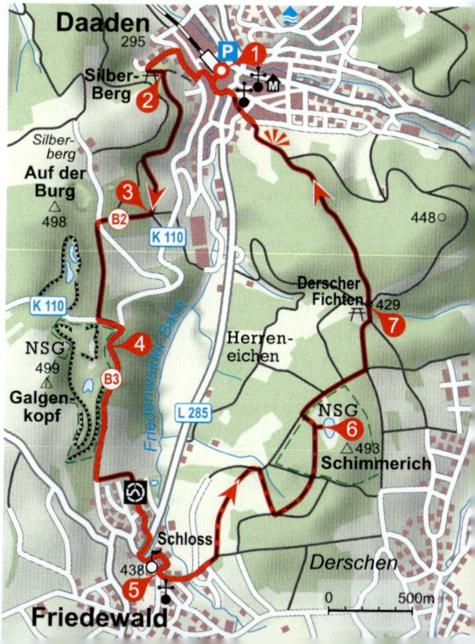

Vom südlichen Ende des Parkplatzes in **Daaden ❶** folgen wir dem Fußweg zur *Lamprechtstraße* und gehen auf dieser rechts zur Haarnadelkurve an der *Oberdreisbacher Straße*. Wir orientieren uns an der Beschilderung des *Panoramawegs Daaden*. Nach der Kurve folgen wir rechts der Straße *Im Reuschewäldchen* in Richtung Schießsportanlage. Vor dem Rechtsbogen der Straße am Waldrand wandern wir dann links zum Rast- und Grillplatz am **Silberberg ❷**. Dort haben wir einen

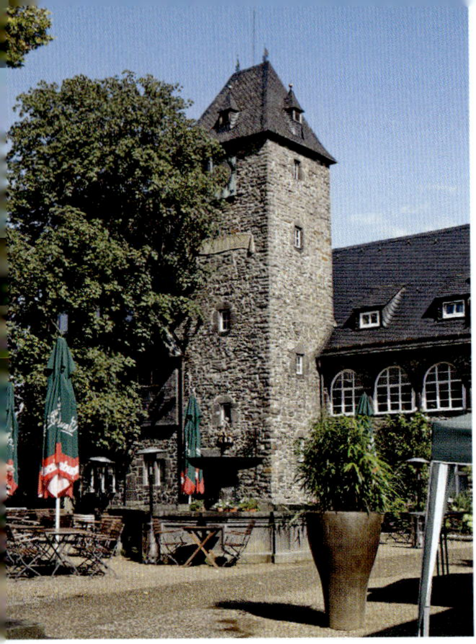

Der Innenhof des Friedewalder Schlosses.

wunderschönen Ausblick auf den Ort mit seinen Fachwerkhäusern und die Barockkirche. Die nächsten 1,1 km verläuft unser Weg am Waldrand, bis wir an einer **Wegkreuzung ❸** oberhalb des großen Industriebetriebs den *Panoramaweg* verlassen und rechts auf *B2* durch den Wald bis zur *Oberdreisbacher Straße* wandern. Auf dieser gehen wir 50 m links bis zur nächsten Abzweigung und dort geradeaus auf *B2* weiter bis zur *Daadener Straße*, der *K 110*. Hier verlassen wir *B2* und wandern links auf *B3* 100 m an der Straße entlang bis zur Kurve, wo uns *B3* rechts unter der Hochspannungsleitung hindurch im Wald am Fuß des 499 m hohen Galgenkopfs entlang leitet. Wir kommen dort an einer ehemaligen **Klebsandgrube ❹** vorbei (Naturschutzgebiet) und treffen nach 800 m nördlich von Friedewald auf den *Druidensteig*. Diese Markierung führt uns kurz darauf links am Ortsrand entlang, bis wir rechts auf dem *Ahornweg* durch das Wohngebiet zur Straße *In der Schlosswiese* wandern. Diese führt uns rechts zum *Alexanderring am Untertor*, wo wir links den Schlossgraben überqueren, uns *Im Flecken* rechts halten und auf der *Schlossstraße* das nahe gelegene **Schloss Friedewald ❺** erreichen. Von dort folgen wir dem *Druidensteig* auf der Straße *In der Borngasse* aus dem Ort. Am Ende des kleinen Wäldchens halten wir uns links und wandern über die Felder in das **Naturschutzgebiet Schimmerich ❻**. Der ehemalige Steinbruch wurde zu einem Feuchtgebiet, in dem Amphibien und seltene Pflanzen einen neuen Lebensraum fanden.

Der *Druidensteig* führt uns weiter zum **Freizeitgelände »Derscher Fichten« ❼**, einem Rastplatz mit Grillhütte. Danach folgen wir dem Steig 1,3 km durch den Wald am Ostrand des 449 m hohen Hahnenkopfs und weiter in die Ortsmitte von Daaden bis zur evangelischen Kirche mit ihrem quadratischen Westturm – eine der schönsten Barockkirchen im Westerwald. Hinter der Kirche verlassen wir den *Druidensteig*, überqueren links die *Hachenburger Straße* und gelangen rechts zurück zum nahen Parkplatz in **Daaden ❶**.

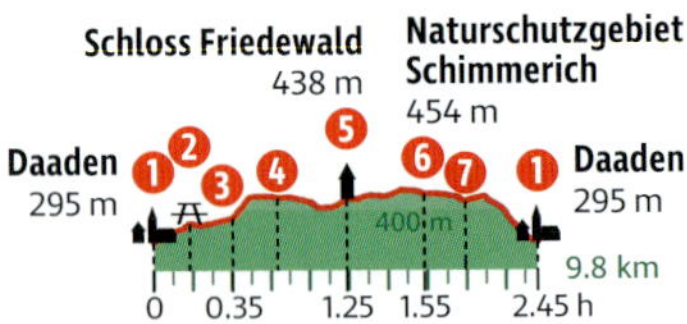

↗ 230 m | ↘ 230 m | 14.2 km

3.45 h

Von Bad Marienberg zum Kleinen und Großen Wolfstein

11

Ins Tal der Schwarzen Nister

Auf unserer Tour um Bad Marienberg sind wir im Hohen Westerwald mit seinen ausgedehnten Wäldern unterwegs. Wir wandern auf dem Westerwaldsteig zum Kleinen und zum Großen Wolfstein und erfahren im Basaltpark mehr über den Vulkanismus und den Abbau dieses harten Gesteins. Auf dem Nisterpfad kehren wir an der Schwarzen Nister entlang nach Bad Marienberg zurück.

Ausgangspunkt: Bad Marienberg, Parkplatz am Marienbad im Ortsteil Zinhain beim Basaltpark. Bus Linie 116 von Koblenz nach Bad Marienberg, dort Toureinstieg.
Markierung: M3, Westerwaldsteig, M5, Zuweg Westerwaldsteig, K.
Anforderungen: Mittel. Längere Tour.
Einkehrmöglichkeit: Steig-Alm-Resort mit Elch-Bar gegenüber dem Kletterpark, geöffnet Mo–Do 17–23 Uhr, Fr 14–23 Uhr, Sa, So 11–23 Uhr; Mannis Hüttenstadl (Mo, Di geschlossen), Gaststätten in Bad Marienberg.
Sehenswürdigkeiten: Der Große Wolfstein ist urkundlich bereits 1048 als Grenzstein erwähnt. Er stammt von einem Basaltlavastrom, der im Tertiär vor 23 Millionen Jahren austrat. Der Große und der Kleine Wolfstein bilden den Wolfsteinrücken, wo sich Basaltflächen am Rand des im Devon vor mehr als 390 Millionen Jahren entstandenen Schiefergebirges überlagern. Unter dem Basalt erstrecken sich Braunkohleflöze, die hier im 18. Jh. und nach dem Zweiten Weltkrieg abgebaut wurden. Im 20 ha großen, ganzjährig geöffneten Bad Marienberger Wildpark können Wildschweine, Rot- und Damwild, Wisente, Waschbären und andere Tiere aus der Nähe beobachtet werden. Auch einen Streichelzoo für Kinder gibt es, und von Mitte März bis Oktober begeistert die Greifvogelstation Jung und Alt mit Flugvorführungen. Der 18 m hohe, aus Stahl erbaute Hedwigsturm unweit des Wildparks erinnert an die 2007 verstorbene Hedwig Weber, eine Gönnerin des Westerwaldvereins. Vom Aussichtsturm haben wir eine weite Sicht über den Wildpark und den Westerwald. Der Basaltpark entstand auf dem Gebiet eines ehemaligen

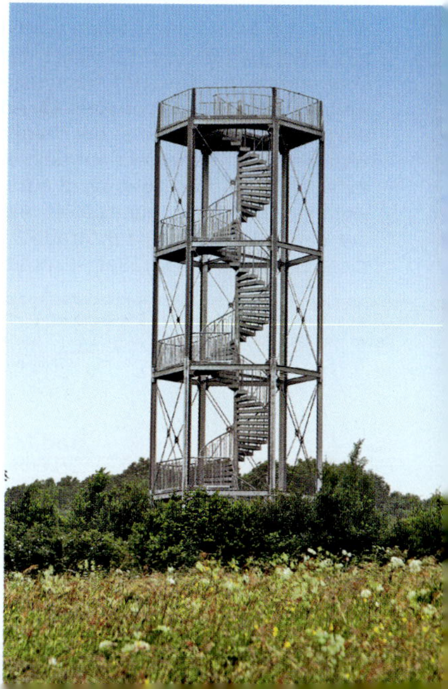

Der Hedwigsturm.

Basaltsteinbruchs. Hier können wir uns über den Abbau und die Verarbeitungsmethoden des Lavagesteins informieren. Nach den Vulkanausbrüchen im Tertiär erstarrte die Lava in dieser Region zu den typischen fünf- und sechseckigen Basaltsäulen. In Bad Marienberg zieht das Wellness- und Erlebnisbad viele Besucher an. Die Kurgäste verweilen auch gerne im Kurpark mit seiner Kneippanlage. Jüngere locken eher der Kletterwald und das bayerische Ambiente von Mannis Hüttenstadl. Am 1. Adventswochenende erstrahlt die Stadt rund um den Marktplatz im Lichterglanz des traditionellen Weihnachtsmarkts.

Karte: Kompass Wander- und Radkarte Westerwald Nord, 1:50.000.

An der Zufahrt zum Parkplatz am **Marienbad** ❶ in Bad Marienberg überqueren wir die *Bismarckstraße* und folgen dem Weg *M3* in den ganzjährig frei zugänglichen **Basaltpark**. Vor dem eingezäunten **Basaltsee** ❷ treffen wir auf den *Westerwaldsteig*, auf dem wir links durch den geologischen Park wandern. Riesige, eindrucksvolle Gesteinsbrocken liegen hier am Wegrand; sie sind mit Erläuterungen versehen. Nach dem Basaltpark wandern wir links neben dem *Alten Unnauer Weg* am Parkplatz vorbei und überqueren die Straße. Auf dem Feldweg gelangen wir nun geradeaus zum **Hedwigsturm** ❸. Rechts davon erstreckt sich der **Wildpark**. Die *Kurallee* führt uns weiter zum nahe gelegenen Steig-Alm-Resort, das ein leichtes Alpenfeeling verströmt. Wir kommen kurz darauf an Mannis Hüttenstadl und am Kletterwald Bad Marienberg vorbei und lassen uns vom *Westerwaldsteig* durch den Wald zum **Kleinen Wolfstein** ❹ leiten. Dort können wir in der aus Basaltsteinen und rustikalen Eichenbänken gestalteten »Waldkirche« kurz innehalten. Gestärkt wandern wir danach auf dem *Westerwaldsteig* weiter zum **Großen Wolfstein** ❺. Anschließend gehen wir auf demselben Weg 130 m zurück bis zu der Wegkreuzung, wo wir den *Westerwaldsteig* verlassen. Hier gehen wir auf dem Waldweg 100 m geradeaus und folgen dann links *M5* durch den Wald auf der Marienberger Höhe, im Winter ein viel besuchtes Skilanglaufgebiet. Am Ende der Felder führt uns *M5* rechts auf einem Wiesenweg zur Straße *L 294* beim Sportplatz. Wir überqueren diese und gehen beim Skate-Park über den Parkplatz.

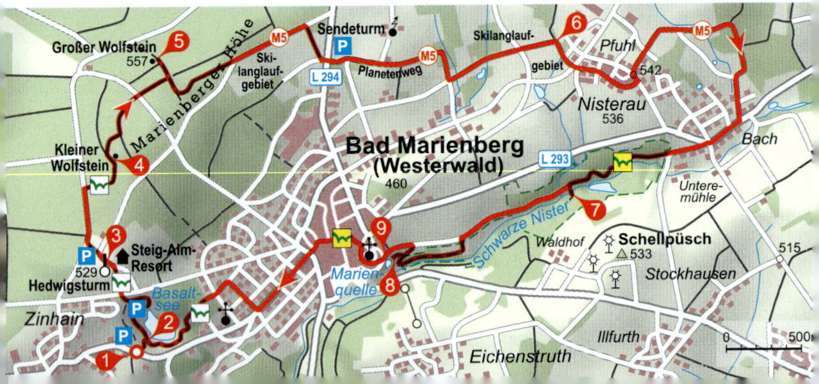

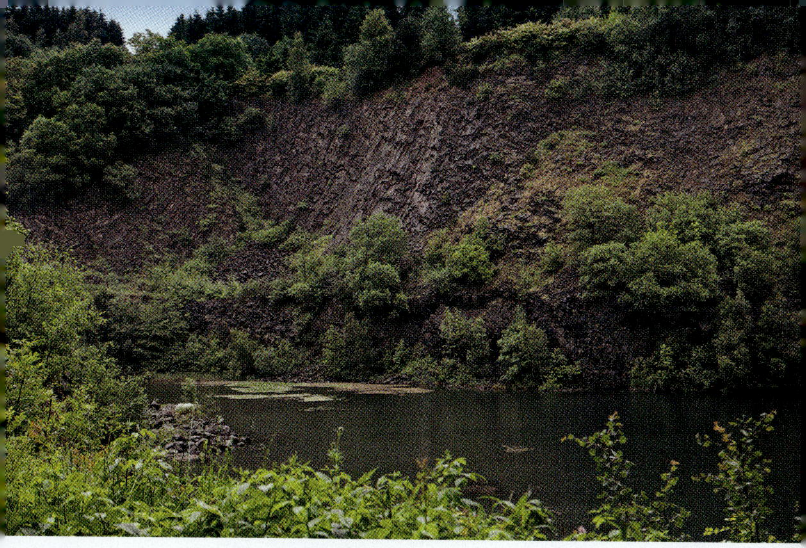

Der Steinbruchsee im Basaltpark von Bad Marienberg.

Nun folgen wir geradeaus auf *M5* ein Stück dem von Schülern angelegten »Planetenweg« und kommen unterwegs an der Wetterwarte und dem 175 m hohen, rot-weiß gestrichenen Funkmast des Senders Bad Marienberg vorbei. Danach erreichen wir ein Waldstück, wo wir am Waldrand auf *M5* rechts gehen, uns nach 200 m links halten und den kleinen Zeilerbach und danach eine Allee überqueren. Geradeaus gelangen wir nun nach **Nisterau** 6. Dort biegen wir vor dem Bauernhof rechts ab, überqueren die *Marienberger Straße* und folgen der *Wiesenstraße*. An deren Ende gelangen wir links auf der *Ortsstraße* nach 50 m in die *Hohle Gasse*, durch die wir immer noch *M5* folgend rechts den Ort verlassen. Oberhalb des Orts gehen wir an der Wegkreuzung geradeaus unter der Hochspannungsleitung hindurch zum nahen Wald. Dort folgen wir nach 90 m an der nächsten Abzweigung der Forststraße nach rechts, halten uns am Waldrand noch einmal kurz rechts und wandern dann links auf dem Waldweg durch das Wohngebiet zur *Hauptstraße*. Diese führt uns rechts zur *Laystraße*, auf der wir geradeaus Nisterau und *M5* verlassen und im Wald auf dem *Zuweg zum Westerwaldsteig* (*grünes W auf gelbem Grund*) durch das wildromantische Tal der Schwarzen Nister zur **Bacher Lay** 7, einem stillgelegten Basaltsteinbruch, wandern. Wir bleiben auf der Forststraße, die uns rechts der Schwarzen Nister aus dem Wald führt. Nach 400 m Weg über die Felder biegen wir an der ersten Kreuzung nach links ab und wandern kurz darauf wieder rechts im Wald entlang der Schwarzen Nister, bis wir nach 500 m auf den *Christian-August-Kahm-Weg* treffen. Auf diesem gehen wir 100 m rechts und folgen

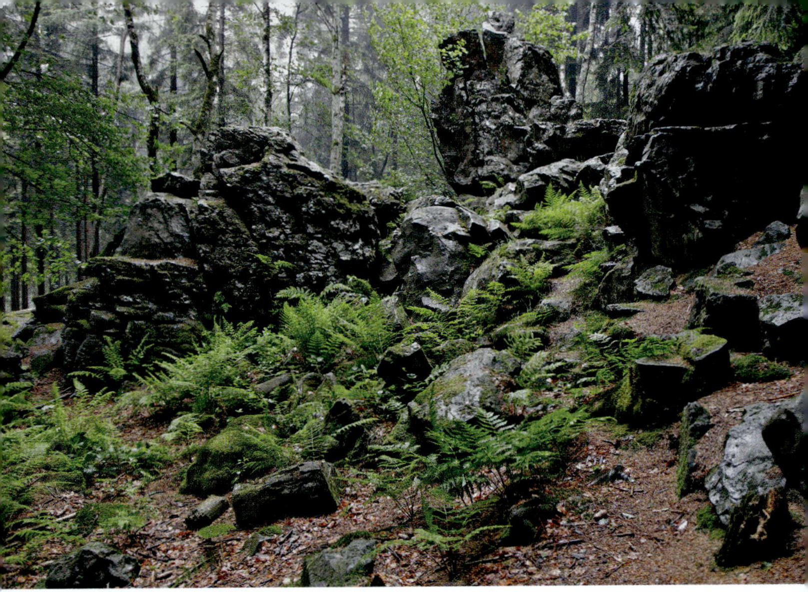

Der Große Wolfstein.

dann links dem Pfad zur nahen **Marienquelle** ❽. Die kleine Grotte mit ihrer Marienstatue ist ein besinnlicher Rastplatz. Wir gehen zurück zum *Christian-August-Kahm-Weg* und auf diesem links zu dem asphaltierten Feldweg. Auf diesem erreichen wir links den Ortsrand von **Bad Marienberg** ❾. Die *Ringstraße* führt uns geradeaus an der evangelischen Kirche vorbei zur *Wilhelmstraße*, auf der wir links an der *Place Pagny-sur-Moselle*, benannt nach der französischen Partnerstadt, wieder auf den *Westerwaldsteig* stoßen. Dieser leitet uns entlang der *Bismarckstraße* durch die Stadt, bis wir nach 600 m rechts auf der *Berliner Straße* und der sich anschließenden *Rauscheidstraße* zur *Danziger Straße* gelangen. Auf dieser verlassen wir links den Ort und folgen dem *Westerwaldsteig* zum **Basaltsee** ❷, wo wir links zurück zum Parkplatz am **Marienbad** ❶ in Bad Marienberg gehen.

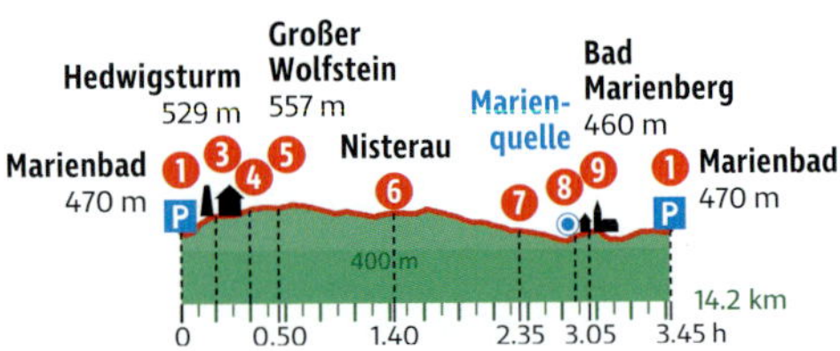

↗ 240 m | ↘ 240 m | 15.7 km

4.15 h

Rund um das Nistertal

12

Die urzeitliche Stöffelmaus und prächtige Orchideen

Im Tertiär vor 25 Millionen Jahren war das Klima feucht und warm, eine urwaldartige tropische Vegetation und aktive Vulkane prägten die Landschaft. Glühende Lavaströme aus vulkanischem Basaltgestein ergossen sich über einen urzeitlichen See und begruben alles Leben unter sich. Dadurch wurde aber auch die tertiäre Fauna und Flora konserviert. Seit mehr als 100 Jahren wird am Stöffel südöstlich von Enspel Basalt abgebaut. Mit 140 Hektar Fläche ist dies der größte zusammenhängende Basaltsteinbruch im Westerwald. Nachdem die Basaltschichten abgetragen waren, fand man im darunterliegenden Ölschiefer zahlreiche gut erhaltene Fossilien aus dem Tertiär. Seit 1990 wurden über 20.000 Funde geborgen, der spektakulärste war wohl die »Stöffelmaus«, eine urzeitliche Gleitmaus. Heute sind die Basaltvorkommen hier nahezu erschöpft, und der Stöffel-Park wird touristisch und kulturell genutzt. Im »Erlebnisraum Tertiär« und »Erlebnisraum Basalt« können die Besucher dieses einzigartigen Museums die Welt vor 25 Millionen Jahren und die Industriegeschichte des Westerwalds kennenlernen.

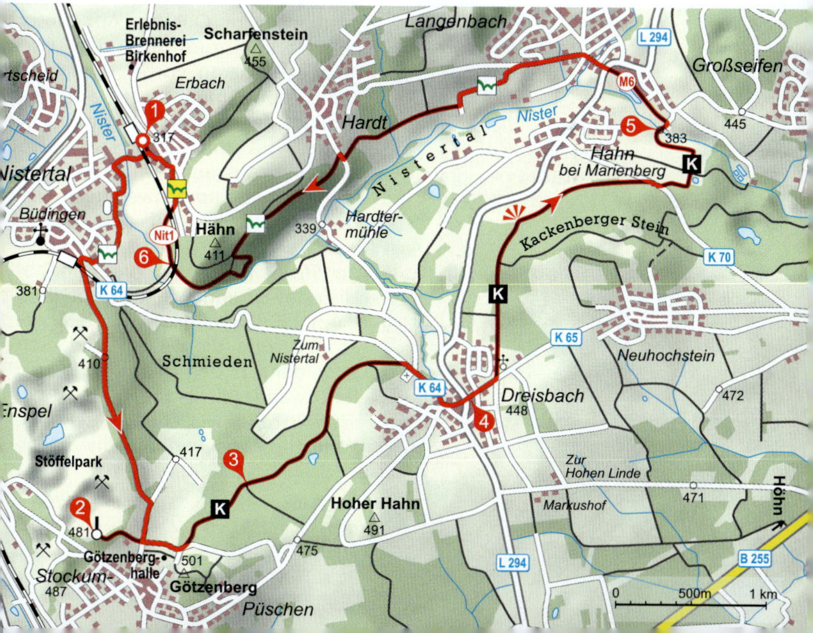

Ausgangspunkt: Bahnhof in Nistertal-Erbach, Parkplatz hinter dem Bahnhof. Zug RB 90 von Siegen bzw. Limburg.
Markierung: Westerwaldsteig, K, M6, Westerwaldsteig, Nit1.
Anforderungen: Mittel. Wanderschuhe mit Profilsohle wegen einiger bei Nässe aufgeweichter Wegabschnitte.
Einkehrmöglichkeit: Unterwegs keine; Landgasthaus »Zur Quelle« in Nistertal (Küche ab 17.30 Uhr, Fr–So auch 12–14 Uhr), Hotel-Restaurant »Zur Post« und »Rückert« (Küche ab 18 Uhr) in Nistertal-Erbach.
Sehenswürdigkeiten: Stöffel-Park Enspel, von März bis Okt. tägl. außer Mo ab 10 Uhr geöffnet (stoeffelpark.de). Erlebnis-Brennerei Birkenhof, tägl. außer So geöffnet. Seit 1848 werden in dem Familienbetrieb Westerwälder Edel-Obstbrände und neuerdings auch Westerwälder Whisky und Gin hergestellt. Im Besucher-Forum und der historischen Kornbrennerei kann man sich über die traditionelle und moderne Westerwälder Brennkunst informieren (birkenhof-brennerei.de).
Karte: Kompass Wander- und Radkarte Westerwald Nord, 1:50.000.

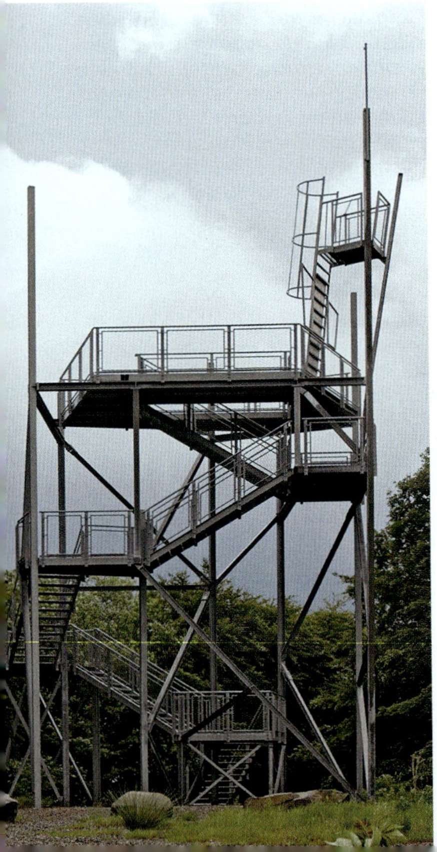

Ausgangspunkt unserer Wanderung ist der Bahnhof in **Nistertal-Erbach** ❶. Von dort gelangen wir auf der kurzen *Bahnhofstraße* zur *Brückenstraße*, anschließend gehen wir rechts durch die Bahnunterführung und auf der Straße weiter nach Nistertal bis zur Abzweigung der *Ringstraße* hinter dem Landgasthaus »Zur Quelle«. Auf dieser geht es links zum Sportplatz und geradeaus daran vorbei. Am Ende der Straße *Am Sportplatz* folgen wir links der *Parkstraße* 50 m leicht bergauf bis zur Straßenkurve, wo wir geradeaus auf dem markierten Radweg zum *Lupinenweg* gelangen. Dort treffen wir auf den *Westerwaldsteig*, der uns rechts zur *Büdinger Straße (K 64)* und zum Bahnhof Nistertal-Büdingen leitet. Vor dem Bahnhof überqueren wir auf der *Stöffelstraße* die Gleise, verlassen kurz danach den *Westerwaldsteig* und wandern geradeaus auf der *Stöffelstraße* weiter. Das schmale Waldsträßchen verläuft die nächs-

Der Aussichtsturm bei Stockum-Püschen gewährt einen guten Überblick über den Stöffel-Park.

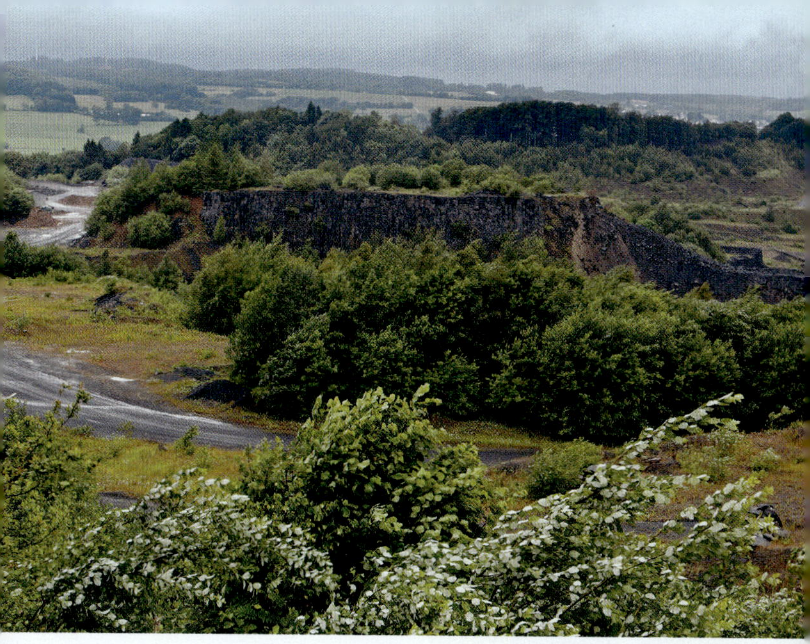

Blick vom Aussichtsturm auf den Stöffel-Park.

ten 1,3 km immer geradeaus am Stöffel-Park entlang. Ein hoher, mit Farnen und Sträuchern bewachsener Steinwall verhindert aber den Blick in den großen Basaltsteinbruch. Am Ende des Steinbruchs verlassen wir am Waldrand die *Stöffelstraße* und gehen rechts auf dem asphaltierten Wirtschaftsweg knapp 300 m über die Felder bis zur nächsten Wegkreuzung bei der Skate-Anlage. Von dort folgen wir rechts dem ausgeschilderten Weg zum 300 m entfernten, stählernen **Aussichtsturm Stöffel-Park** 2 am Kraterrand bei **Stockum-Püschen**. Von dem 16 m hohen Turm haben wir einen guten Blick in den Erlebnispark. Einen Zugang in den großen »Tertiär-Industrie-Erlebnispark« gibt es von hier aus jedoch nicht; der Eingang befindet sich zwei Kilometer nordwestlich bei der Gemeinde Enspel.

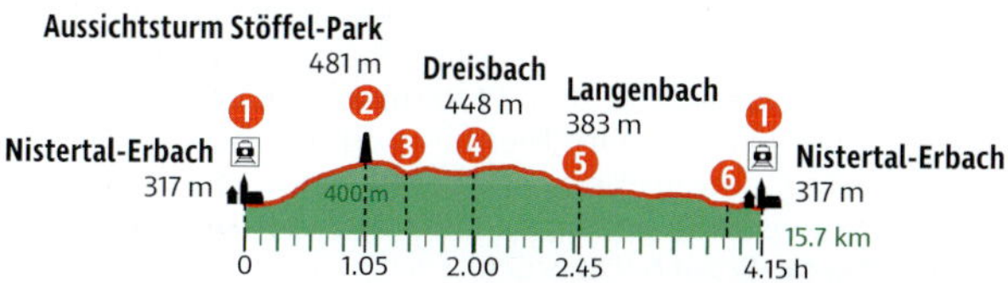

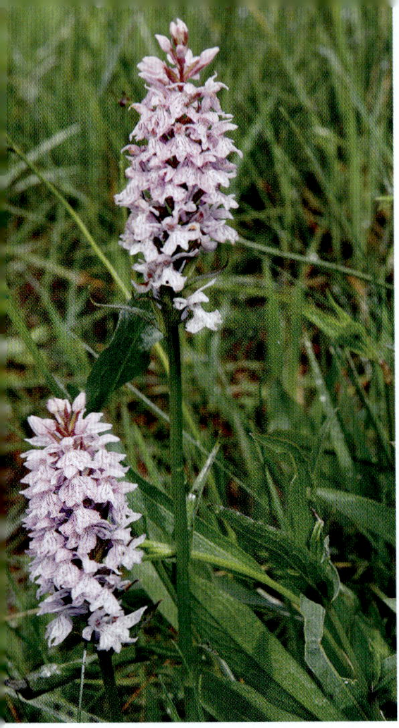

Orchideenreiche Flora: Geflecktes Knabenkraut.

Wieder zurück an der Wegkreuzung bei der Skate-Anlage, orientieren wir uns nun an der Markierung *K* des *Kölner Wegs* und gehen geradeaus an der Götzenberghalle vorbei, vor deren Eingang eine Skulpturengruppe mit Steinbruch-Arbeitern steht. Hinter der Halle gehen wir an der Weggabelung links und lassen uns von *K* durch den Wald leiten. Dazu halten wir uns an der Abzweigung nach 100 m links, nach weiteren 200 m noch einmal links und nach weiteren 330 m an der **Wegkreuzung** ❸ geradeaus. Jetzt wandern wir die nächsten 1,5 km immer geradeaus durch den Wald bis zum Friedhof von Dreisbach.

Dort erreichen wir die *Nistertalstraße (K 64)*, die uns rechts nach **Dreisbach** ❹ führt, wo wir links in die *Brunnenstraße (K 65)* abbiegen und ihr bis zur Kreuzung mit der *Hauptstraße (L 294)* folgen. Wir überqueren diese und gelangen geradeaus auf der *Kapellenstraße* aus dem Dorf. Vor der Kapelle am Ortsende wandern wir dann links auf *K* in den Wald. Vom Waldrand haben wir einen schönen Blick ins Nistertal. Der Wanderweg verläuft danach etwa 1 km in einem weiten Bogen um den bewaldeten Kackenberger Stein und trifft dann südlich der Gemeinde Hahn auf die Straße *K 70*, der wir 80 m rechts folgen. Dann geht es links auf dem Waldweg weiter (*K*). Am Ortsanfang von **Langenbach** ❺ überqueren wir die Nister, verlassen den *Kölner Weg (K)* und wandern gleich danach vor der Stromleitung links auf dem mit *M6* markierten Feldweg am Ortsrand von Langenbach entlang. Wir kommen an Fischteichen vorbei, überqueren im Ort die *Westerburger Straße (L 294)* und folgen geradeaus der *Marienberger Straße* 150 m bis zur Abzweigung der *Hachenburger Straße*. Hier treffen wir wieder auf den *Westerwaldsteig*, der uns links entlang der *Hachenburger Straße* und auf der 1996 stillgelegten Bahnstrecke Erbach–Fehl–Ritzhausen weiter bis Nistertal-Erbach leitet. Dort verlassen wir hinter der **Eisenbahnbrücke** ❻ den *Westerwaldsteig* und folgen dem Wirtschaftsweg geradeaus in den Ort. Hier führt uns die *Rosengasse* (*gelbes W* des *Westerwaldsteig-Zuwegs* und *Nit1*) geradeaus zum *Postweg*, auf dem wir links zur *Brückenstraße* gelangen. Entlang dieser kehren wir links zum Bahnhof in **Nistertal-Erbach** ❶ zurück.

↗ 180 m | ↘ 180 m | 13.9 km

3.20 h

TOP **13**

Von der Wiedquelle zur Alpenroder Hütte

Gräbersberg-Aussichtsturm und die Sage von Hänsels Häuschen

Die Wied, der längste Fluss des Westerwalds, entspringt am nördlichen Ortsrand von Linden unter einer alten Buche. Sie speist den Dreifelder Weiher und mündet nach 102 Kilometern bei Neuwied in den Rhein. Quelle und Mündung liegen jedoch nur 34 Kilometer Luftlinie auseinander. Im Wald bei Lochum steht der Welterstein, ein großer Felsblock aus Basaltsäulen. Hier sollen der Sage nach einmal Heinzelmännchen in einer Erdhöhle gewohnt haben. Als sie es gar zu bunt getrieben haben, rollte ein großer Felsblock heran und versperrte den Ausgang ihrer Höhle. Die eingesperrten Heinzelmännchen gruben einen langen Gang und gelangten am steilen Abhang durch ein Loch im Fels, das »Backofen« genannt wird, wieder ans Tageslicht. Ob die Heinzelmännchen hier aber tatsächlich auch gebacken haben, weiß wohl niemand.

Ausgangspunkt: Parkplatz in der Waldstraße an der Wiedbachhalle in Linden. Bus Linie 431 und 433 von Hachenburg.
Markierung: Westerwaldsteig, R2, Westerwaldsteig-Zuweg, R4, Westerwaldsteig-Zuweg, Westerwaldsteig.
Anforderungen: Mittel. Da wir auf Graswegen unterwegs sind, empfehlen sich bei Nässe wasserdichte Wanderschuhe.
Einkehrmöglichkeit: Jausenstation Jöckel's Alpenroder Hütte (Mo, Mi–Fr ab 11 Uhr, Sa, So ab 10 Uhr geöffnet).
Karte: Kompass Wander- und Radkarte Westerwald Nord, 1:50.000.

An der Wiedquelle (Wiedbach-Quelle) bei Linden entspringt die Wied.

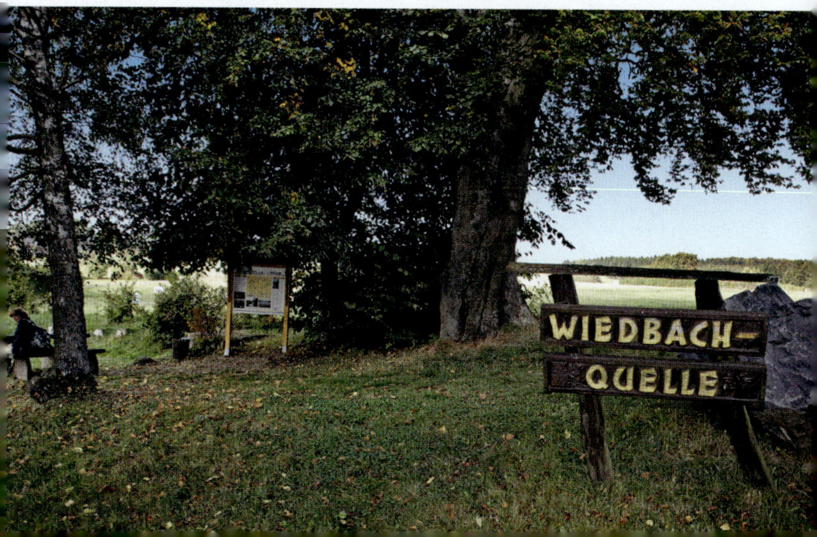

In **Linden** ❶ gehen wir vom Parkplatz an der Wiedbachhalle auf der *Waldstraße* in Richtung Friedhof und biegen vor dem kleinen Wiedbach nach links auf den *Westerwaldsteig* ab. Dieser führt uns zur **Wiedquelle** ❷ (Rastplatz), an der wir weiter dem *Westerwaldsteig* bis zur Alpenroder Hütte folgen. Auch der Wiedweg verläuft hier. Wir wandern auf einem schönen Grasweg am Waldrand entlang und erreichen danach an einer Wegkreuzung im schattigen Wald eine **Schutzhütte** ❸.
Hier gehen wir leicht rechts auf dem schmalen Waldpfad weiter. Dort, wo das *weiße Andreaskreuz* auf den *Westerwaldsteig* trifft, wandern wir ein kurzes Stück auf der alten Poststraße. Wir verlassen an der Weide das asphaltierte Sträßchen und gehen links auf dem Waldpfad am Zaun entlang. Dann folgen wir ein Stück dem kleinen Bachlauf und gelangen nach dem Holzsteg rechts auf der Forststraße zu den Windrädern auf dem 513 m hohen **Gräbersberg**. Hier führt uns die Forststraße links zur Jausenstation **Jöckel's Alpenroder Hütte** ❹. Daneben steht der 1998 errichtete Mobilfunkturm, ein Aussichtsturm. Der Turm ist 73 m hoch, in 33 m Höhe befindet sich eine Aussichtsplattform, von der wir einen herrlichen Rundum-Panoramablick über den Westerwald haben.
Wir wandern auf dem *Westerwaldsteig* zwischen der Hütte und dem Turm weiter, biegen gleich danach nach rechts ab und gehen am Waldrand entlang. Am Ende des Wäldchens halten wir uns links und wandern gerade-

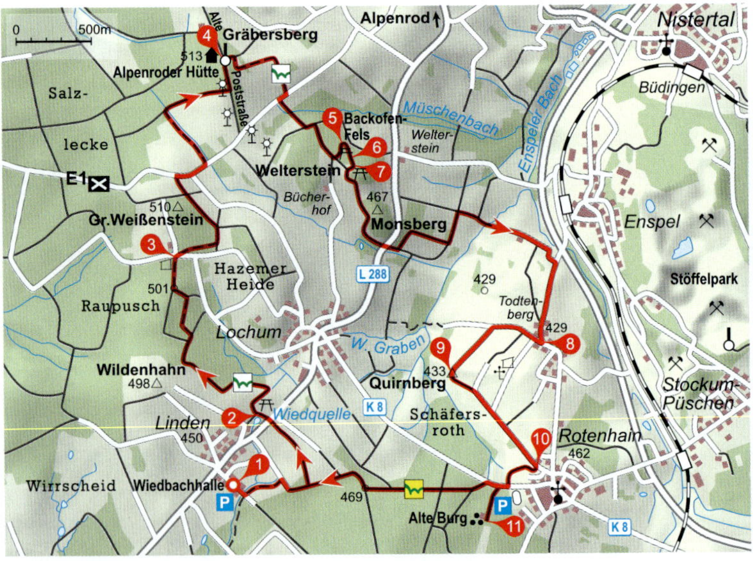

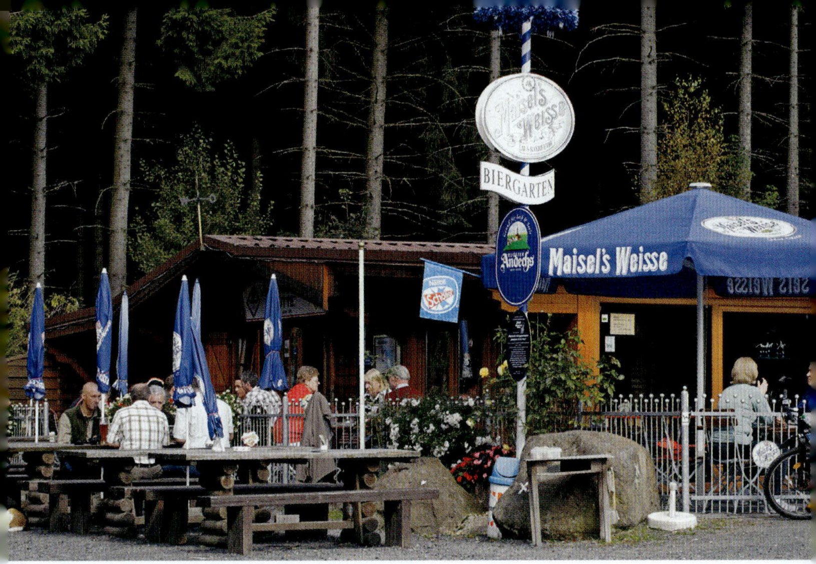

Jausenstation Jöckel's Alpenroder Hütte.

aus auf dem Grasweg über die Felder bis zum nächsten Wäldchen. Davor folgen wir dem *Westerwaldsteig* nach rechts, bis dieser im Tal auf einen asphaltierten Wirtschaftsweg trifft. Auf diesem gehen wir 70 m rechts und folgen dann links dem Grasweg entlang des kleinen Müschenbachs in den Wald. Danach biegt am Waldrand ein schmaler Waldpfad nach links ab. Diesem folgen wir zum **Backofen-Fels** 5, einem Rastplatz mit Aussicht auf das Dorf Lochum. Der Wanderweg führt unterhalb des Rastplatzes um den Felsen herum und danach rechts auf einem schmalen Waldpfad zum **Kleinen Welterstein** 6. Nach einem kurzen Anstieg erreichen wir den **Großen Welterstein** 7. Diese moosbewachsenen Basaltsäulen werden im Volksmund auch **Hänsels Häuschen** genannt (Rastplatz).

Danach verlassen wir den Wald und wandern links auf dem grasbewachsenen Weg am Waldrand weiter (*Westerwaldsteig*). Wir überqueren die Landstraße *L 288* und folgen kurz danach links dem *Westerwaldsteig* noch etwa 900 m, bis wir diesen kurz vor der Brücke über den Enspeler Bach verlassen. Wir überqueren den Bach und gehen auf dem Wirtschaftsweg geradeaus an dem Gebäude vorbei zur *Todtenberger Straße*. Entlang dieser gelangen wir rechts nach **Todtenberg** 8. Im Ort biegen wir dann scharf rechts ab und verlassen diesen wieder. Nach dem Bauernhof halten wir uns links und folgen dem aussichtsreichen Wirtschaftsweg und *R2* über die Felder hinauf zum 433 m hohen **Quirnberg** 9. Dort gehen wir an der Wegkreuzung links an den Bäumen vorbei und dann immer geradeaus.

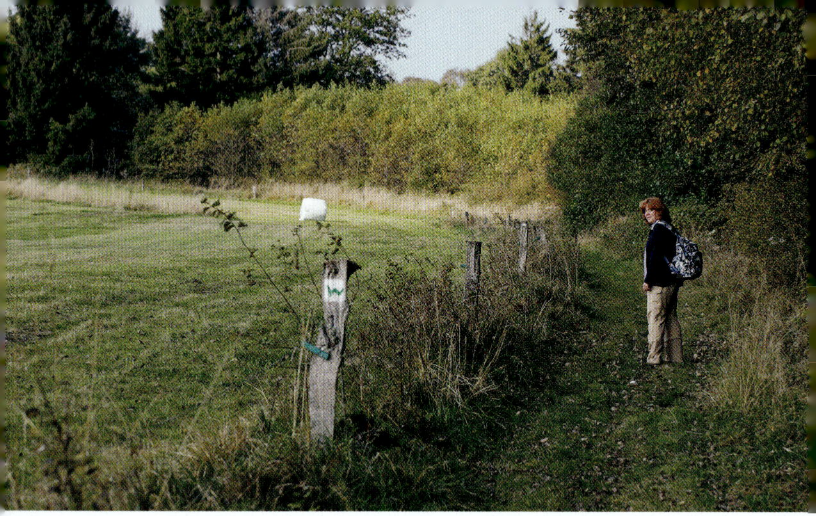

Auf dem Westerwaldsteig hinter der Wiedquelle bei Linden.

Am Ortsanfang von **Rotenhain** ⑩ umgehen wir scharf rechts auf dem Feldweg den Ort. Hier sind wir auch auf dem *Westerwaldsteig-Zuweg* unterwegs. An der *Hauptstraße* halten wir uns kurz rechts, überqueren diese, gehen über den Parkplatz und auf *R4* zur ausgeschilderten **Alten Burg** ⑪. Archäologen fanden dort einen Brunnen und Mauerreste aus dem 14. Jahrhundert, die von einer alten Straßenfestung stammen, welche einst die Heerstraße von Köln nach Frankfurt sicherte. Die Alte Burg wurde 2011 rekonstruiert, Anfang Juni findet hier ein mittelalterliches Burgfest statt (historica-rotenhain.de). Wir gehen zurück zum Parkplatz und entlang der Straße 100 m links. Dann biegen wir links in den Waldweg ein *(Westerwaldsteig-Zuweg)* und halten uns nach 70 m an der Gabelung rechts. Der geschotterte Weg führt 700 m geradeaus durch den Wald, dann geht es rechts und nach 150 m vor der Wiese links. Der Weg verläuft neben der Wiese am Waldrand und trifft nach einem kurzen Waldstück auf den *Westerwaldsteig*. Dieser leitet uns geradeaus zurück zur *Waldstraße* in **Linden** ①, die rechts zur nahen Wiedbachhalle führt.

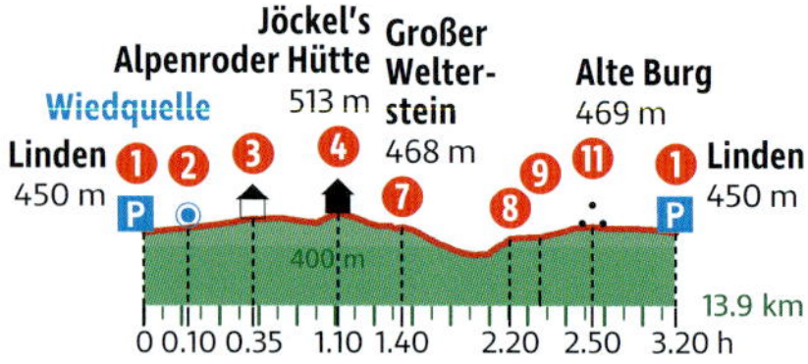

↗ 70 m | ↘ 70 m | 13.2 km

3.15 h

Vom Postweiher zum Dreifelder Weiher

14

Unterwegs auf der Westerwälder Seenplatte

Gleich sechs der insgesamt sieben Weiher auf der Westerwälder Seenplatte lernen wir auf unserer Wanderung kennen. Daher sollten bei warmen Temperaturen auf keinen Fall die Badesachen im Rucksack fehlen.
Auf Waldwegen geht es vom Postweiher zum Dreifelder Weiher, an dessen Ost- und Nordufer wir entlangwandern. Wir machen einen kurzen Abstecher zum Hofmannsweiher und kehren am Haiden- und Brinkenweiher vorbei zum Postweiher und dem gegenüberliegenden Hausweiher zurück.

Ausgangspunkt: Parkplatz am Postweiher nordwestlich von Freilingen neben der B 8. Bus Linie 418 von Dierdorf nach Freilingen (Mo–Fr). 900 m bis zum Ausgangspunkt.
Markierung: K, Westerwaldsteig, K.
Anforderungen: Gering. Keine nennenswerte Steigung.
Einkehrmöglichkeit: Haus am See (Frühjahr, Herbst Mo Ruhetag) am Dreifelder Weiher.
Sehenswürdigkeiten: Die Westerwälder Seenplatte mit ihren sieben Weihern (Dreifelder Weiher 123 ha, Haidenweiher 28,8 ha, Brinkenweiher 21,4 ha, Hofmannsweiher 16,3 ha, Postweiher 13,3 ha, Hausweiher 9,6 ha und Wölferlinger Weiher 1 ha) geht auf Fischteiche zurück, die von Mönchen bereits im 12. Jh. gestaut wurden. Im 17. Jh. ließ Graf Friedrich zu Wied weitere Weiher zur Fischzucht aufstauen. Seit 2017 gibt es hier keine kommerzielle Fischzucht mehr. 2019 übernahm die NABU-Stiftung Nationales Kulturerbe die Gewässer. Im Saynbachtal liegt Freilingen, wo wegen der verkehrsgünstigen Lage bereits im 17. Jh. eine Poststation bestand. Die evangelische Pfarrkirche in Dreifelden, deren Anfänge in das Jahr 1100 zurückreichen, ist die älteste erhaltene Steinkirche im Westerwald. 1699 wurde sie im

Strandbad Postweiher.

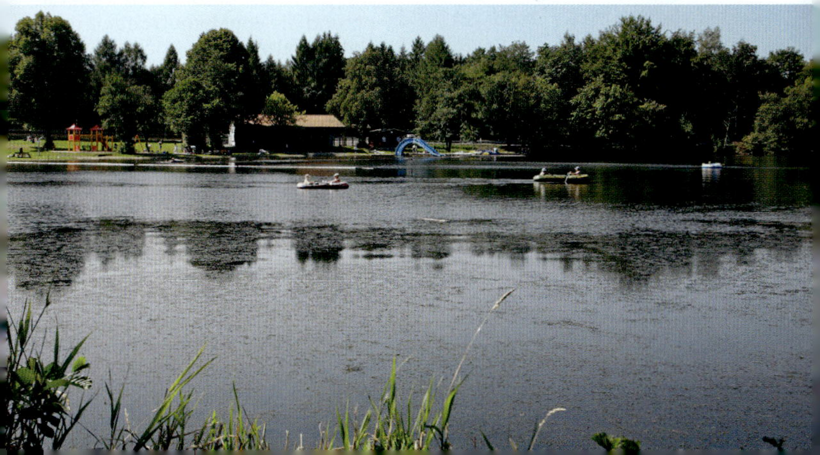

barocken Stil umgebaut. Ihr heutiges Erscheinungsbild erhielt die Kirche durch Umbauten in den Jahren 1808 und 1955–1960. Von dieser Dreifaltigkeitskirche leitet sich der Ortsname ab. Am Post- und am Dreifelder Weiher gibt es Strandbäder und einen Bootsverleih.
Tipp: Mit einem Fernglas kann man unterwegs viele Wasservögel beobachten.
Karte: Kompass Wander- und Radkarte Westerwald Süd, 1:50.000.

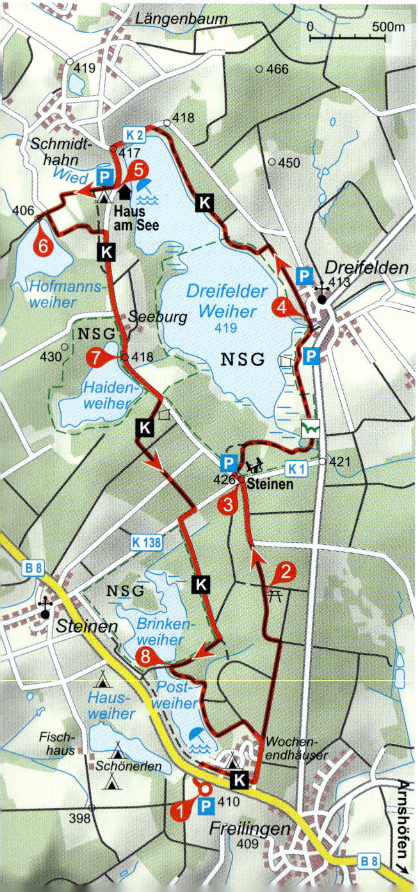

Vom Parkplatz am **Postweiher** ❶ überqueren wir durch die Unterführung die *B 8*, halten uns danach rechts und gehen auf dem Fußweg (Markierung *K* des *Kölner Wegs*) neben der Straße am Campingplatz Freilingen vorbei bis zum Ende des Wohngebiets. Dort biegen wir vor dem Wald nach links ab und wandern geradeaus an der Ferienhausanlage entlang. Nach 300 m verlassen wir die Markierung und gehen 700 m geradeaus auf der Forststraße durch den Wald bis zur übernächsten Wegkreuzung. Dort halten wir uns links und erreichen nach 400 m eine **Rasthütte** ❷. Danach gehen wir an der Wegkreuzung geradeaus weiter. Nach dem Wanderparkplatz am **Waldspielplatz »Steinen«** ❸ treffen wir auf den *Westerwaldsteig*. Wir überqueren die Straße *K 1*, halten uns kurz darauf rechts und wandern auf dem *Westerwaldsteig* zum Dreifelder Weiher. Wir kommen hier nicht direkt ans Ufer, sondern wandern um seinen sumpfigen Südteil, der wegen seiner besonderen Vegetation und als Vogelschutzgebiet unter Naturschutz steht. Von einem Beobachtungsturm haben wir aber einen guten Blick über die geschützte Uferzone südlich der Einmündung der Wied, die wir kurz darauf auf einem Holzsteg überqueren. Am Ortsanfang von **Dreifelden** ❹ verlassen wir den *Westerwaldsteig* und treffen wir wieder auf das *K* des *Kölner Wegs*. Dieser Markierung, die uns auch zurück zum Postweiher leitet, folgen wir links. Ein schmaler Pfad schlängelt sich etwas weiter am Ost- und Nordufer des 123 ha

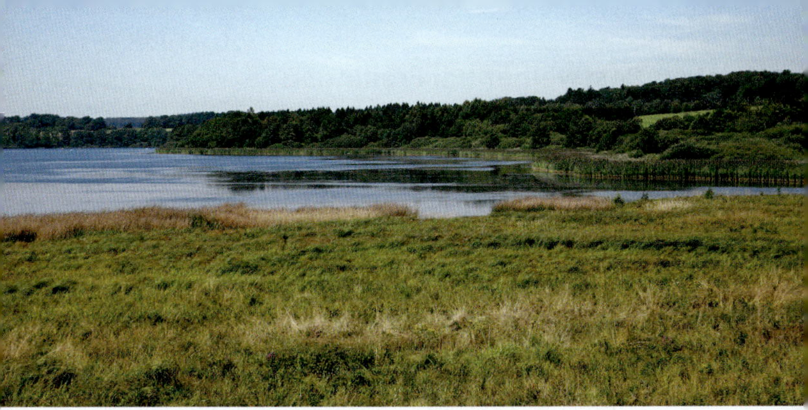

Südufer des Dreifelder Weihers.

großen Dreifelder Weihers entlang – dem größten Gewässer der Westerwälder Seenplatte. Der Pfad endet nördlich vom bewirtschafteten **»Haus am See« 5**, wo wir die Wied noch einmal überqueren.

Nach dem Haus verlassen wir am Ende des großen Parkplatzes den *Kölner Weg* und gehen rechts und geradeaus zum nahe gelegen **Hofmannsweiher 6**. Nachdem wir uns den idyllischen, von Bäumen umrahmten Stausee des Fehlchesbachs angesehen haben, gehen wir an der Wegkreuzung an seiner Nordspitze rechts auf dem Wirtschaftsweg am Waldrand entlang und über die Felder. Vor dem Friedhof treffen wir wieder auf den *Kölner Weg,* auf dem wir rechts entlang der *Seeburger Straße* an der Seeburg, einem alten Jagdhaus, vorbei zum **Haidenweiher 7** wandern. Mit seinen breiten Sumpfzonen ist auch dieser Weiher ein Naturschutzgebiet. 150 m hinter dem Weiher biegen wir nach rechts ab. An der Straße *K 138* halten wir uns kurz rechts und gelangen am Ende des Felds links am Feldrand entlang in den Wald. 900 m weiter biegen wir an einer Abzweigung nach rechts ab und wandern zu dem schmalen **Damm 8**, der den nördlichen Brinkenweiher vom südlichen Postweiher trennt. Hier folgen wir rechts auf *K* dem Pfad, der am Ufer des **Postweihers 1** entlang zurück zum Parkplatz führt.

Wer möchte, kann noch einen Abstecher zum nahen Hausweiher machen, dem Stausee des Holzbachs.

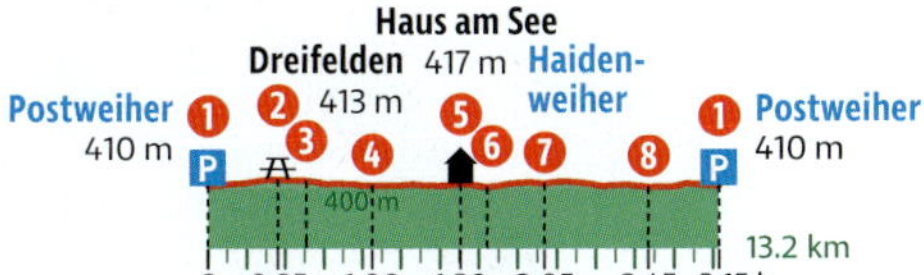

↗ 225 m | ↘ 225 m | 16.2 km

15 Vom Postweiher bei Freilingen nach Maxsain

4.10 h

Ein Burgturm namens Schmanddippe und die Sage vom Zehntgarben

Der 28 Meter hohe Rundturm der ehemaligen Burg in Hartenfels wird wegen seiner Ähnlichkeit mit einem hohen Rahmtopf »Schmanddippe« genannt. Die Burg entstand im 13. Jahrhundert zum Schutz der Hohen Straße, der historischen Post- und Handelsstraße zwischen Köln und Frankfurt. Um den Basaltfelsen »Zehntgarben« rankt sich eine Sage: Als ein Bauer den Zehnten seiner Ernte nicht an den Burgherren abgeben wollte, traf ihn ein Fluch. Sein mit Strohbündeln schwer beladener Wagen kippte um, und die ganze Ernte soll zu Stein erstarrt sein. Auf unserer Wanderung am Südwestrand der Westerwälder Seenplatte lernen wir einladende Freizeit- und Naturweiher wie den Hausweiher und den Brinkenweiher kennen und besuchen in Maxsain eines der schönsten Fachwerkhäuser im Westerwald.

Ausgangspunkt: Parkplatz am Postweiher nordwestlich von Freilingen neben der B 8. Bus Linie 418 von Dierdorf nach Freilingen (Mo–Fr). 900 m bis zum Ausgangspunkt. Bus Linie 423 von Selters nach Maxsain, dort alternativer Startpunkt (Mo–Sa).
Markierung: K, 7, II, weißes Dreieck, weißes Andreaskreuz.
Anforderungen: Mittel, gute Wege mit viel Aussicht, Bademöglichkeit.
Einkehrmöglichkeit: Pizzeria Il Lago in Maxsain (Hauptstraße 27, Terrasse hinter dem Haus, Mo Ruhetag), Untermühle (Fr, Sa ab 16 Uhr, So ab 11 Uhr geöffnet).
Tipp: Bootsverleih am Strandbad Postweiher (Juni–Aug. 10–20 Uhr geöffnet). Im Sinnesgarten des Campingparks Schönerlen kann man Pflanzen kennenlernen, die zum Färben geeignet sind und zusätzlich in Workshops erfahren, wie man Naturfarben herstellt und welche Färbetechniken es gibt (camping-westerwald.de/sinnesgarten).
Karte: Kompass Wander- und Radkarte Westerwald Süd, 1:50.000.

Badevergnügen am Postweiher.

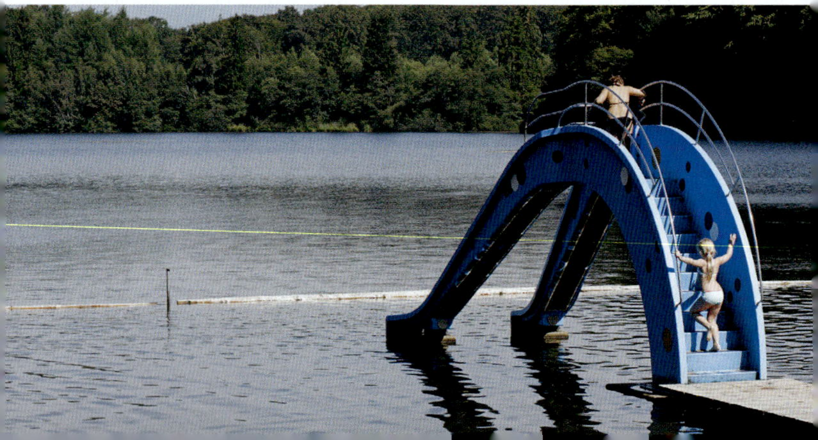

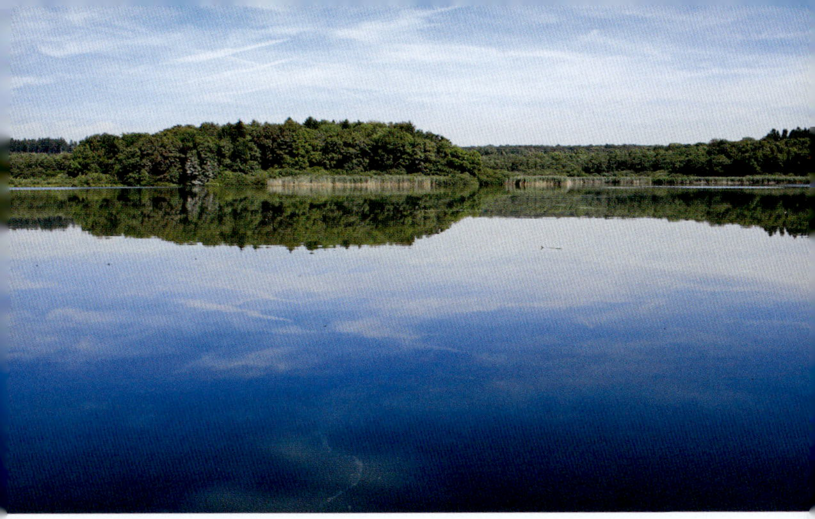

Der Brinkenweiher bei Steinen.

Vom Parkplatz am **Postweiher** ❶ gehen wir durch die Unterführung der *B 8*, halten uns danach rechts und gehen auf dem Fußweg (Markierung *K* des *Kölner Wegs*) neben der Straße am Campingplatz Freilingen vorbei um die Ferienhausanlage. Danach folgen wir dem *Kölner Weg* am Ufer des Postweihers entlang bis zu dessen nördlichen Ende. Dort verlassen wir das *K* und gehen links über den schmalen **Damm** ❷, der den Postweiher vom Brinkenweiher trennt. Wir gehen auf dem Wirtschaftsweg neben der *B 8* kurz links und überqueren die Straße. Danach folgen wir dem Wirtschaftsweg 500 m geradeaus über die Felder bis zu einem kleinen Wäldchen. Dort gehen wir an der Abzweigung auf dem Kreuzweg links bis zur Mündung des Holzbachs in den **Hausweiher** ❸, den zweitkleinsten Weiher der Westerwälder Seenplatte. Wie der Postweiher ist er ein beliebter Badesee, allerdings nur für die Gäste des Campingparks zugänglich. Nur etwas weiter liegt der Campingpark Schönerlen mit dem Sinnesgarten. Dies ist ein geschichtsträchtiger Ort, denn hier befand sich einst das königliche Hofgut Schönerlen, dessen Geschichte bis ins 9. Jahrhundert zurückreicht. Mitte des 18. Jahrhundert wurde es jedoch zerstört. 1910 wurde das Fürstlich-Wiedische Hofgut Schönerlen wieder aufgebaut und 1967 zu einem weitläufigen, naturnahen Campingpark umgestaltet.
Wir kehren zurück bis zu der Abzweigung und folgen dem Kreuzweg geradeaus nach **Steinen** ❹. Dort gelangen wir nach der Kirche links auf der *Lindenstraße (K 138)* durch den Ort. Kurz vor dem Ortsende verlassen wir in der Linkskurve der Straße rechts auf *7* (markierter Radweg) das Dorf. Wir queren ein kleines Bachtal und sehen vom Weg zum ersten Mal auf den

hohen, runden Turm der Burg Hartenfels, unser nächstes Ziel. Ein geschotterter Wiesenweg führt uns in einem Linksbogen dorthin. Am nächsten Asphaltweg folgen wir links der *7* und der Radwegmarkierung ins Tal. Wir erreichen auf der *Kuhbergstraße* **Hartenfels** und gehen geradeaus in das schmucke, kleine Dorf. An der *Hauptstraße* halten wir uns schwach links und gelangen zur 1860 bis 1862 erbauten katholischen Kirche St. Antonius. Dahinter führt links ein Fußweg hinauf zur **»Schmanddippe«** 5, dem Rundturm der ehemaligen Burg. Von der Anhöhe haben wir einen 360°-Panoramablick.

Wir steigen den Burgberg wieder hinunter und gehen von der Kirche geradeaus auf der *Burgstraße* aus dem Ort; dabei orientieren wir uns weiter an der Markierung *7*. Am Ende der Straße gelangen wir links auf der *Ringstraße* zu einem Wegkreuz. Dort biegen wir rechts ab und nach 200 m vor dem von Bäumen gesäumten Reistenbach links. Der Wirtschaftsweg quert das Holzbachtal und führt an der bewirtschafteten **Untermühle** 6 vorbei. Etwa 300 m danach gehen wir an der Abzweigung rechts auf dem Wiesenweg zum Wald. Dort steht das Naturdenkmal **»Zehntgarben«** 7, eine Felsformation aus sechseckigen, geneigten Basaltsäulen. Wir treffen dort auf den *Adolf-Weiß-Weg* (Markierung *II*) und gehen links am Waldrand weiter. Dieser Fernwanderweg wurde nach dem Bauerndichter benannt, der den Westerwälder Erkennungsgruß »Hui! Wäller? – Allemol!« erfand. Nach 200 m wandern wir links auf dem asphaltierten Feldweg weiter. An der Ab-

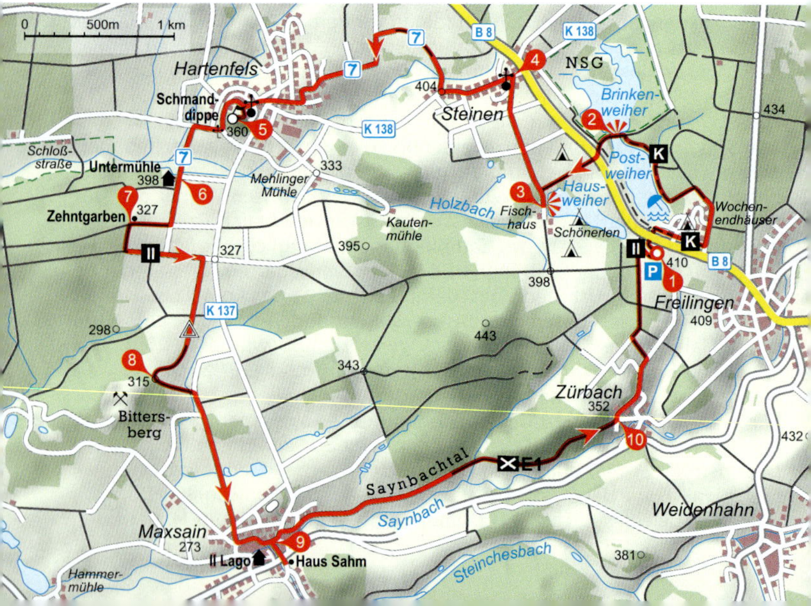

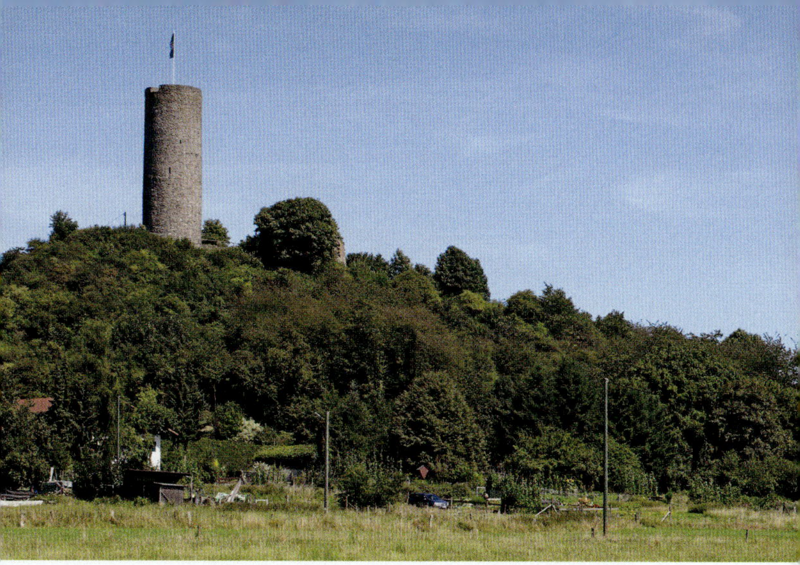

Die ehemalige Burg in Hartenfels mit der »Schmanddippe«, dem Rundturm.

zweigung 75 m vor der Straße *K 137* verlassen wir den *Adolf-Weiß-Weg* und die *7*, wandern rechts auf dem asphaltierten Feldweg weiter und treffen später auf die Markierung *weißes Dreieck*. Auf einem Grasweg gelangen wir zum Wald auf dem **Bittersberg** 8. Dort befindet sich ein heute noch betriebener Basaltsteinbruch, in dem das seltene Zeolith-Mineral Offretit vorkommt.

Wir folgen links dem am Waldrand entlangführenden Weg. Nach 300 m gehen wir rechts auf dem asphaltierten Feldweg nach **Maxsain** 9. Die *Heidestraße* führt uns dort geradeaus durch das Wohngebiet. Wir gehen im Ort auf der *Rückerother Straße* links bis zur Fußgängerbrücke über den Saynbach, hinter der auch der Steinchesbach einmündet. Wir überqueren hier den Bach und gelangen auf der am Steinchesbach entlangführenden *Alleestraße* zur *Hauptstraße*, auf der wir kurz links gehen. Hinter dem Rathaus gelangen wir rechts auf dem *Kirchweg* zum Haus Nr. 13. Hier steht das 1688 im fränkischen Fachwerkstil mit massiven Holzbalken und reichen

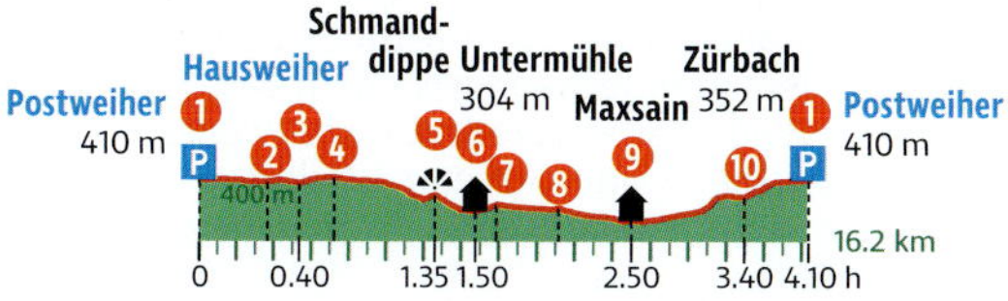

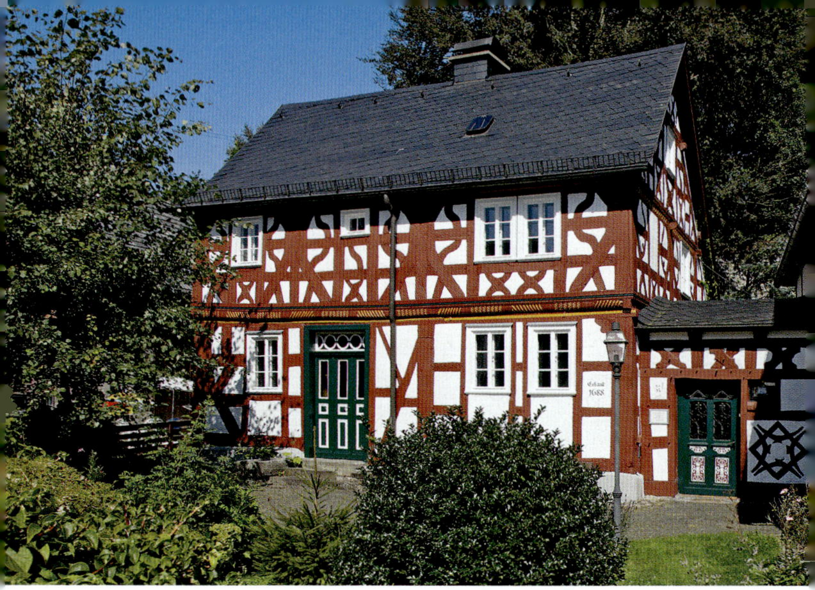

Haus Sahm, eines der schönsten Fachwerkhäuser des Westerwalds.

Verzierungen erbaute **Haus Sahm**. Es gilt als eines der schönsten Fachwerkhäuser im Westerwald.
Nachdem wir uns das prachtvolle Fachwerkhaus von außen angesehen haben, gehen wir zurück zur Fußgängerbrücke. Dahinter folgen wir rechts der *Rückerother Straße* bis zur Abzweigung der Straße *Am Rübengarten*, wobei wir uns am *weißen Andreaskreuz auf schwarzem Grund* des *Europäischen Fernwanderwegs Nr. 1* orientieren. Wir folgen dieser Straße nach rechts und wandern am Ende des Wohngebiets auf dem Wirtschaftsweg 1,3 km geradeaus durch das Saynbachtal, bis der Wanderweg am Waldrand nach links abzweigt. Auch wir biegen hier nach links ab und folgen dem *Andreaskreuz* geradeaus durch den Wald nach **Zürbach** ⑩.
Am Ortsanfang wandern wir links auf der Straße *Trieschergarten* um das kleine Dorf und halten uns an der Weggabelung hinter dem Friedhof rechts. Der Wirtschaftsweg kreuzt hier eine Stromleitung; dahinter biegen wir nach links ab und gehen auf dem grasbewachsenen Feldweg zum nahen Waldrand. Dort wandern wir 80 m rechts entlang und folgen an der nächsten Gabelung dem Wanderweg links durch das kleine Waldstück. Danach verläuft unser Weg wieder geradeaus am Waldrand entlang, wo er unterhalb vom Hausweiher wieder auf den *Adolf-Weiß-Weg* (Markierung *II*) trifft, der uns an der Minigolfanlage vorbei zum nahe gelegenen Parkplatz am **Postweiher** ① führt.

↗ 200 m | ↘ 200 m | 12.7 km

TOP 16

3.20 h Dreiländereck, Ketzersteine und Fuchskaute

Wo sich Westerwald- und Rothaarsteig treffen

Die 657 Meter hohe Fuchskaute nördlich von Rehe ist ein Naturschutzgebiet und die höchste Erhebung des Westerwalds. Deshalb wird diese Gegend auch der Hohe Westerwald genannt. Die flache Basaltkuppe entstand im Tertiär vor 25 bis 30 Millionen Jahren durch Vulkanismus. Durch eine über Jahrhunderte extensiv betriebene Weidewirtschaft war die Fuchskaute, das bedeutet Fuchsmulde, schon immer reich an Tieren und Pflanzen. Im frühen 19. Jahrhundert wurde der Wald fast vollständig abgeholzt, da man im nahen Siegerland Holzkohle zur Eisenverhüttung brauchte. 1837 begann die Wiederaufforstung; lang gezogene Hecken und schmale Streifen aus Fichten wurden angepflanzt, später auch wieder großflächigere Wälder. Dazwischen liegen Wiesen und Weiden. Zahlreiche Windräder am Südrand der Fuchskaute prägen heute ihr Bild. Auf den geschützten Wiesen blühen seltene Pflanzen, aber auch Arnika, die man sonst eher auf den Bergwiesen der Alpen antrifft. Wir wandern auf der Westerwaldschleife des Rothaarsteigs zum Dreiländereck, zu den Ketzersteinen und über die Fuchskaute zurück.

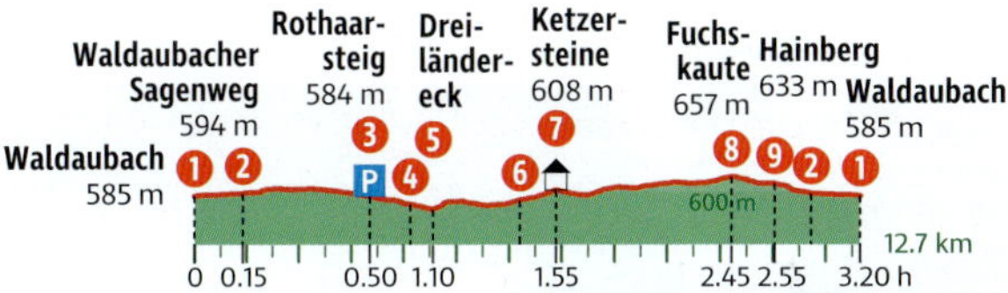

Ausgangspunkt: Driedorf-Waldaubach, Ortsmitte (Parkplatz Aubachstraße). Bus Linie 520 vom Bahnhof Herborn bzw. von Rennerod (Mo–Fr).
Markierung: WS, Rothaarsteig, 7/Missionsweg, R3, Rothaarsteig.
Anforderungen: Mittel, überwiegend gute Wege.
Einkehrmöglichkeit: Keine.
Tipp: Auf dem 8,9 km langen Waldaubacher Sagenweg lernt man Sagen aus der Region kennen. Kinder erfreuen sich an holzgeschnitzten Sagengestalten am Weg. Eine Alternative für Familien!
Karte: Kompass Wander- und Radkarte Westerwald Nord, 1:50.000.

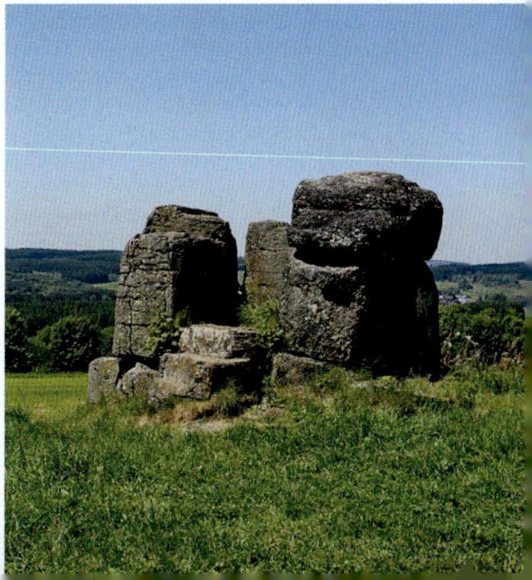

Ketzersteine bei Weißenberg.

In der Ortsmitte von **Waldaubach** ❶ gehen wir an der Abzweigung der Querstraße von der *Aubachstraße* auf der Querstraße kurz rechts, biegen dann rechts in den *Meisenweg* ab und an seinem Ende rechts in die Straße *Zur Fuchskaute*. Am Ortsende folgen wir an der Gabelung links dem Wirtschaftsweg geradeaus, bis er nach 400 m an einer **Abzweigung** ❷ auf das *rote W* und *grüne S* des *Waldaubacher Sagenwegs* trifft. Er führt uns rechts zum Waldrand. Dort biegen wir nach rechts ab.

Der *Rothaarsteig* und für die nächsten 900 m auch die Markierung *WS* führen uns nun auf hessischer Seite durch einen vom Sonnenlicht durchfluteten Nadelwald, in dem viele Farne wachsen, um den Hainberg zum **Wanderparkplatz Rothaarsteig** ❸ an der Straße *K 38*. Dort gehen wir kurz links und wandern auf der anderen Straßenseite geradeaus weiter durch den Wald. 300 m hinter dem Waldstück verlassen wir auf einer **Hochebene** ❹ den *Rothaarsteig* und folgen etwa 300 m der Forststraße und der Markierung *7* geradeaus. Ein schmaler Waldpfad führt uns dann links hinunter zum Ketzerbach (*7* und *Missionsweg*), den wir auf einem Holzsteg überqueren. Dahinter steht ein alter Grenzstein aus dem 19. Jahrhundert. Eine Tafel erklärt den Namen **Dreiländereck** ❺: Hier grenzen die Bundesländer Hessen, Rheinland-Pfalz und Nordrhein-Westfalen aneinander. Der Grenzstein markierte einmal die Grenze zwischen dem Herzogtum Nassau und dem Königreich Preußen.

Wanderweg auf der Fuchskaute.

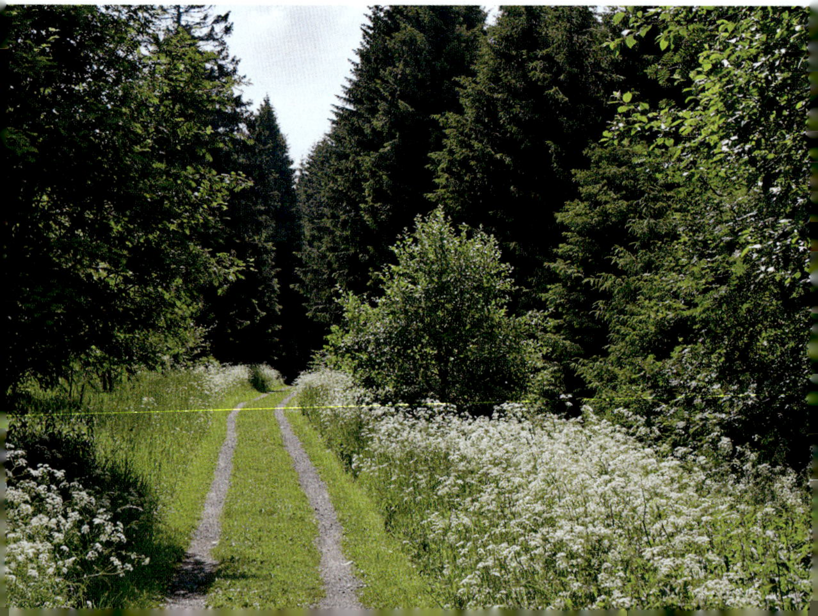

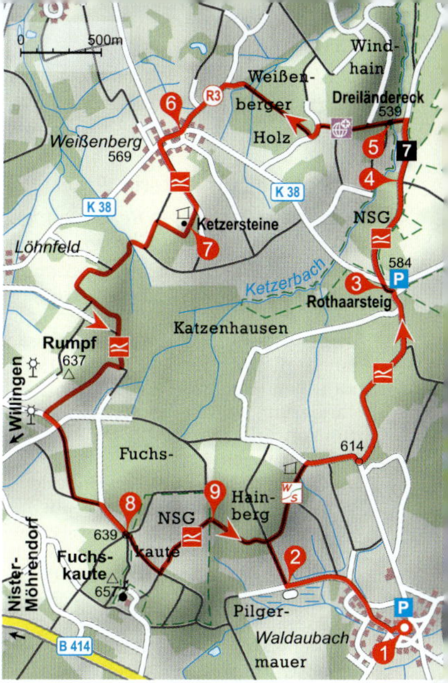

Wir gehen vom Dreiländereck 150 m geradeaus weiter durch den Wald, halten uns an der nächsten Wegkreuzung kurz rechts und gehen links 180 m zum Waldrand. Dort überqueren wir geradeaus das Feld, gehen am nächsten Waldrand 100 m links und wandern dann rechts geradeaus durch den Weißenberger Wald. Hier können wir uns auch am Rundwanderweg *R3* orientieren. Nach dem Wald führt ein asphaltierter Feldweg links nach Weißenberg, einem Ortsteil von Liebenscheid. Am Anfang von **Weißenberg** 6 treffen wir wieder auf den *Rothaarsteig* und folgen diesem durch den Ort. Dorfmittelpunkt ist die 1835 erbaute alte Schule (heute Dorfgemeinschaftshaus) mit dem Brunnen.

Beim Buswartehäuschen verlassen wir links auf der Straße *Zum Ketzerstein* den Ort und erreichen nach dem Anstieg links die **Ketzersteine** 7 (Schutzhütte). Diese Gruppe tertiärer Basaltblöcke blieb stehen, als Teile der 50 km² großen und bis zu 100 m mächtigen Basaltdecke des Hohen Westerwalds verwitterten. Der Name stammt wohl von einem mittelalterlichen Grenzübergang nach Liebenscheid, der damals als »Katze« bezeichnet wurde. Auch der Name des Ketzerbachs leitet sich davon ab. Erzählt wird aber auch, dass hier in manch einer Nacht Hexen mit dem Teufel um die Steine tanzten. Von den Ketzersteinen haben wir eine schöne Aussicht. Falls Sie einen Kompass dabei haben, beobachten Sie einmal die Ausschläge seiner Nadel, die durch die wechselnde Polarität des magnetischen Vulkangesteins verursacht werden.

Wir gehen an den Ketzersteinen vorbei und lassen uns vom *Rothaarsteig* durch die abwechslungsreiche Landschaft aus kleinen Waldstücken und Feldern zur **Fuchskaute** 8 leiten. Dort verlassen wir den *Rothaarsteig* und überqueren geradeaus auf dem grasbewachsenen Weg die baumlose Hochebene. Vor dem Wald biegen wir nach links ab und folgen wieder dem *Rothaarsteig* über die an Wildblumen reiche Hochebene des Naturschutzgebiets zum bewaldeten **Hainberg** 9. Dort verläuft die Grenze zwischen Rheinland-Pfalz und Hessen. Am Ende des Walds treffen wir wieder auf den Hinweg und den *Sagenweg*, auf dem wir rechts zurück nach **Waldaubach** 1 wandern.

↗ 170 m | ↘ 170 m | 15.0 km

17 Von Rehe zur Krombachtalsperre

3.45 h

Brutgebiet für seltene Vögel

Vom Alten Rathaus in Rehe wandern wir auf dem Westerwaldsteig zur Krombachtalsperre und weiter zur Wacholderheide nördlich von Westernohe. Wir kommen am Lichtenberg vorbei und gelangen auf dem Uferweg der Krombachtalsperre zurück nach Rehe.

Ausgangspunkt: Rehe, Altes Rathaus in der Hauptstraße 15. Bus Linie 520 Herborn–Rennerod nach Rehe.
Markierung: Westerwaldsteig, Zuweg zum Westerwaldsteig, R16, D3, PW.
Anforderungen: Mittel.
Einkehrmöglichkeit: Pizzeria Piccolo Ponte Rosa in einem Blockhaus auf Welters Campingplatz am Westufer der Krombachtalsperre (April–Sept. täglich ab 11.30 Uhr geöffnet, Okt.–März Di Ruhetag, Pizzeria Da Corrado Al Lago am Südrand der Krombachtalsperre (Mo Ruhetag, Di–So ab 11 Uhr geöffnet).
Sehenswürdigkeiten: Das alte Rathaus in Rehe, ein eindrucksvolles Fachwerkhaus mit Schnitzereien, wurde 1742 als Schulhaus erbaut. Neben dem Schulsaal und den Räumen für die Gemeinde entstand darüber ein evangelischer Betsaal mit einer Kanzel.
In der Krombachtalsperre wird der Rehbach gestaut. Benannt ist die Talsperre aber nach dem kleinen Krombach, der auf der Westseite in den Stausee fließt. Mehr als vier Millionen Kubikmeter Wasser werden von der 550 m langen Staumauer in dem knapp 100 ha großen Stausee der Krombachtalsperre aufgestaut. Hier kommen seltene Sumpf- und Wasservögel vor, die die feuchten Uferauen zum Brüten nutzen.
Karte: Kompass Wander- und Radkarte Westerwald Nord, 1:50.000.

In der Wacholderheide.

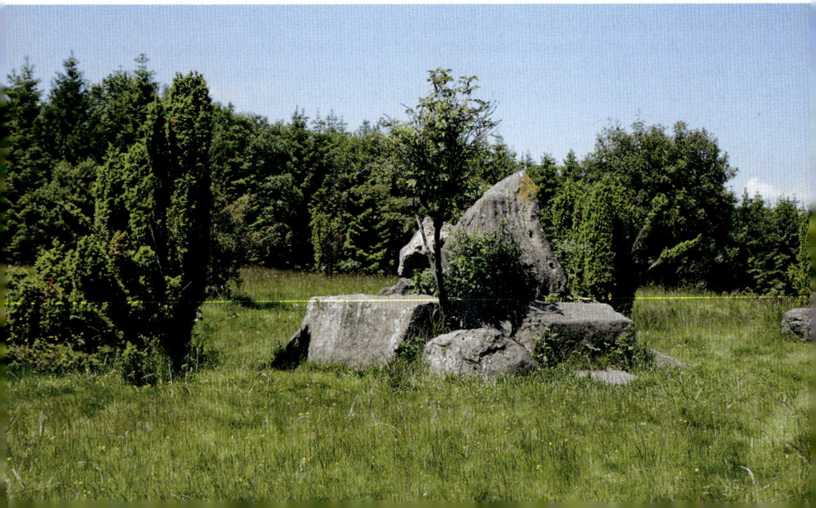

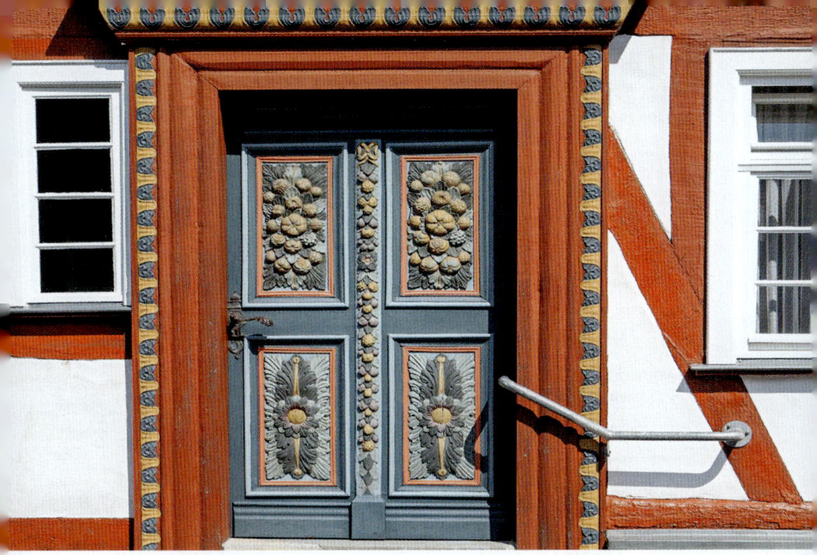

Durch eine prunkvoll geschnitzte Tür gelangt man in das 1742 erbaute Alte Rathaus von Rehe.

Hinter dem Alten Rathaus in **Rehe** ❶ gehen wir dem Logo des *Westerwaldsteigs* folgend kurz auf der Straße *Windlück* zur *Rathausstraße* und auf dieser rechts bis kurz vor ihrer Einmündung in die *Bahnhofstraße*. Dort gehen wir scharf links aus dem Ort und wandern gut 300 m geradeaus über die Felder bis zu einer Gabelung, vor der wir den Rehbach überqueren. Wir halten uns hier rechts, gehen unter der Brücke hindurch, gleich dahinter rechts und an der Wegkreuzung bei der Hochspannungsleitung links. Der *Westerwaldsteig* führt nun an eingezäunten Fischteichen entlang zur Nordspitze der **Krombachtalsperre** ❷, an der eine Hütte zur Vogelbeobachtung steht.

Danach gehen wir am Rand des Vogelschutzgebiets am kleinen Krombach entlang und entfernen uns wieder von dem Stausee. An der Weggabelung am Waldrand verlassen wir den *Westerwaldsteig*, überqueren wir links den Krombach und wandern 150 m durch den Wald bis zur nächsten Abzweigung. Hier biegen wir nach rechts ab und überqueren kurz darauf uns links haltend die Straße. Danach führt unser Weg an einer Baumreihe entlang in den Wald, wo wir an der ersten Kreuzung den Westerwaldsteig verlassen und nach links abbiegen. Nun wandern wir die nächsten knapp 700 m auf der Forststraße geradeaus durch den Wald, bis wir an einer Wegkreuzung rechts gehen (*Zuweg zum Westerwaldsteig*). An der nächsten Wegkreuzung gehen wir auf der asphaltierten Forststraße weiter geradeaus, überqueren

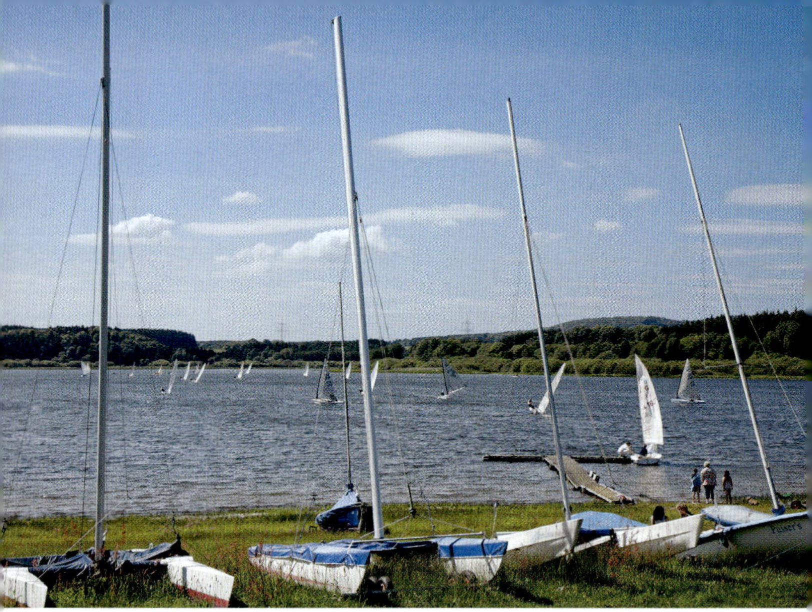

Krombachtalsperre – ein Surferparadies.

an einer Lichtung den Lasterbach und erreichen am Ende des Walds das 14 ha große Naturschutzgebiet **Wacholderheide Westernohe** ③, eine einzigartige Heidelandschaft. Nach 180 m verlassen wir die Forststraße, gehen links 100 m durch den Wald, dann erneut links für weitere 60 m und an der Gabelung rechts über die große Waldwiese – ein Zeltplatz des Bundeszentrums der Pfadfinder. Am Ende der Wiese führt unser Weg wieder rechts durch den Wald zu einer Kreuzung, an der ein Kreuz an den Tod zweier junger Pfadfinder erinnert. Hier verlassen wir die Markierung des *Zuwegs zum Westerwaldsteig* und folgen links der Markierung *R16*. Die nächsten 1,2 km wandern wir geradeaus durch den Wald, bis wir nach einer Wiese links abbiegen. Wir sind weiterhin im Wald unterwegs und biegen nach 750 m am Ende der größeren Wiese nach rechts ab. Jetzt verläuft der Wanderweg am Waldrand, bis wir nach der Rechtskurve an der zweiten Abzweigung wieder links durch den Wald gelangen. Hier verlassen wir *R16*, halten uns nach 180 m an der Gabelung rechts und überqueren kurz darauf bei den Fischteichen den Lasterbach. Am Ende des

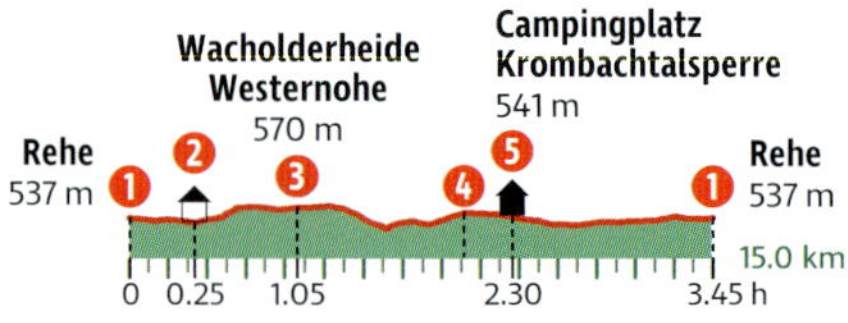

Walds halten wir uns dann rechts und folgen dem Wiesenweg, der kurz darauf an der Waldlichtung einen Linksbogen macht. Danach erreichen wir eine breite Forststraße, an der auch die Grenze zwischen Rheinland-Pfalz und Hessen verläuft. Hier gehen wir auf der Forststraße 300 m links bis zu einer Abzweigung am Fuß östlich des 570 m hohen **Lichtenbergs** ❹. Hier treffen wir auf die Markierung *D3*. Dieser folgen wir rechts durch den Wald, verlassen unterwegs nach der zweiten Wegkreuzung die Markierung und wandern auf dem *Krombachtalsperrenweg* immer geradeaus zum **Campingplatz Krombachtalsperre** ❺ südwestlich von Driedorf-Madenmühlen. Dort führt uns die Straße *K 86* links am Campingplatz vorbei zur Abzweigung der Straße *Müllersholz*. Diese führt uns links zum Stausee, wo wir rechts auf der Straße, die am Ufer entlangführt, zur Talsperre gelangen. Dort wandern wir links unterhalb der Talsperre weiter, gehen rechts am Rehbach entlang und überqueren diesen dann links auf dem von Bäumen gesäumten Wirtschaftsweg (Markierung *PW*). Am Ende der Talsperre erreichen wir wieder den Wald. Wir überqueren dort die unsichtbare Grenze zwischen Hessen und Rheinland-Pfalz und wandern die nächsten 1,3 km am Ufer der Krombachtalsperre entlang. Nachdem wir eine Vogelbeobachtungshütte passiert haben, führt der von Bäumen gesäumte Weg geradeaus an den Fischteichen nördlich des Stausees vorbei, bis wir hinter der Hochspannungsleitung wieder die Brücke am Rehbach erreichen. Wir überqueren sie und folgen dem Weg noch 400 m geradeaus, bis wir auf einen asphaltierten Wirtschaftsweg treffen, auf dem wir rechts zur *Bahnhofstraße* in Rehe gelangen. Auf dieser gehen wir 50 m rechts bis zur nächsten Abzweigung, wo wir rechts auf dem am Feldrand verlaufenden Sträßchen um das Wohngebiet wandern. Nach 400 m treffen wir an der Kreuzung mit dem Wiesenweg wieder auf unseren Hinweg. Auf diesem gelangen wir links an den Häusern vorbei zur *Rathausstraße*, die uns rechts zurück zum Ausgangspunkt am Alten Rathaus von **Rehe** ❶ leitet.

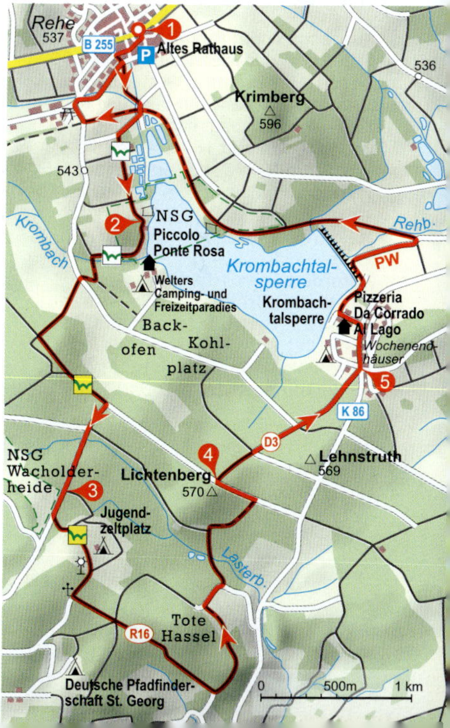

↗ 115 m | ↘ 115 m | 12.7 km

18 Vom Wiesensee nach Westerburg

3.15 h

Westerwaldsteig und Adolf-Weiß-Weg

Wo heute der 80 ha große Wiesensee liegt, der 1971 aufgestaut wurde, gab es bereits 1270 einen urkundlich erwähnten See, dessen Wasserfläche Ende des 18. Jahrhunderts komplett verlandet war und zum Sumpfgebiet Seewies wurde. Bis 2021 war der Wiesensee ein beliebter Freizeitsee, der Möglichkeiten zum Schwimmen, für Wassersport und zur Vogelbeobachtung bot. Heute liegt der Wiesensee wieder trocken, nachdem Schäden am Damm festgestellt wurden. 2023 hat eine Bürgerinitiative eine Online-Petition gestartet, den See schnellstmöglich wieder mit Wasser zu füllen, denn für den Campingplatz, das Hotel und die Cafés am See ist es eine Katastrophe, weil die Gäste ausbleiben. Aber die Bauarbeiten kommen nicht voran. Trotzdem kann man am Wiesensee gut wandern. Die Runde verläuft auf einem herrlichen Uferweg und auch das im Süden gelegene Städtchen Westerburg ist einen Besuch wert.

Ausgangspunkt: Parkplatz am südwestlichen Ufer des Wiesensees. Zug RB 90 Siegen–Limburg nach Westerburg/Bahnhof; alternativ mit Bus Linie 116 von Koblenz/Montabaur nach Westerburg/Bahnhof. Von dort 1,6 km durch die Stadt zum Toureinstieg am Wegpunkt 5.
Markierung: Zuweg zum Westerwaldsteig, Eichenblatt, HW II, Westerwaldsteig, Zuweg zum Westerwaldsteig, Westerwaldsteig.
Anforderungen: Mittel.
Einkehrmöglichkeit: Café Seewies am Parkplatz Wiesensee (geöffnet täglich 13–17 Uhr), Café Seegarten östlich des Startpunkts beim Lindner Hotel Wiesensee (geöffnet Sa, So 11–17 Uhr), Kiosk am Wiesensee beim Strandbad (geöffnet Mai–Aug. bei schönem Wetter Do–So 12–18 Uhr), in Westerburg.
Sehenswürdigkeiten: Westerburg war ab dem 9. Jh. Sitz eines Reichsvogts, ab dem 11. Jh. regierten hier die »Herren von Westerburg«, die nur dem Kaiser unterstanden. Durch Heirat mit Margaretha, Gräfin zu Leiningen, wurde die Stadt Teil einer Grafschaft. Das Schloss, das sich im Privatbesitz befindet und nicht besichtigt werden kann, entstand im 12. Jh. und wurde im 15. und 18. Jh. ausgebaut. Die Burgmauern und der Graben sind noch teilweise erhalten. Im Erlebnisbahnhof Westerwald (Bahnhofstraße 46c) sind alte Lokomotiven ausgestellt, die von den Westerwälder Eisenbahnfreunden restauriert wurden (geöffnet Sa 10–16 Uhr). Wilfried Rink sammelt historische Eisenbahn-Plakate, die im Eisenbahn-Plakat-Museum in der Bahnhofstraße 46 zu sehen sind (geöffnet Sa 10–14.30 Uhr).
Karte: Kompass Wander- und Radkarte Westerwald Süd, 1:50.000.

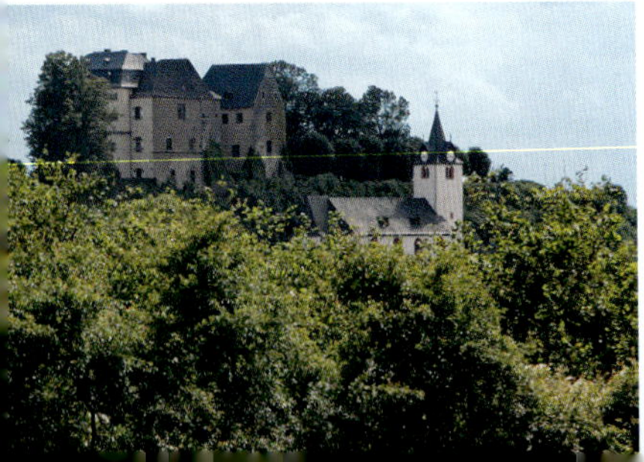

Schloss Westerburg.

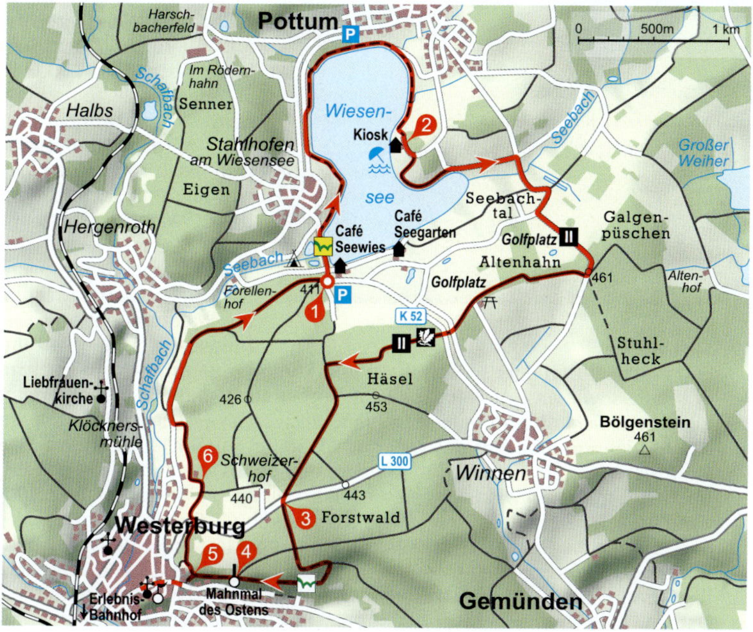

Vom Parkplatz am südwestlichen Ufer des **Wiesensees** ❶ wandern wir auf dem *Seeuferweg* rund um den See. Dazu überqueren wir auf dem *Zuweg zum Westerwaldsteig* (grünes W auf gelbem Grund) den Seebach und wandern um das Dorf Stahlhofen, das auf den Stadelhof, einen alten Adelshof, zurückgeht. An der Nordseite des Sees bei **Pottum** kommen wir am Gelände des Segelclubs Wällerwind Pottum vorbei. Danach können wir am **Strandbad** ❷ etwas entspannen und uns im Kiosk am Wiesensee stärken.
Anschließend halten wir uns an der nächsten Weggabelung beim Parkplatz links und gehen am östlichen Seitenarm des Sees entlang. An seinem Ende wandern wir rechts auf dem Asphaltweg durch das Seebachtal. Wir halten uns an der Kreuzung vor der Baumreihe (Anfahrtspunkt für Rettungsfahr-

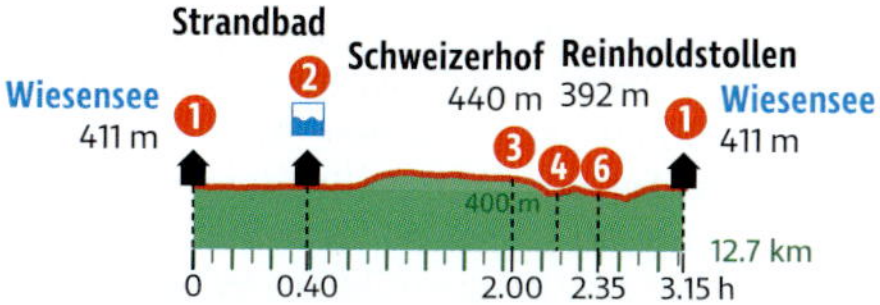

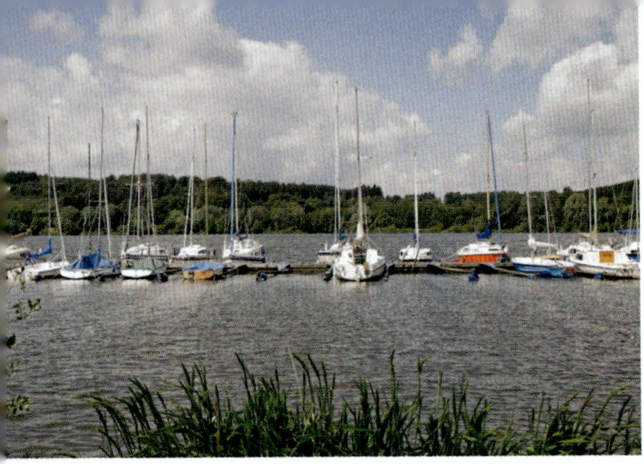

Am Wiesensee.

zeuge 5414-752) rechts und überqueren den **Seebach**. Nach dem Linksbogen des Weges folgen wir dem *Hauptwanderweg (HW) II*, dem *Adolf-Weiß-Weg*, nach rechts und gehen am Golfplatzgelände des GC Wiesensee entlang. Nach 180 m biegen wir links ab und gehen nach der Rechtskurve rechts am Waldrand entlang. Geradeaus gelangen wir am Ende des Felds wieder in den Wald und kommen dann noch einmal am Golfplatz sowie an einem Rastpavillon vorbei. Jetzt sind wir auch auf dem mit einem *Eichenblatt* markierten *Jubiläumswanderweg* unterwegs, der an das 100-jährige Jubiläum des Westerwaldvereins im Jahr 1988 erinnert. Wir überqueren die Straße *K 52* und wandern geradeaus weiter durch den Wald. Nach 900 m treffen wir auf einen Weg, dem wir nach links zur Straße *L 300* vor dem **Schweizerhof** ❸ folgen. Wir überqueren die Straße und gehen danach geradeaus. Beim nächsten Weg, der quert, verlassen wir den *HW II* und folgen dem Pfad geradeaus. Auf dem nächsten Weg geht es 100 m nach links, dann rechts auf dem *Westerwaldsteig (grünes W)* zum **Mahnmal des Ostens** ❹, einem Aussichtspunkt mit einem Kreuz für die Heimatvertriebenen. Dahinter folgen wir dem Weg nach links. Dort, wo der *Westerwaldsteig* an der **Gabelung im Wald** ❺ nach rechts abbiegt, können wir geradeaus auf dem *Zuweg zum Westerwaldsteig* einen Abstecher in die Stadt **Westerburg** machen, über der sich das **Schloss** erhebt. In Westerburg kann man einkehren und sich samstags die historischen Loks im Erlebnisbahnhof ansehen sowie Deutschlands einziges Eisenbahn-Plakat-Museum besuchen.
Zurück an der Gabelung wandern wir geradeaus und dann links auf dem *Westerwaldsteig* zur Straße *L 300*. Dieser folgen wir 50 m nach links und halten uns dann rechts. Vor dem **Reinholdstollen** ❻ geht es links und nach 80 m nach rechts. Der Stollen wurde ursprünglich zur Entwässerung des Braunkohletagebaus angelegt, der von 1842–1925 betrieben wurde. Heute ist dies ein Wasserschutzgebiet und das Grundwasser des Stollens versorgt die Stadt mit Trinkwasser. Nach 400 m führt uns der Weg noch einmal 70 m nach links und dann nach rechts. Kurz darauf verlassen wir an der nächsten Gabelung den *Westerwaldsteig* und wandern auf dem Asphaltweg 500 m geradeaus durch das bewaldete Tal des Schafbachs. Auf Höhe der Seebachmündung folgen wir dann rechts dem markierten Radweg und halten uns nach 250 m an der nächsten Weggabelung links. Am Ende des Wegs kehren wir links zum Ausgangspunkt am **Wiesensee** ❶ zurück.

↗ 180 m | ↘ 180 m | 13.6 km

TOP 19

3.30 h

Vom Wiesensee in die Holzbachschlucht

Hui! Wäller? – Allemol!

Mit seinem bis heute unter Westerwäldern beliebten Erkennungsruf »Hui! Wäller? – Allemol!« gewann der Bauerndichter Adolf Weiß 1913 bei einem Preisausschreiben des Westerwaldvereins, der einen Vereins- und Wandergruß suchte, 12 Flaschen Wein. Wir folgen dem nach dem Preisträger benannten Hauptwanderweg II des Westerwaldvereins, dem Adolf-Weiß-Weg, vom Wiesensee zum Westerwaldsteig und durchqueren die Holzbachschlucht, eines der ältesten Naturschutzgebiete im Westerwald. Der Holzbach hat hier eine etwa einen Kilometer lange und bis zu 30 m tiefe Schlucht durch das harte Basaltgestein gegraben und einen der schönsten Bachdurchbrüche in dieser Region geschaffen. In den Felshöhlen am steilen Ufer soll sich hier früher einmal der »Schinderhannes« versteckt haben. 2016 wurde die Schlucht zum Geotop erklärt, einer geologischen Besonderheit, die uns einen Einblick in die Erdgeschichte vermittelt.

Ausgangspunkt: Parkplatz am südwestlichen Ufer des Wiesensees. Bus Linie LM 15 Rennerod–Limburg nach Seck, Ortsmitte, von dort 900 m zum Toureinstieg westlich des Orts.
Markierung: W2 (IVV-PW), II, IVV-PW, Westerwaldsteig, II.
Anforderungen: Mittel, meist gute Wege. Bei Nässe Wanderschuhe mit Profilsohle.
Einkehrmöglichkeit: Café Seewies am Parkplatz Wiesensee (geöffnet täglich 13–17 Uhr), Café Seegarten beim Lindner Hotel Wiesensee (geöffnet Sa, So 11–17 Uhr), Restaurant La Vera am Campingplatz Weiherhof (tägl. 11–22 Uhr geöffnet), Hof-Café Dapprich (geöffnet März bis Dez. Mi–So 14–17 Uhr, Feb. Sa, So 14–17 Uhr), Gasthaus Winner Kuckuck in Winnen (geöffnet Do–So 16.30–22 Uhr, So auch 11–14 Uhr, urige Dorfkneipe mit deutsch-arabischer Küche).
Karte: Kompass Wander- und Radkarte Westerwald Süd, 1:50.000.

Vom Parkplatz am südwestlichen Ufer des **Wiesensees** ❶ gehen wir auf *W2* und *IVV-PW* auf dem neben der Straße *K 52* entlanglaufenden Fußweg in Richtung Rennerod. Nach 300 m kommen wir auf der *Erwin-Bensing-Allee* vor dem Golfplatz links durch die große Hotelanlage und halten uns am Ende des Hotels beim Parkplatz links. Am Ende des Golfplatzes treffen

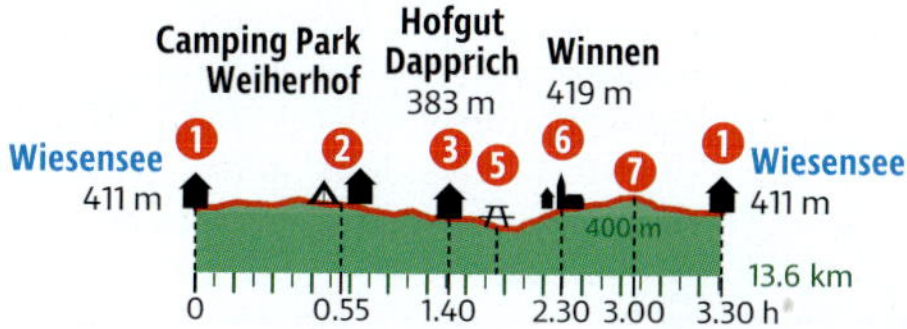

wir auf den *Adolf-Weiß-Weg (II)*, dem wir links durch ein Waldstück folgen. Danach biegen wir am Ende einer Wiese rechts ab. Nach dem Anstieg verlassen wir den *Adolf-Weiß-Weg* und gehen geradeaus 300 m auf *IVV-PW* weiter, bis wir am Waldrand auf den *Westerwaldsteig* treffen. Wir folgen diesem geradeaus und an der nächsten Abzweigung nach links, wandern am Südufer des **Großen Weihers** entlang und halten uns am **Camping Park Weiherhof** 2 rechts. Weiter auf dem *Westerwaldsteig* erreichen wir den danebenliegenden, kleineren **Streckweiher**. Da die beiden Weiher des gestauten Wiesbachs in der Nähe der Gemeinde Seck liegen, werden sie auch Großer und Kleiner Secker Weiher genannt. Nach dem kleinen Waldstück am Südende des Streckweihers gehen wir vor dem ehemaligen Kurhaus Waldesruh kurz links, dann rechts daran vorbei. Nun wandern wir die nächsten 500 m geradeaus auf dem *Westerwaldsteig* durch das Tal des Wesbachs. Wir halten uns dann bei den Fischteichen an der Wegkreuzung vor einer Pferdekoppel rechts, verlassen das Bachtal und wandern in Richtung der Anhöhe. Vor dieser gehen wir links auf dem Grasweg über die Wiese und kommen an **Seck** vorbei zur Straße *L 300*, die wir überqueren. Danach geht es geradeaus auf dem Wiesenweg weiter. Von hier haben wir einen schönen Blick auf Seck und sehen am Waldrand die weiße **Sankt-Michael-Josephs-Kapelle**.
Die 1059 erstmals erwähnte Fremdenverkehrsgemeinde Seck gehört zu den ältesten Siedlungen im Westerwald und ist seit dem 12. Jahrhundert

Der Große Weiher bei Seck.

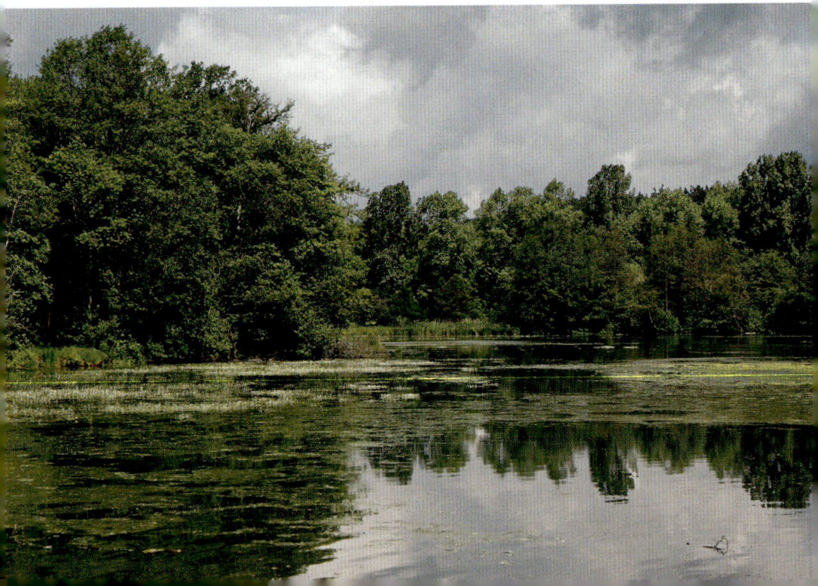

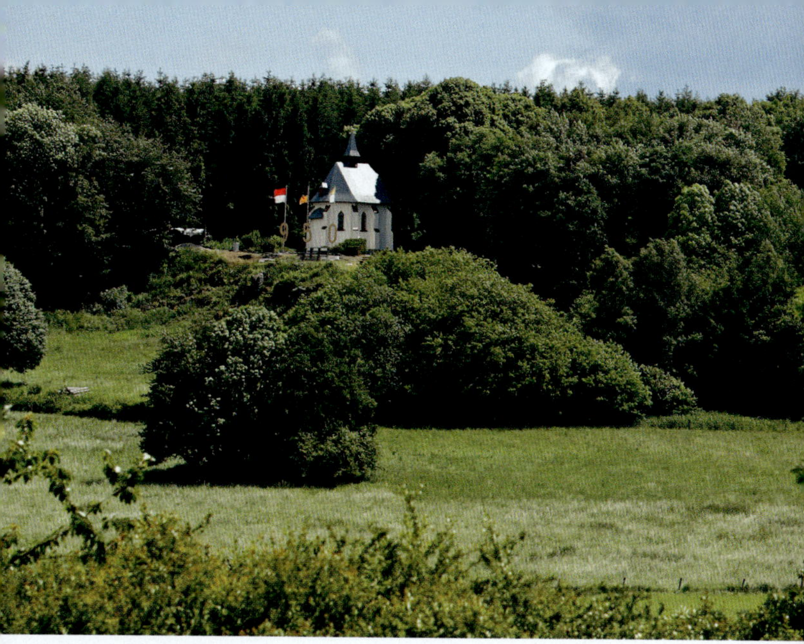

Sankt-Michael-Josephs-Kapelle.

Kirchspielort. Nördlich von Seck stand einmal das ebenfalls im 12. Jahrhundert gegründete Kloster Seligenstadt; heute erinnern nur noch ein Gedenkstein und ein paar Mauerreste an das im 15. Jahrhundert aufgegebene Kloster. Südlich von Seck erhebt sich auf dem 440 m hohen Beilstein die Sankt-Michael-Josephs-Kapelle. Die kleine Kapelle wurde 1903 erbaut und ist ein Ehrenmal für die Kriegsgefallenen.

Am Ende der Wiese gehen wir 50 m vor der Kläranlage rechts zum **Hofgut Dapprich** ❸. Wer möchte, kann hier in dem bereits 1212 erwähnten Hofgut im Hof-Café einkehren oder in einer der kleinen Blockhütten mitten in der Natur Ferien auf dem Bauernhof machen. Es lohnt sich auch, sich hier etwas umzusehen: In einem stillen Winkel steht ein alter, mit Blumen geschmückter Korb oder auf dem kleinen Platz ein alter Steinbrunnen. Wir wandern auf dem *Westerwaldsteig* weiter; auch die *Wäller-Tour Hohe Hahnscheid* verläuft hier. Am Ende des Hofguts überqueren wir den Holzbach auf einer alten Steinbrücke und gelangen rechts in die **Holzbachschlucht**. Neben dem Wanderweg liegt der kleine **Familienfriedhof** ❹ des Hofguts. Ein schmaler Fußweg führt uns hinunter zum Holzbach. Vor dem Steg wandern wir auf der linken Bachseite durch die wildromantische Schlucht. In dem urwaldartig anmutenden Naturschutzgebiet bleiben

umgestürzte Bäume liegen, vermodern und dienen Insekten und Baumpilzen als Lebensraum. Der schmale Pfad verläuft einige Meter oberhalb des Bachs, der moosbewachsene Basaltblöcke umspült. In der bewaldeten Schlucht wachsen viele Farne, Moose und andere, seltene Pflanzen feuchter Schluchtwälder wie das über einen Meter hohe, auch Mondviole genannte Wilde Silberblatt. Es blüht im Sommer blassviolett, seinen Namen aber hat es von den silbrig im Licht funkelnden Fruchtständen.
Am Ende der Schlucht verlassen wir den *Westerwaldsteig* und steigen auf der langen Treppe hinunter zu einem Steg, auf dem wir den Holzbach überqueren. Dahinter liegt rechts am Bachufer ein schöner **Rastplatz** 5. Wir wandern hinter dem Steg links aus der Schlucht hinauf zur Straße *L 302*, gehen hier 100 m links, dann scharf rechts auf dem bergauf führenden Waldpfad weiter. Hier treffen wir auch wieder auf den *Westerwaldsteig*. Beim Wasserreservoir kommen wir links am Sportplatz am Kahlenberg vorbei und halten uns am Ende des Sportplatzes rechts. Ein aussichtsreicher Feldweg führt uns nach **Winnen** 6. Vor der Straße *K 52* liegt am Ortsanfang der Rastplatz »Taunusblick« mit schöner Aussicht über Gemünden mit der Stiftskirche St. Severus (11. Jahrhundert) zu den Höhenzügen des Taunus. Wir verlassen den *Westerwaldsteig* und folgen rechts der *Kirchstraße* in den Ort bis zur *Westerburger Straße*, der *L 300*. Hier gehen wir 50 m links,

Aussicht auf Gemünden.

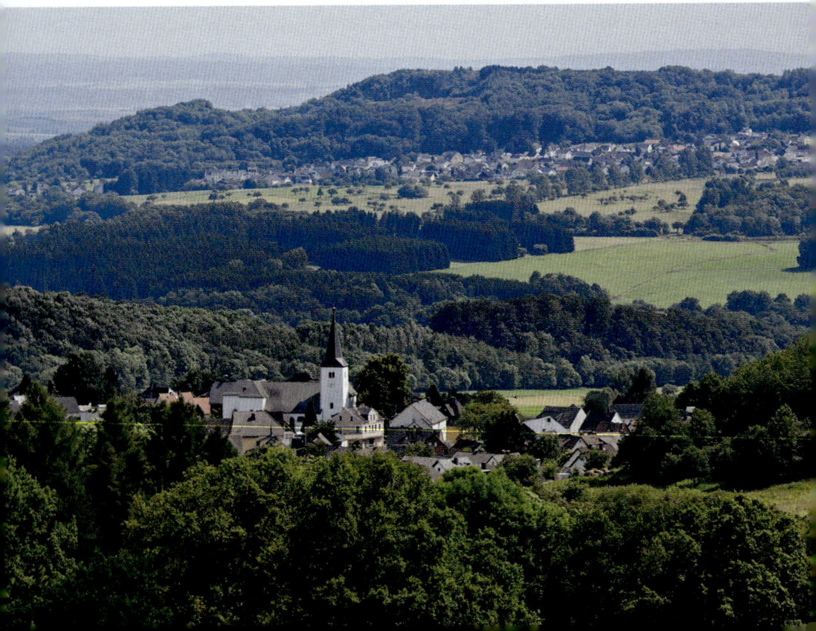

dann rechts auf der *Stuhllindenstraße* bis zur Firma Ferger Metallbau am Ortsende. Von dort wandern wir auf dem asphaltierten Feldweg (*Stiftsweg*) geradeaus, halten uns nach 250 m an der nächsten Weggabelung rechts und gehen auf dem asphaltierten *Adolf-Weiß-Weg (II)* 800 m über die Felder zum Waldrand. Danach macht der Weg im Wald eine Linkskurve und führt zum **Golfplatz** ❼.

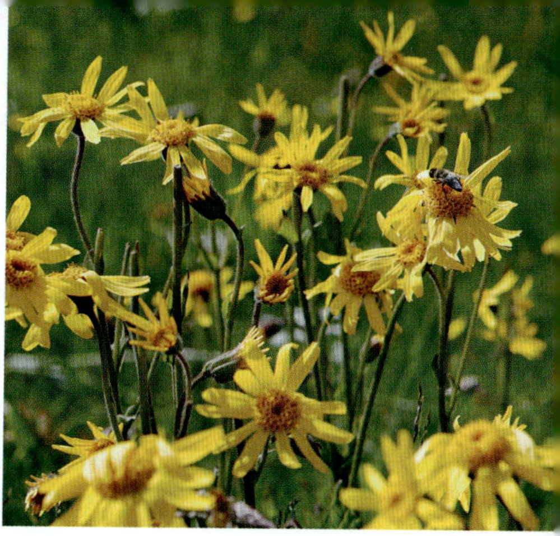
Arnika.

Nach 400 m treffen wir dann an der nächsten Weggabelung wieder auf den Anfang unserer Wanderung, gehen hier knapp 200 m rechts, dann 100 m links und an der Abzweigung links auf dem Grasweg durch das Seebachtal. Der Weg führt an Wiesen vorbei, auf denen im Sommer herrliche Blumen wie die Arnika blühen. Nach 650 m biegen wir nach rechts zum Seeufer ab und wandern auf dem Uferweg zurück zum Parkplatz am **Wiesensee** ❶.

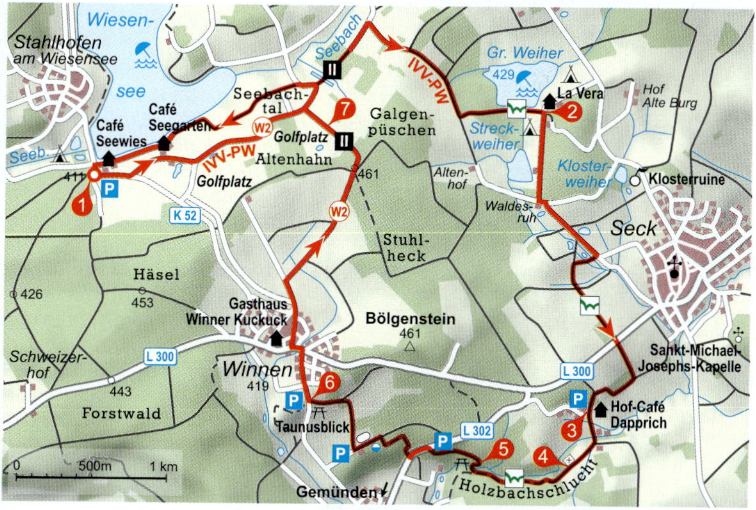

↗ 160 m | ↘ 160 m | 15.7 km

20 Von Limburg an der Lahn nach Diez

4.00 h

Limburger Dom, Fachwerkromantik und das Lahntal

In der Altstadt von Limburg an der Lahn stehen einige der ältesten und schönsten Fachwerkhäuser Deutschlands, die aus dem ausgehenden 13. Jahrhundert stammen. Damals verlief hier ein wichtiger Handelsweg von Köln nach Frankfurt, der dem Ort Wohlstand brachte. Der Dom St. Georg wurde zwischen 1215 und 1235 im romanischen und gotischen Stil erbaut. Zwei wuchtige Türme umrahmen ein zentrales Radfenster. Die prächtigen, restaurierten Wandmalereien im südlichen Querhaus und in der Vierung stammen noch aus seiner Entstehungszeit. Auf der gegenüberliegenden Seite des Domplatzes steht die aufwendig grundsanierte katholische Bischofsresidenz St. Nikolaus, bestehend aus dem prächtigen rotbraunen Fachwerkhaus Staffel (alte Vikarie), dem ehemaligen Domküsterhaus und dem modernen Neubau der mit schwarzem Basalt verkleideten Kapelle St. Maria. Auf dem Schlossberg über der malerischen Altstadt von Diez liegt das im 11. Jahrhundert von den Grafen von Diez erbaute Grafenschloss. Ihre Nachfolger begleiteten 1188 als Kaisertreue Kaiser Friedrich I. Barbarossa auf seinem letzten Kreuzzug. Den großen Besitz der mächtigen Grafen nannte man einst die »Güldene Grafschaft«. Heute sind in dem weiß getünchten Schloss die Grafenschloss-Jugendherberge und das Museum für Stadt- und Regionalgeschichte untergebracht. Etwas nördlich der Stadt errichteten Vorfahren der niederländischen Königin in der Nähe der Lahn im 17. Jahrhundert das Barockschloss Oranienstein, das heute der Bundeswehr gehört.

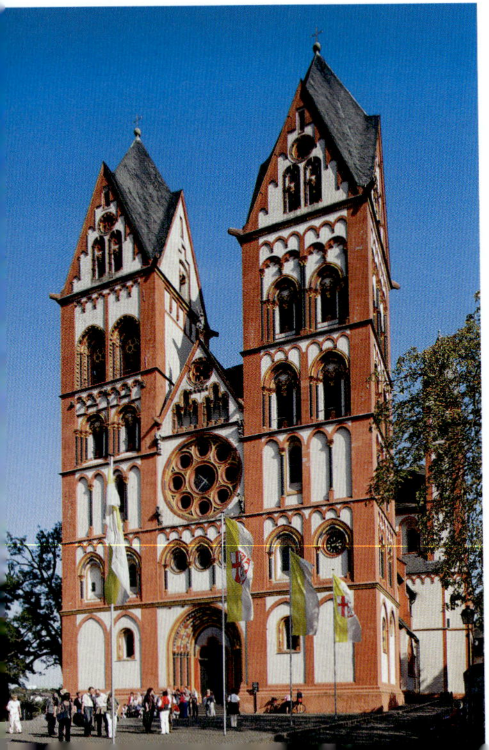

Limburger Dom St. Georg.

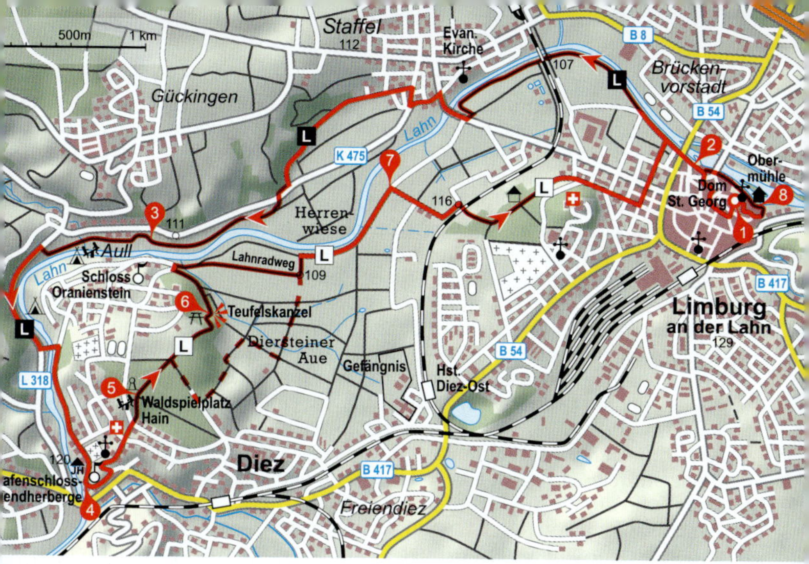

Ausgangspunkt: Limburger Dom. Bahnverbindung mit Frankfurt und Koblenz.
Markierung: L für den Lahnhöhenweg.
Anforderungen: Mittel, lange Wanderung auf bequemen Wegen. Zeit für den Altstadtbummel durch Limburg einplanen!
Einkehrmöglichkeit: Gaststätten in Limburg, darunter die Obermühle (Mo Ruhetag), sowie in Diez, Bistro im Grafenschloss.

Sehenswürdigkeiten: Museum Nassau-Oranien im Barockschloss Oranienstein in Diez (oranienstein.de). Marine-Heim-Museum, von Mai–Okt. jeden 1. und 3. Sonntag im Monat 10–13 Uhr geöffnet.
Karte: Wanderkarte 1:25.000 Limburg an der Lahn von NaturNavi.
Hinweis: Wegen Unwetterschäden ist der Weg über die Teufelskanzel bis auf Weiteres gesperrt. Eine Umleitung (siehe Karte) ist ausgeschildert.

Vom Dom St. Georg in **Limburg** ❶ steigen wir am Domplatz vor der katholischen Bischofsresidenz links auf der Domtreppe hinunter in die Altstadt. Am Ende der Treppe gehen wir auf der *Kolpingstraße* kurz rechts, dann links auf der *Bergstraße* am 1289 erbauten Fachwerkhaus Bergstraße Nr. 7 vorbei, einem der ältesten Deutschlands. Am Bischofsplatz bei der Stadtkirche steht am Eck das Haus Byron mit seiner großen Uhr. Nette Cafés laden hier zum Verweilen ein, doch wir wandern weiter durch die schmucke Altstadt mit ihren kleinen Läden. Vor dem Haus Byron gelangen wir rechts durch die *Barfüßerstraße* zum *Kornmarkt*, den wir überqueren, um rechts durch die *Salzgasse* zum *Fischmarkt* zu gehen. Von dort gelangen wir links in die *Fahrgasse*, die einmal die engste Stelle auf dem mittelalterlichen Handelsweg war. Wir kommen hier an reich verzierten Fachwerkhäusern

und dem Walderdorffer Hof vorbei, den Graf von Walderdorff, ehemaliger Fürstbischof zu Wien und Reichskanzler unter Leopold I., im Jahr 1665 erbauen ließ. Danach gelangen wir links auf dem *Lahnhöhenweg (L)* durch die *Löhrgasse* zum runden **Katzenturm** 2. Hier verlief früher die Stadtmauer. In dem Turm befindet sich das Marine-Heim-Museum. Wir gehen rechts um den Turm herum zur **Lahn**, wo wir einen schönen Blick auf die 1315 erbaute Lahnbrücke mit dem Brückenturm (1543) haben.
Nun folgen wir auf dem Philippsdamm dem *Lahnhöhenweg* (rechte Lahnseite, *weißes L auf schwarzem Grund*) und dem *Lahntalradweg* durch die naturbelassene Diersteiner Au nach Diez. Zunächst führt ein schmaler, asphaltierter Weg am Ufer der Lahn entlang. Vor Staffel gehen wir unter der Eisenbahnbrücke hindurch und wandern geradeaus entlang der Lahn weiter. Vor der nächsten Brücke halten wir uns kurz links und überqueren rechts auf dem *Limburger Weg* die Lahn. Am Ortsanfang von Staffel biegen wir links in die *Diezer Straße* ein, gehen nach 200 m rechts auf der *Wehlingstraße* durch das Wohngebiet und verlassen an deren Ende links auf der *Niederstaffeler Straße* den Ort. Der *Lahnhöhenweg* führt uns nun über die Felder und am Waldrand entlang nach Aull.
Am Ortsanfang von **Aull** 3 sehen wir links das Schloss Oranienstein auf der anderen Lahnseite liegen. Wir gehen auf dem *Lahnweg* geradeaus, halten uns vor dem Parkplatz beim Spielplatz links und wandern weiter auf dem Uferweg an der Lahn entlang. Am Ortsende gehen wir links entlang der *L 318 (Koblenzer Straße)* zur nächsten Lahnbrücke. Hier verlassen wir den *Lahnhöhenweg*, überqueren den Fluss und folgen rechts der *Oraniensteiner Straße* und der sich anschließenden *Pfaffengasse* zum *Alten Markt* in **Diez** 4. Hier erinnert der Säcker-Brunnen an die Tagelöhner, die früher die Getreidesäcke auf ihrem Rücken vom Schiff in den 500 m entfernten Fruchtspeicher schleppten. Über den Fachwerkhäusern erhebt sich das Grafenschloss. Wir gehen am Ende des *Alten Markts* links auf der *Altstadtstraße* geradeaus zur Treppe, auf der wir links auf den *Schlossberg* hinauf zum **Grafenschloss** steigen. Diese Treppe hat eine unrühmliche nationalsozialistische Vergangenheit, weil hier am 20. August 1935 41 Kinder aus dem israelitischen Waisenhaus auf dem Schlossberg hinunter zum Marktplatz geführt und deportiert wurden.
Vom Grafenschloss wandern wir rechts auf der *Schlossbergstraße* auf dem *Lahnhöhenweg* (linke Lahnseite, *schwarzes L auf weißem Grund*) leicht

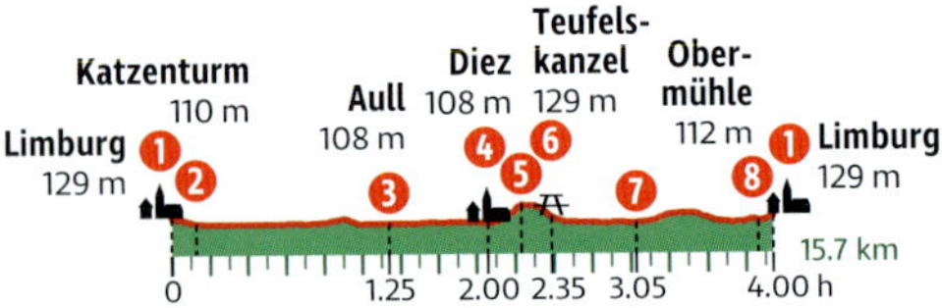

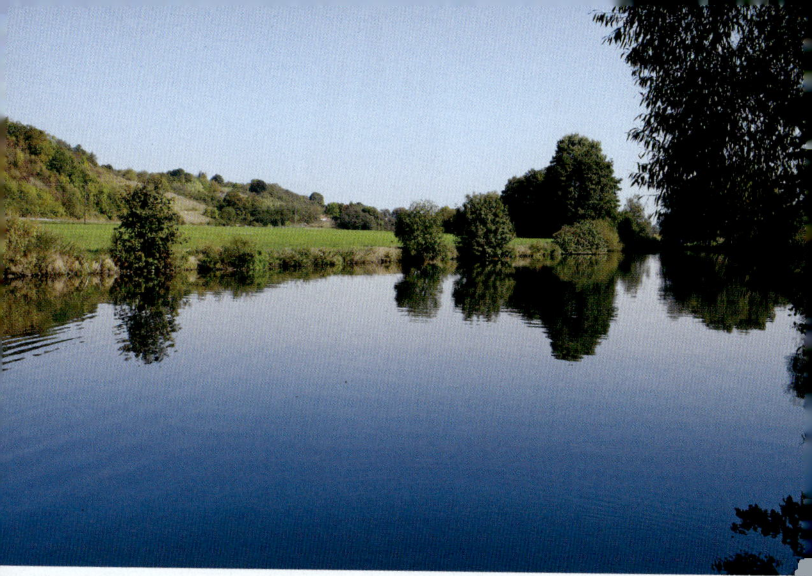

An der Lahn.

bergauf am Amtsgericht vorbei. Beim Krankenhaus kommen wir geradeaus zum Wald. Dort passieren wir ebenfalls geradeaus das Umspannhäuschen und folgen dem Waldweg zum **Waldspielplatz Hain** ❺. Am Gedenkstein überqueren wir leicht rechts den Spielplatz und wandern auf dem breiten Forstweg und später geradeaus auf der *Kastanienallee* weiter. Dort, wo der Waldweg einen scharfen Rechtsbogen macht, steht der »Bubenbaum« , der wohl wegen seiner Form so genannt wird. An der nächsten Abzweigung halten wir uns kurz rechts und gehen danach gleich links auf dem Hangweg zur **Teufelskanzel** ❻ mit Rastplatz. Der Wanderweg führt oberhalb der Kanzel weiter und nach 50 m rechts ins Tal. Hier steht die »Felsenbuche«.

Wir passieren die »Dicke Buche« und treffen im Tal am Ende des eingezäunten Militärgeländes um Schloss Oranienstein, wo auch die Grenze zwischen Rheinland-Pfalz und Hessen verläuft, auf den *Lahnradweg*. Diesem und *L* folgen wir nun rechts die nächsten 1,8 km über die Felder und an der Lahn entlang bis zu einer **Abzweigung** ❼. Dort gehen wir vor der Stromleitung rechts auf dem Zufahrtssträßchen (*Schirlinger Feld*) zur Gärtnerei, dahinter links am Bahndamm entlang, bis wir rechts die Bahnlinie überqueren können. Der *Lahnhöhenweg L* leitet uns geradeaus an den Kastanienbäumen vorbei in den kleinen Wald. Nach 250 m biegen wir an der Wegspinne nach links auf den zweiten Weg ab (Schotterweg, *L*). Nach einer Schutzhütte folgen wir geradeaus dem schmalen, asphaltierten Weg.

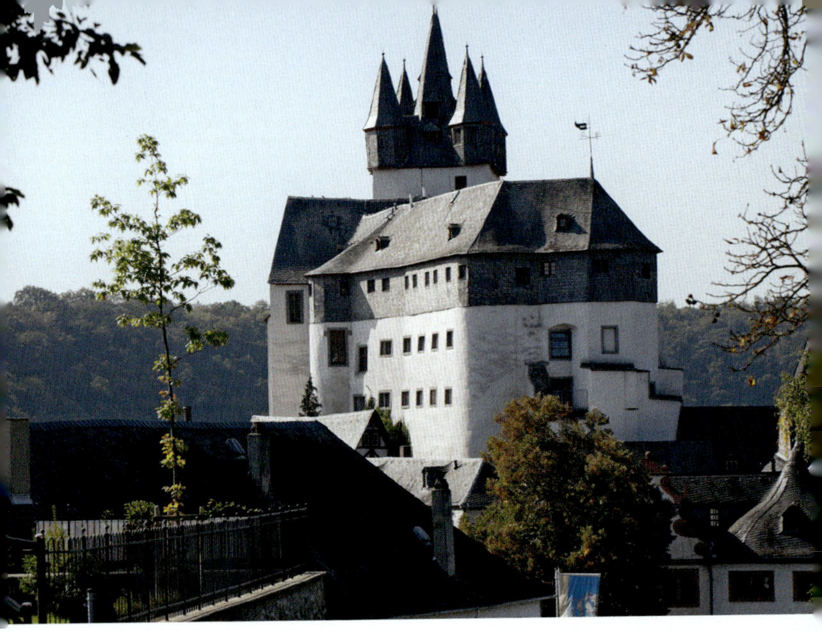

Grafenschloss in Diez.

Beim jüdischen Friedhof erreichen wir wieder **Limburg an der Lahn** und wandern auf der *Beethovenstraße* und der *Ludwig-Corden-Straße* geradeaus durch das Wohngebiet bis zur Abzweigung der Straße *Am Zehntstein*. Hier folgen wir dem Fußweg geradeaus und am Ende beim Amtsgericht der *Walderdorffstraße* links zum *Philippsdamm* an der **Lahn**. Wie auf dem Hinweg gehen wir hier rechts zum runden **Katzenturm** 2, daran vorbei, hinter dem Gebäude kurz links und rechts auf dem Weg *Am Steiger* immer geradeaus entlang der Lahn bis zur **Obermühle** 8. Als Stiftsmühle wurde sie 1237 erstmals urkundlich erwähnt. Sehenswert ist das restaurierte, 16,9 Tonnen schwere Mühlrad, das 4 m breit ist und einen Durchmesser von 5,6 m hat. Heute produziert das Mühlrad Strom. Die Obermühle ist eine empfehlenswerte Einkehrmöglichkeit mit einem schön gelegenen Biergarten auf der vorgelagerten Farbmühlinsel.
Hinter der Obermühle gelangen wir jeweils rechts auf den Wegen *Am Huttig, Roßmarkt* und *Mühlberg* hinauf auf den Domberg zum Schloss Limburg und wieder zum Dom St. Georg in **Limburg** 1. Das trutzige Schloss Limburg wurde ursprünglich um 800 als Felsenburg über der Lahn erbaut, um am Lahnübergang die alte Handelsstraße zu sichern. Ab dem 13. Jahrhundert erfolgte der Umbau der Burg zu einem Schloss. Heute gehört es der Stadt und wird für kulturelle Veranstaltungen genutzt.

↗ 130 m | ↘ 130 m | 5.1 km

1.30 h

Vom Herthasee nach Maria Ruh

Zum Lieblingsplatz einer Horhauser Bürgerin

In Horhausen lebte Ende des 19. Jahrhunderts eine Frau namens Maria. Sie stammte aus einer Frankfurter Generalsfamilie und hatte sieben Kinder. Ein Aussichtspunkt, den sie besonders liebte, wurde nach ihr benannt. Wir wandern vom Herthasee, einem Badesee und Feuchtbiotop, dorthin. Ende des 19. Jahrhunderts fand man nördlich des Herthasees keltische Hügelgräber, deren bedeutendstes das Urnengrab eines keltischen Fürsten war. Die archäologischen Fundstücke, Achsen eines vierrädrigen Streitwagens aus Bronze und Eisen, Tonscherben aus der Zeit der Kelten um 500 v. Chr., eine Schnabelkanne aus Bronze, Beschläge von Pferdezaumzeug und ein Armreif und Fingerring aus Gold, befinden sich heute im Museum von Schloss Waldeck am Edersee.

Ausgangspunkt: Wanderparkplatz Holzappel-Herthasee (gebührenpflichtig). Bus Linie 560 Laurenburg–Diez zur Haltestelle Herthasee.
Markierung: Grüne 6, Kirchenweg.
Anforderungen: Gering.
Einkehrmöglichkeit: PizzaRama am Minigolfplatz südlich des Herthasees (geöffnet Okt.–März Do–So 17–21 Uhr, im Sommer erweiterte Öffnungszeiten).
Sehenswürdigkeiten: Der 6 ha große und bis zu 10 m tiefe Herthasee, einst als Stausee zur Wasserversorgung der Grube Holzappel angelegt, ist heute ein Freizeitsee, ein Naturfreibad (Eintrittsgebühr) und ein Laichgewässer für Erdkröten. Auch Fledermäuse wie der Große Abendsegler, die Wasser- oder Zwergfledermaus kommen hier vor. Von 1751 bis 1952 wurde in der Erzgrube Holzappel, die zeitweise das tiefste Bergwerk Deutschlands war, Blei-, Silber-, Zink- und Kupfererz abgebaut.
Karte: Wanderkarte 1:25.000 Limburg an der Lahn von NaturNavi.

Vom Parkplatz am **Herthasee** ❶ folgen wir auf *grüner 6* dem *Kirchenweg* und gehen am Sportplatz vorbei. Unser Weg führt geradeaus durch den Wald, an der ersten Kreuzung halten wir uns links und gehen am Waldrand entlang. Nördlich davon entdeckte man vier keltische Hügelgräber, darunter das Urnengrab eines Keltenfürsten. Von den Gräbern ist heute nichts mehr zu sehen. Am Ende des Walds biegen wir nach links in die *Schulstraße* ab und wandern geradeaus nach **Horhausen**. Der Ort wurde erstmals 1345 als Horhusen, »Häuser am Sumpf«, erwähnt, deren Bewohner vom Weidenflechten lebten. Wir überqueren die *Hauptstraße* und gehen auf der *Ortsstraße* bis zu deren Ende ❷. Hier sprudelt am

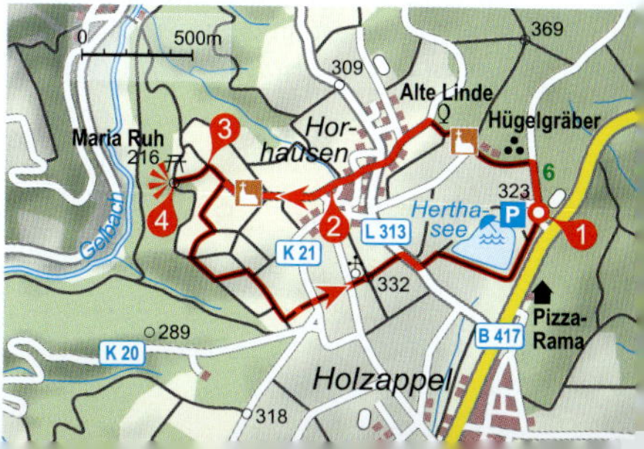

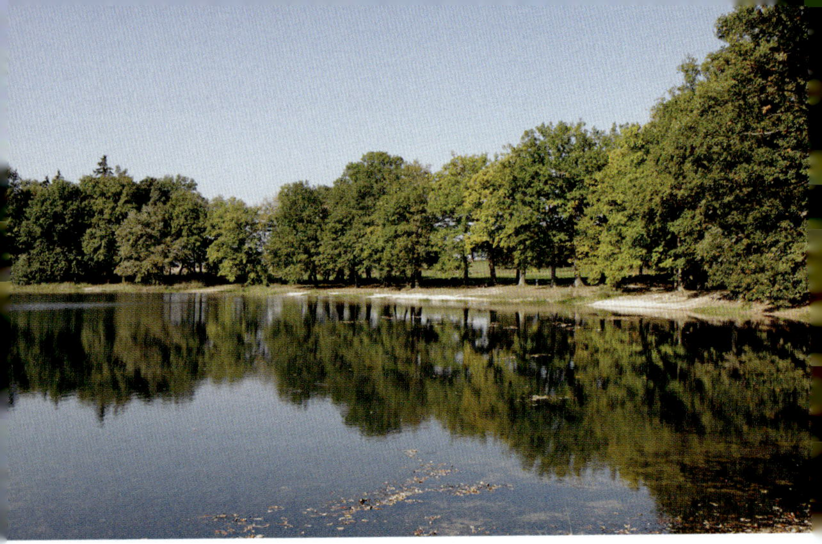

Der Herthasee: im Sommer ein beliebter Badesee.

Fuß einer 700-jährigen Linde der Lindenbrunnen, der von den einstigen Weidenflechtern angelegt wurde. Sein Brunnengewölbe zählt zu den ältesten Bauten im Ort. Wir wandern auf dem sich anschließenden *Salzweg* aus dem Dorf.

Am Ortsende führt ein aussichtsreicher Weg geradeaus über die Felder. Vor dem einzeln stehenden **Apfelbaum** 3 gehen wir links nach **Maria Ruh** 4, einer Felskanzel mit Rastpavillon und herrlicher Aussicht in das bewaldete Gelbachtal und nach Kirchenähr. Wir kehren zum **Apfelbaum** 3 zurück, gehen hier auf dem Weg, auf dem wir gekommen sind, rechts und am nächsten Weg wieder rechts. Kurz darauf biegen wir rechts auf den Wiesenweg ab, der am Hochsitz vorbei zum Wald und links am Waldrand entlangführt. Hinter der Hochspannungsleitung gehen wir links über das Feld. Beim nächsten querenden Weg halten wir uns rechts. Nach 250 m gehen wir kurz vor der Straße *K 20* links bergauf zur Straße *K 21*, die wir überqueren. Wir sehen links die Friedhofskapelle und wandern geradeaus auf dem Feldweg, dem *Halfterweg*, unter der Hochspannungsleitung hindurch zur Straße *L 313*. Auf dieser gehen wir 100 m rechts und folgen links dem Feldweg bis zum eingezäunten **Herthasee**. Davor gelangen wir rechts auf dem Feldweg am See entlang zur Straße *B 417*, vor der wir links am Naturfreibad vorbei zurück zum Parkplatz am **Herthasee** 1 wandern.

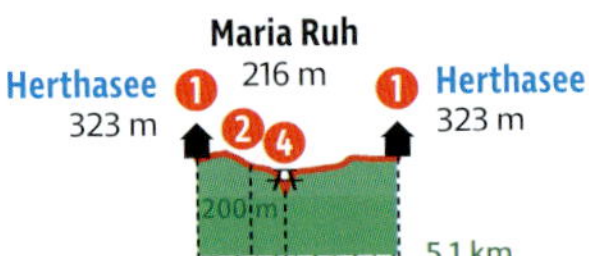

↗ 230 m | ↘ 230 m | 8.2 km

2.30 h

Rund um den Wild- und Freizeitpark Westerwald

22

Gelbachtal und Buchfinkenland

Das Gelbachtal ist ein romantisches, von herrlichen Wäldern umrahmtes Seitental der Lahn. Die Gegend um Gackenbach wird auch Buchfinkenland genannt, weil in dem waldreichen Gebiet viele Buchfinken und andere Singvögel vorkommen. Der 64 Hektar große Wild- und Freizeitpark Westerwald liegt in einer Talmulde südlich des Orts. Hier kann man auf bequemen Rundwegen heimisches Wild, aber auch Braunbären und Wisente beobachten und als besondere Attraktion ein Pärchen Sibirischer Uhus – mit einer Flügelspannweite von 1,7 Metern die größte Eulenart der Welt.

Ausgangspunkt: Wild- und Freizeitpark Westerwald, Zufahrt von Gackenbach, gebührenpflichtiger Parkplatz. Bus Linie 458 von Montabaur nach Gackenbach (Mo–Fr), dort Toureinstieg.
Markierung: 2, 4, B1, 4a, 4.
Anforderungen: Gering, gute Wald- und Feldwege.
Einkehrmöglichkeit: Kiosk Waldcafé im Wild- und Freizeitpark, derzeit geschlossen (siehe unten).
Sehenswürdigkeiten: Wild- und Freizeitpark Westerwald (mit 400 m langer Sommerrodelbahn) wegen Sturm- und Unwetterschäden bis auf Weiteres geschlossen.
Karte: Wanderkarte 1:25.000 Limburg an der Lahn von NaturNavi.

Gackenbach.

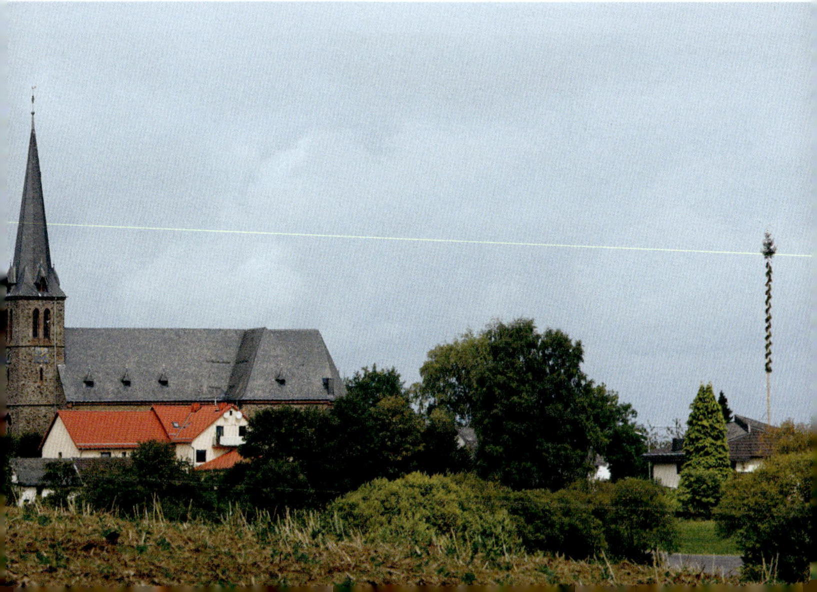

Vor dem Parkplatz des **Wild- und Freizeitparks Westerwald** ❶ gehen wir 200 m auf dem asphaltierten Wirtschaftsweg an der Hochspannungsleitung entlang über das Feld und biegen dann nach links auf den am Waldrand entlangführenden Weg ab. Am Ende des Felds nehmen wir nach dem **Rastplatz am Marienbild** ❷ den linken der beiden geradeaus verlaufenden Waldwege. Auf diesem wandern wir im Wald 400 m geradeaus bis zur nächsten Gabelung, an der wir links auf dem *Nordic-Walking-Weg 2* ins Tal gelangen. Der Weg macht anschließend einen Rechtsbogen, nach knapp 200 m biegen wir an der zweiten Abzweigung scharf links ab. Hier liegt ein schöner **Rastplatz** ❸ mit herrlicher Aussicht in das bewaldete Seelbachtal. Nun folgen wir im Wald oberhalb vom Seelbachtal der Forststraße (4 und B1) ins Gelbachtal, wobei wir die nächsten 400 m geradeaus wandern. Dann macht die Forststraße einen Linksbogen. Nach 400 m biegen wir an einer Abzweigung ❹ nach rechts ab und gehen hinunter zur *Gelbachstraße*, der *L 325*. Auf dieser gehen wir 200 m rechts und überqueren dann links den **Gelbach** ❺.

Nach der Brücke wandern wir links 2,3 km auf dem schattigen Waldweg (Markierung *4a*) durch das Gelbachtal. Auf der Höhe von Kirchähr, dessen Häuser wir auf der anderen Talseite sehen, verlassen wir die breite Forststraße und gehen links ins Tal. 200 m weiter, wo es rechts zum beschilderten Aussichtspunkt Maria Ruh geht, verlassen wir auch die Markierung *4a* und überqueren links den Gelbach auf dem Holzsteg. In dem alten Pfarrort **Kirchähr** ❻ überqueren wir unterhalb der Jugendbegegnungsstätte

Wanderweg im Gelbachtal bei Dies.

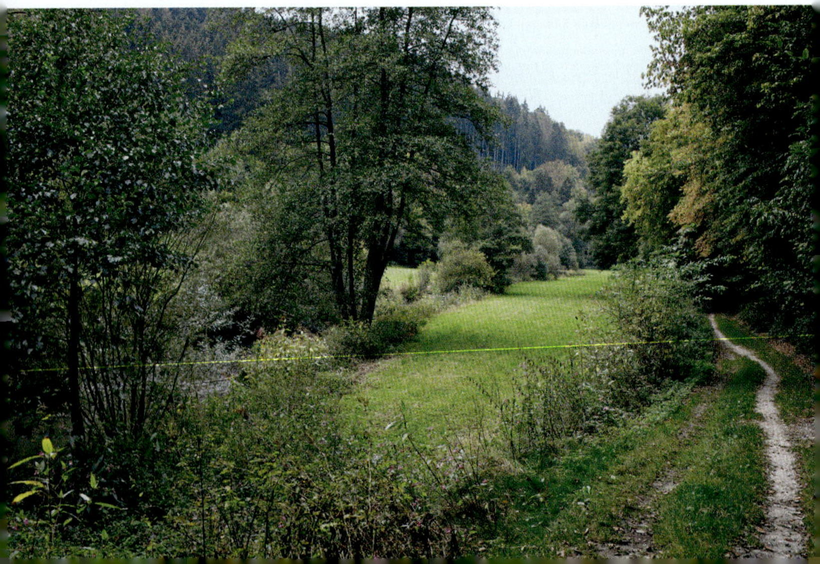

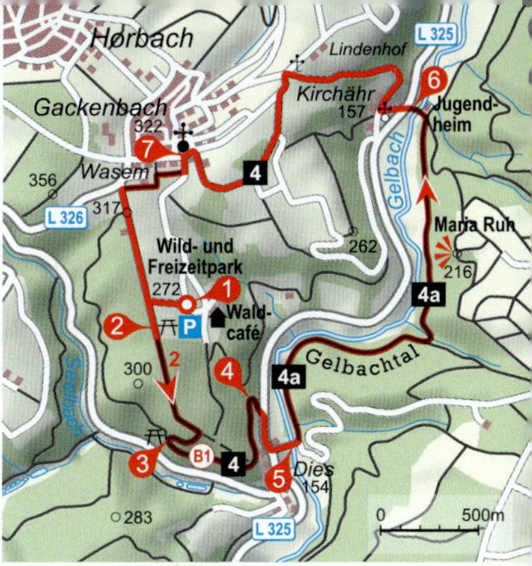

Karlsheim des Bistums Limburg an der Ampel die Straße *L 325* und gehen neben dieser kurz links bis zum Buswartehäuschen.

Dort orientieren wir uns am *Wanderweg 4* und gelangen auf der Straße *Am Jugendheim* zu der kleinen katholischen Kirche St. Bartholomäus und St. Sebastian. Die Nordwand des Kirchenschiffs und der Turm sind romanisch und stammen aus dem 12. Jahrhundert In der Gotik (13. Jahrhundert) wurden der Chor, die Sakristei und Teile des Südschiffs angebaut. Im Innern sind eine gotische Madonna mit dem Jesuskind (um 1500) und spätgotische Fresken sehenswert. Hinter der Kirche verlassen wir rechts auf dem *Totenweg* den Ort und wandern nach dem alten Pfarrhaus (heute Karlsheim) im Wald in einem Linksbogen um den Bauernhof. Nach dem Anstieg erreichen wir an der Straße nach Gackenbach neben einem Bildstock einen Rastplatz, von dem wir eine schöne Aussicht über den Lindenhof und auf Gackenbach haben.

Wir folgen der Straße 100 m links und biegen dann bei den Bäumen links in den Feldweg ein. Auf diesem aussichtsreichen Höhenweg gelangen wir über die Felder nach Gackenbach im Buchfinkenland. Dazu halten wir uns am Ende der Wiese rechts, gehen durch das Wäldchen und danach geradeaus entlang der Baumreihe weiter. Nach dem Rechtsbogen des Wegs treffen wir in **Gackenbach** 7 auf die *Kirchstraße* und gehen auf dieser 50 m links bis zur 1879–1884 im neugotischen Stil erbauten Kirche St. Bartholomäus und St. Sebastian mit ihrem 40 m hohen Kirchturm. In der Kirche sind eine spätgotische Pieta aus dem Jahr 1486 und barocke Heiligenfiguren sehenswert, die aus der Kirche von Kirchähr stammen.

Nun halten wir uns an der *Wildparkstraße* erneut links. Nach 100 m biegen wir rechts in die Straße *Unter dem Wasem* ab, gehen vor dem Firmengebäude links und dahinter rechts zur *Waldstraße (L 326)*. Vor dieser wandern wir links auf dem Wirtschaftsweg in Richtung Grillhütte Gacho-Klause (*Weg Nr. 4*). Nach 150 m verlassen wir am Waldrand die Markierung 4 und gehen geradeaus auf dem am Waldrand entlangführenden Wirtschaftsweg bis zur Abzweigung bei der Stromleitung, an der wir links wieder zum **Wild- und Freizeitpark Westerwald** 1 gelangen.

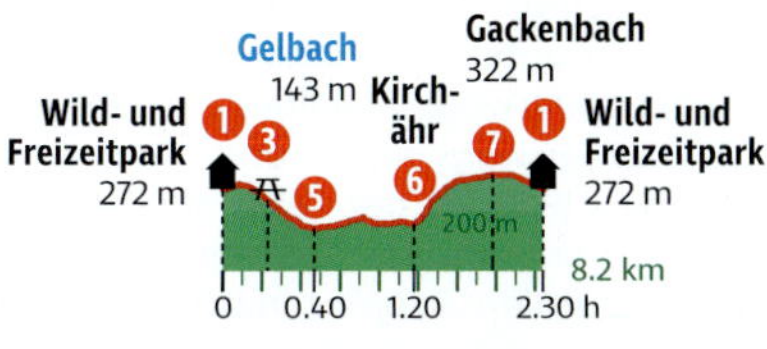

TOP

23 Von Obernhof nach Weinähr

↗ 240 m | ↘ 240 m | 8.4 km

2.30 h

Ein Kloster über dem Lahntal

Auf dieser Wanderung sind wir hoch oberhalb des Lahntals unterwegs. Vom Weindorf Obernhof an der Lahn geht es hinauf zum Kloster Arnstein, das seit 2019 von einem Verein zur Förderung orthodoxen Mönchstums in Deutschland geführt wird und sich »Heiliges Kloster Dionysios Trikkis & Stagon« nennt. Auf einem Waldweg wandern wir oberhalb der Lahn wieder talwärts und genießen auf der anderen Flussseite die schöne Aussicht von der Hohen Lay. Durch den Wald gelangen wir dann auf dem Lahnhöhenweg ins Gelbachtal bei Weinähr und kehren nach Obernhof zurück.

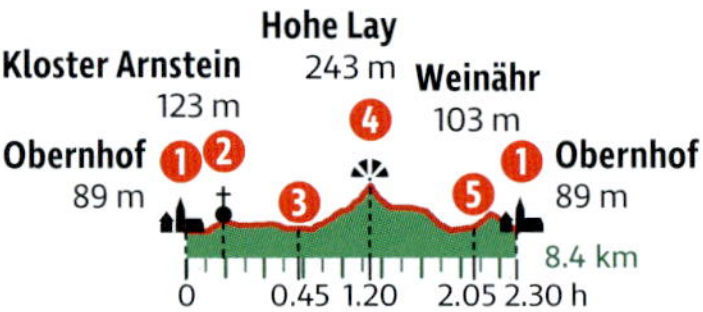

Ausgangspunkt: Lahnbrücke Obernhof. Zug RB 23 Koblenz–Limburg nach Obernhof.
Markierung: Europäischer Fernwanderweg 1 (weißes Kreuz), Jakobsmuschel, N5, L, 4.
Anforderungen: Mittel. Mehrere An- und Abstiege.
Einkehrmöglichkeit: Weinstube Haxel in Obernhof, Arnsteiner Str. 2 (Brotzeit, Getränke, geöffnet Mi–Fr 15–22 Uhr, Sa 13–22 Uhr, So 12–22 Uhr), Kaffee und Kuchen im Klosterladen Arnstein (geöffnet Mo–Fr 11–15.30 Uhr, Sa, So 11–16 Uhr).
Sehenswürdigkeiten: In Obernhof mit seinen sehenswerten Fachwerkhäusern aus dem 18. Jh., an denen manch altes Winzermotiv zu entdecken ist, wird seit dem 12. Jh. Wein angebaut. Vor allem Spätburgunder-, Müller-Thurgau- und Rieslingtrauben werden hier gekeltert. Auf einem Felsen oberhalb des Lahntals ließen die Grafen von Arnstein Mitte des 11. Jhs. ihre Stammburg erbauen. 1139 wandelte der letzte Graf von Arnstein die Burg in ein Prämonstratenserstift um, wirkte dort als Laienbruder und übereignete seinen gesamten Besitz der Kirche. Mitte des 14. Jh. wurde die dreischiffige romanische Basilika fertiggestellt. Im Innern gibt es Grabmäler aus dem Mittelalter und dem Barock, darunter das der Lütticher Familie Marioth, die den Bergbau im Westerwald und im Lahntal begründete. Auch in Weinähr wird seit Jahrhunderten Wein angebaut, nachdem sich Moselwinzer hier niedergelassen haben. Ein hübscher Fachwerkhäuserkomplex gruppiert sich um das Rathaus (16. Jh.).
Karte: Wanderkarten 1:25.000 Limburg an der Lahn und Rheinwandern 3 Koblenz von NaturNavi.

In **Obernhof** ❶ überqueren wir auf der Lahnbrücke den Fluss und kommen dahinter unter der Bahnlinie hindurch. Die Markierungen des *Europäischen Fernwanderwegs 1 (weißes Kreuz auf schwarzem Grund)* und die *Muschel* des *Jakobswegs* leiten uns. 50 m weiter folgen wir rechts der *Arnsteiner Straße* oberhalb der Lahn an der Weinstube Haxel vorbei. Beim Freizeitheim Klostermühle überqueren wir den Dörsbach und wandern auf der *Pater-Damian-Straße* hinauf zum **Kloster Arnstein** ❷. Am Weg steht die

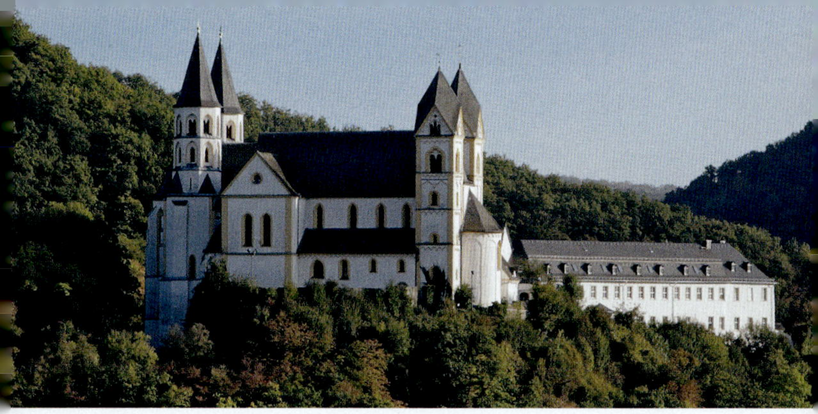

Kloster Arnstein.

Ruine der romanischen Margarethenkirche, die Anfang des 12. Jahrhunderts von den Grafen von Arnstein unterhalb ihrer Burg als Grablege errichtet wurde. Sie war einmal die Mutterkirche von 72 Kapellen und Kirchen im Taunus und Westerwald. Anfang des 19. Jahrhunderts verfiel die einst bedeutsame Kirche. Vom Kloster Arnstein bietet sich ein schöner Ausblick ins Lahntal und hinüber zum Schloss Langenau, der Wasserburg, die an der Mündung des Gelbachs in die Lahn liegt.

Nach Besichtigung der Klosterkirche biegen wir vor dem Parkplatz nach rechts ab. Das *weiße Kreuz* leitet uns oberhalb des Lahntals durch den Wald. Während der nächsten knapp zwei Kilometer folgen wir einem asphaltierten Weg und erkennen am anderen Lahnufer Schloss Langenau. Vor der Linkskurve des Wegs liegt ein aussichtsreicher Rastplatz mit Blick hinüber zum Schloss Lahnstein und zurück auf Kloster Arnstein. Nun wandern wir wieder hinab ins Lahntal. Wir verlassen den Wald und gehen zwischen dem Waldrand und einem Feld weiter. Im Tal erreichen wir die **Schleuse Hollerich** **3**, an der wir hinter der Schleusenkammer den Kanal der Lahn überqueren.

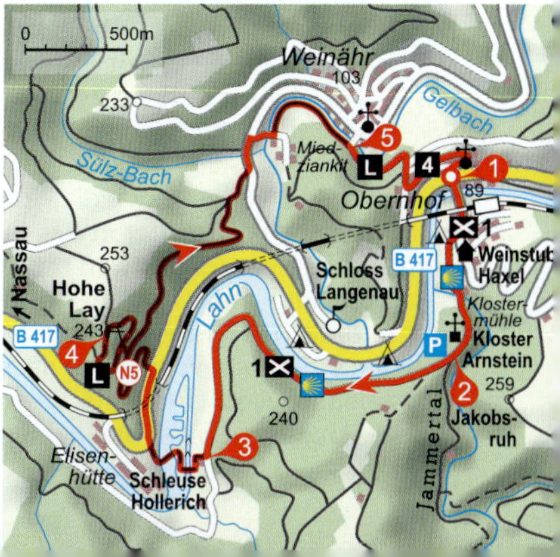

Auf dem Wehrsteg geht es über die Lahn und danach sich rechts haltend über die *Bundesstraße 417*. Nun folgen wir dem Weg *N 5* bergauf und befinden uns auf dem Rundwanderweg von der Schleuse nach Weinähr. Nach der zweiten Kehre treffen wir an der nächsten Weggabelung auf den *Lahnhöhenweg* (*L*). Diesem fol-

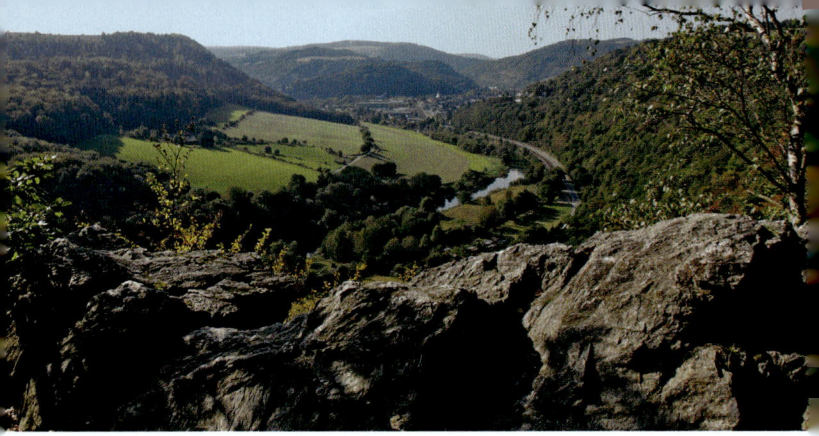

Blick von der Hohen Lay ins Lahntal.

gen wir etwa 80 m nach links bergauf bis zur nächsten Abzweigung, wo wir das *L* wieder verlassen. Hier wandern wir rechts (Beschilderung nach Nassau) in einem Bogen durch den Wald hinauf zur **Hohen Lay** ❹, einem aussichtsreichen Felsen mit überdachtem Rastplatz.

Nachdem wir die Aussicht genossen haben, wandern wir vom Aussichtspunkt kommend vor dem Felsen auf dem Pfad scharf links bergab. Nach etwa 150 m Abstieg treffen wir an einer Abzweigung wieder auf den *Lahnhöhenweg*. Diesem folgen wir nach links, wo wir nach 250 m wieder auf den Hinweg treffen. Wir gehen an dieser Abzweigung 80 m rechts bergab und lassen uns dann vom *Lahnhöhenweg* links weiter hoch über dem Lahntal nach **Weinähr** leiten. Nach 1,6 km trifft der Wanderweg südlich von Weinähr im Gelbachtal auf die Straße *L 325*, die *Hauptstraße*. Wir überqueren links haltend die Straße, verlassen den *Lahnhöhenweg* und gehen rechts über die Gelbachbrücke. Auf dem freien Platz dahinter, auf dem heute Autos parken, stand bis zur Weltwirtschaftskrise 1931 eine Sprengstofffabrik, die Miedziankit – einen im Bergbau verwendeten Sprengstoff aus Kaliumchlorat und Petroleum – herstellte.

Wir gehen gleich hinter der Brücke links auf dem Weg *Nr. 4* weiter. Dieser führt durch eine Allee am Gelbach entlang. An der **Brücke** ❺ über den Gelbach von 1898 verlassen wir die 4 und das Bachtal wieder. Wer möchte, kann hier links einen Abstecher in das hübsche Dorf machen. Wir folgen ab hier dem *L* auf einem Asphaltweg rechts bergauf. Nach dem Anstieg halten wir uns rechts und verlassen *L*. Auf der *Alten Poststraße* wandern wir geradeaus und sind nach 150 m wieder auf der 4 unterwegs. Wir folgen dieser Markierung links auf dem *Neuen Weg* nach Obernhof bergab. Am Ende des langen Wegs biegen wir scharf rechts ab in die *Borngasse*, kommen hier an schönen Fachwerkhäusern vorbei und kehren zur Lahnbrücke in **Obernhof** ❶ zurück.

↗ 340 m | ↘ 340 m | 9.6 km

3.00 h

Von Dausenau zum Gickelsturm

24

Das Lahntal und der Naturpark Nassau

Dausenau an der Lahn hat sein mittelalterliches Stadtbild erhalten. 1432–1434 wurde das Alte Rathaus erbaut. Es ist nach dem nur zwei Jahre älteren Esslinger Rathaus das zweitälteste spätgotische Fachwerk-Rathaus Deutschlands. Hier soll sich Ulrich von Hutten mit Franz von Sickingen getroffen haben, um ihn für die Reformation zu gewinnen. Nachdem der Ort 1348 die Stadtrechte erhalten hatte, wurde bis 1359 zum Schutz der Bewohner eine Stadtmauer errichtet, die stellenweise in den Hang oberhalb der Häuser hineingebaut wurde. Sie hatte ursprünglich acht Türme und sieben Pforten. Bis heute erhalten geblieben sind ein etwa ein Kilometer langer Abschnitt der Stadtmauer und der bereits ziemlich verfallene Ackertsturm (ehemaliger Wohnturm), der Fuhrsturm, der Katzenturm, der Christiansturm, der Drehersturm, der 18 Meter hohe Torturm (ehemaliger Zollturm) und der 16 Meter hohe Schiefe Turm – der stärkste Turm der Stadtbefestigung. Mit einer Neigung von 5,22 Grad zählt er zu den schiefsten Türmen der Welt.

Ausgangspunkt: Parkplatz südlich der Lahnbrücke in Dausenau (gegenüber Lahntalhalle). Zug RB 23 Koblenz–Limburg nach Dausenau.
Markierung: L, W, H4, blaues Dreieck in gelbem Fünfeck, L.
Anforderungen: Mittel, überwiegend gute Wege, mehrere An- und Abstiege.
Einkehrmöglichkeit: Pizzeria Roma in Dausenau, Hallgarten 16 (geöffnet Mi–So 12–15 Uhr und 17–22 Uhr, Di 17–22 Uhr, Mo Ruhetag).
Karte: Wanderkarte 1:25.000 Rheinwandern 3 Koblenz von NaturNavi.

Dausenau an der Lahn.

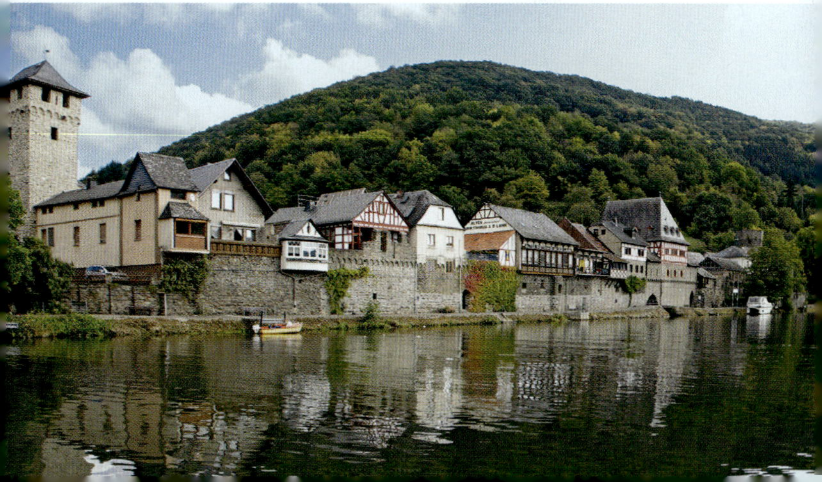

Unsere Wanderung beginnt mit einem visuellen Highlight: Wenn wir vom Parkplatz in **Dausenau** ❶ die Lahn auf der neuen Brücke überqueren, blicken wir gleich auf die Schokoladenseite der Stadt. Von hier wirkt der Ort mit seiner mittelalterlichen Stadtmauer, den Fachwerkhäusern, dem alles überragenden Alten Rathaus, Durchlässen und zwei markanten Türmen besonders malerisch. Und auf einem Felsen über dem Ort thront die evangelische St. Kastor-Kirche (14. Jahrhundert), deren Turm um 1179 errichtet wurde und von einer älteren romanischen Vorgängerkirche stammt. Im Inneren der Kirche sind Fresken und Reste der ursprünglichen Ausmalung erhalten. Hinter der Lahnbrücke folgen wir rechts der am Lahnufer entlangführenden Promenade. Wir kommen an der hohlen, über 1000 Jahre alten, historischen Gerichtseiche vorbei, deren Wurzeln bis in die Lahn reichen. Oberhalb davon steht der Torturm. Der Weg, auf dem einst die Pferde der Treidler die Schiffe auf der Lahn zogen, führt uns entlang der Stadtmauer zur Fischbachspforte unterhalb des ehemaligen Wirtshauses an der Lahn, der historischen Herberge der Fuhrleute und Schiffer. Danach kommen wir zum Durchlass des Unterbachs, einer weiteren Pforte, die mit einem Fallgitter verschlossen werden konnte und können an der Mauer beim Alten Rathaus Hochwassermarken entdecken. An der wiederaufgebauten spitzbogigen Pforte daneben legte bis 1902 die Fähre an – bis eine

Burg Nassau.

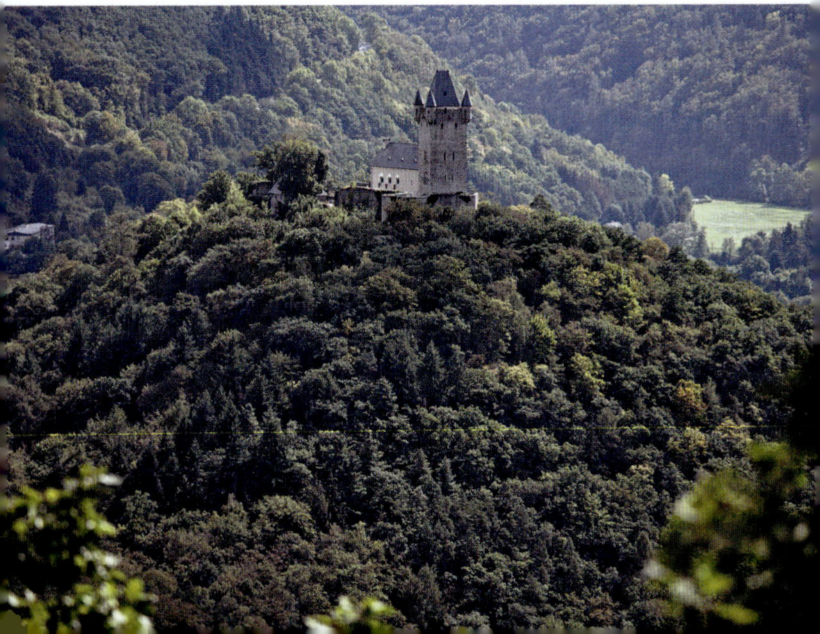

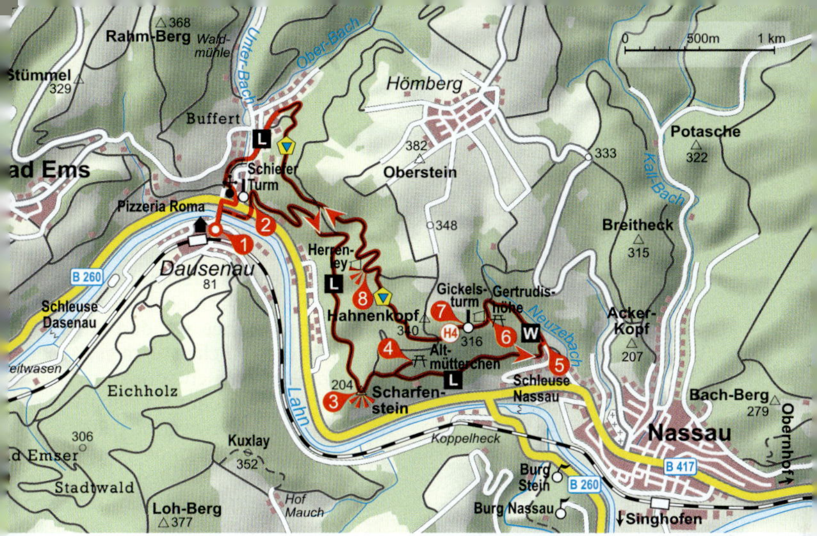

Brücke über die Lahn gebaut wurde. Etwas weiter befindet sich die Strickerspforte. Hier steigen wir links die Treppe zur *Lahnstraße* hinauf, wo der **Schiefe Turm** ❷ steht, das Wahrzeichen von Dausenau. Wir gehen auf der Treppe um den Turm und entlang der Stadtmauer zum Dreherstum, der zu einem Aussichtspunkt und Rastplatz umgestaltet wurde. Von hier haben wir eine schöne Sicht über den Ort mit der St.-Kastor-Kirche.

Oberhalb des Turms gehen wir dann auf dem *Ringmauerweg* rechts und an der nächsten Gabelung links. Die nächsten 4 km wandern wir nun auf dem *Lahnhöhenweg L* durch den Wald bis kurz vor Nassau. Am Weg liegen Felsen aus brüchigem Schiefergestein. Vom **Scharfenstein** ❸ haben wir eine gute Aussicht ins Lahntal und auf Nassau. 600 m weiter verlassen wir kurz den *Lahnhöhenweg* und folgen links der Beschilderung zum **Altmütterchen** ❹, einem im Wald versteckten Felsklotz (Rastplatz). Wir gehen wieder zurück zum *Lahnhöhenweg* und genießen schöne Ausblicke ins Lahntal und auf die vor 1124 erbaute **Burg Nassau**, die der Sicherung der alten Heerstraße in den Taunus diente.

Kurz vor Nassau verlassen wir an der nächsten Abzweigung nach dem eingezäunten Waldstück den *Lahnhöhenweg* und folgen der Forststraße links durch das **Neuzebachtal** ❺. Später entdecken wir an einem Baum die Markierung *W* und gehen in der Haarnadelkurve der Schotterstraße geradeaus

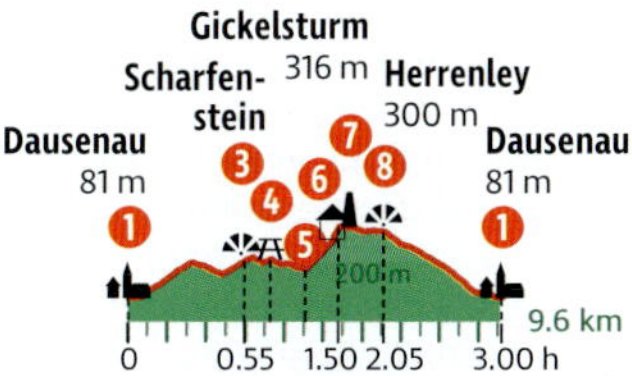

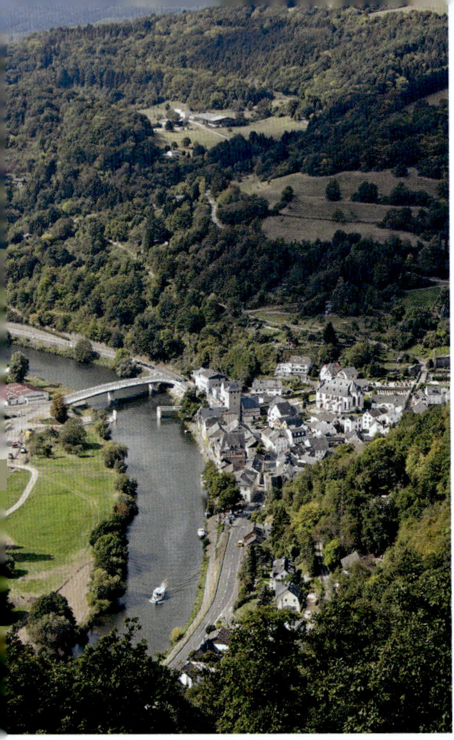

Blick von der Herrenley auf Dausenau.

weiter. Wir wandern an der nächsten Forststraße links auf dem mit *H4* markierten Waldweg weiter bergauf zum Aussichtspunkt **Gertrudishöhe** 6 (Rastplatz, Schutzhütte), von dem wir besonders gut zur Burg Nassau auf dem bewaldeten Burgberg sehen. Unterhalb der Hütte wandern wir auf *H4* weiter. Nach einem kurzen Anstieg erreichen wir den aus Holz gebauten **Gickelsturm** 7, einen weiteren Aussichtspunkt.

Wir gelangen auf *H4* nach 100 m zu einer Abzweigung und wandern hier links ohne Markierung auf dem schmalen Waldpfad 120 m bergab bis zur nächsten Wegkreuzung, an der wir geradeaus auf *H4* den Hahnenkopf umghen. Wir kommen wieder an Felsen vorbei und treffen auf die Markierung *blaues Dreieck in gelbem Fünfeck* der Lahn-Westerwald-Runde, der wir nach 800 m links zur **Herrenley** 8 (Aussichtspunkt, Schutzhütte) folgen. Von dem Felsvorsprung bietet sich eine schöne Aussicht auf Dausenau und die Lahn, für Ruderer, Motorboot- und Kanufahrer einer der schönsten Freizeitflüsse Deutschlands.

Danach wandern wir 1,8 km immer geradeaus durch den Wald westlich des Katzenbergs bis an den Ortsrand von Dausenau, wo wir links auf dem *Hömberger Weg* in den Ort gelangen und am Ende des Wegs links 40 m durch die *Langgasse* gehen. An der Stadtmauer bei der Hirtzen-Pforte wandern wir rechts auf dem schmalen Fußweg (*Lahnhöhenweg L*) an der Mauer entlang und überqueren an der Oberen Schlosspforte den Oberbach. Der kleine Bach wurde hier zum Schutz des Orts aufgestaut. Hinter dem Fuhrsturm gehen wir links zum Ackertsturm. Hier verlassen wir die Markierung und folgen links dem Fußweg zum Friedhof und der St.-Kastor-Kirche. Wir gehen auf der *Bergstraße* kurz rechts und durch die *Kirchgasse* zur *Lahnstraße*. Hier steht der Brunnen vor dem Tore und vor uns sehen wir das Alte Rathaus. Entlang der *Lahnstraße* gelangen wir rechts zum Torturm und dahinter links über die Lahnbrücke zurück zum Parkplatz in **Dausenau** 1.

↗ 455 m | ↘ 455 m | 10.5 km

3.30 h

Zwei-Türme-Wanderung von Bad Ems nach Kemmenau

25

Ein Kurbad mit Weltruf

Bad Ems an der Lahn zählt zu den ältesten Heilbädern in Deutschland. 2021 wurde der Kurort von der UNESCO als Welterbe anerkannt und zählt seitdem zu den »Great Spa Towns of Europe«. Prunkvolle Bauten und prächtige Häuser zieren die Stadt im Naturpark Nassau. Zwei Drittel der 17 gefassten Quellen werden für Kurzwecke genutzt. Emser Pastillen und Emser Salz sind weit bekannt. Von der Kurstadt wandern wir hinauf zum Bismarckturm und auf den Spuren des römischen Limes nach Kemmenau. Über den Concordiaturm und die Heinzelmännchenhöhlen kehren wir dann zurück.

Ausgangspunkt: Kurhaus Bad Ems. Zug RB 23 Koblenz–Limburg nach Bad Ems.
Markierung: HW 3, Limesweg, Lahnhöhenweg.
Anforderungen: Mittel, mehrere An- und Abstiege.
Einkehrmöglichkeit: Bad Ems, Brauhaus Bismarck's am Bismarckturm (täglich 11–22 Uhr geöffnet), Kupferpfanne in Kemmenau, Hauptstraße 17 (geöffnet Mi–So 12–22 Uhr), Restaurant Concordiaturm (geöffnet Fr ab 17 Uhr, Sa, So ab 12 Uhr).
Sehenswürdigkeiten: Schon zur Zeit der Römer, aus der noch Reste des Limes stammen, schürfte man bei Bad Ems nach Silber und Blei. Im 14. Jh. wurde ein Badehaus an den Thermalquellen errichtet, 100 Jahre später war die Stadt Ziel für Badereisen von Grafen, Rittern und Erzbischöfen. In der Spielbank war auch Goethe zu Gast. Im 19. Jh. wurde Bad Ems zum Weltbad, als Kaiser Wilhelm I., Zar Alexander II., Richard Wagner oder Dostojewski hier weilten. In den Heinzelmännchenhöhlen sollen einst kleine Waldgeister gewohnt haben, die den Menschen wohlgesonnen waren und in der Nacht viele schwere Arbeiten für sie erledigten. Doch kein Mensch durfte die kleinen Gnome sehen. Eines Nachts versteckte sich eine neugierige Frau aus dem Ort vor ihren Höhlen und musste laut lachen, als sie einen der Gnome sah. Seitdem sind die hilfreichen Heinzelmännchen verschwunden.
Karte: Wanderkarte 1:25.000 Rheinwandern 3 Koblenz von NaturNavi.

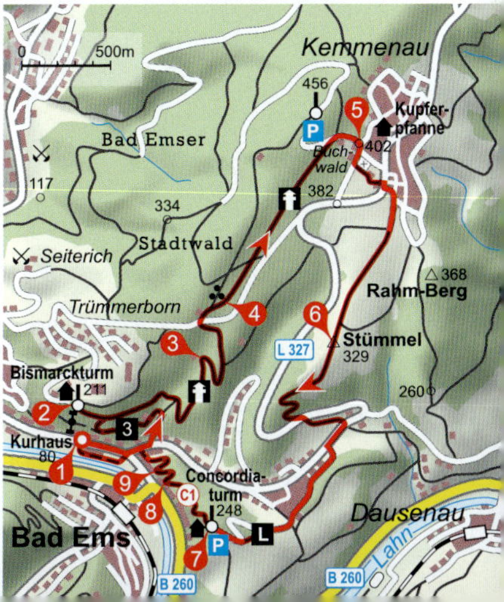

Wir beginnen unsere Wanderung am Kurhaus in **Bad Ems** ❶. Ganz in der Nähe befindet sich die Talstation der Kurwaldbahn, eine der steilsten Standseilbahnen der Welt. Die 132 Höhenmeter hinauf zum Bismarckturm bewältigt sie in weniger als zwei Minuten. Wir gehen auf der *Römerstraße* am Kurhaus vorbei und biegen dann links auf die *Grabenstraße* ab, wo wir uns am *Westerwald-Hauptwanderweg HW 3* orientieren. Kurz darauf folgen wir links dem *Pfahlgraben* bergauf bis zur ersten Abzweigung, an der eine römische Palisade rekonstruiert wurde. Wir gehen hier auf dem aussichtsreichen *Ernst-Vogler-Weg (HW 3)* links und steigen nach 400 m rechts die Serpentinen zur *Bismarckpromenade* hinauf. Auf diesem Weg gelangen wir links nach 200 m zur Bergstation der Kurwaldbahn und dem **Bismarckturm** ❷. Von dort haben wir eine herrliche Aussicht auf Bad Ems.

Danach gehen wir die *Bismarckpromenade* zurück und immer geradeaus, bis wir nach 650 m an einer Abzweigung im Wald auf das Logo des *Limeswegs* stoßen. Dieser leitet uns nun an einem **römischen Hangmeilerplatz** ❸ vorbei für die nächsten 1,2 km durch den Wald zur *Alten Kemmenauer Straße*. Wir überqueren diese uns rechts haltend und lassen uns weiter vom *Limesweg* leiten. Nach 200 m liegen etwa 30 m rechts vom Weg die Reste eines **Römerturms** ❹, dessen steinerner Sockel noch gut zu erkennen ist. Hier verlief einst der römische Limes. Wir wandern jetzt geradeaus am Limes entlang, bis wir nach 1,1 km auf die Zufahrt zur Schönen Aussicht treffen. Hier verlassen wir den *Limesweg* und gehen rechts nach **Kemmenau** ❺. Am Ortsanfang führt uns die *Waldstraße* rechts am Friedhof vorbei, hinter dem wir links auf dem aussichtsreichen Wirtschaftsweg um das Dorf zur *Hauptstraße (L 327)* gelangen. Wir gehen auf der *Hauptstraße* kurz rechts, biegen links in die Straße *Auf dem Hufacker* ein und verlassen nach 50 m an der nächsten Gabelung den Ort wieder.

Auf dem von Bäumen gesäumten Feldweg wandern wir nun geradeaus über den 329 m hohen **Stümmel** ❻, bis wir nach 1,8 km am Ende der im Wald verlaufenden Haarnadelkurve auf die Straße *L 327* treffen. Wir überqueren diese uns links haltend, gehen am Ende des kleinen Waldstücks auf der *Grabenstraße (L 327)* kurz rechts und biegen am Ende der Reitanlage links in die *Concordiastraße* ab. Am Ende der Straße treffen wir auf den Lahnhöhenweg. Diesem folgen wir rechts am Waldrand entlang zum **Concordiaturm** ❼, einem Aussichtsturm. Hier können wir auch einkehren.

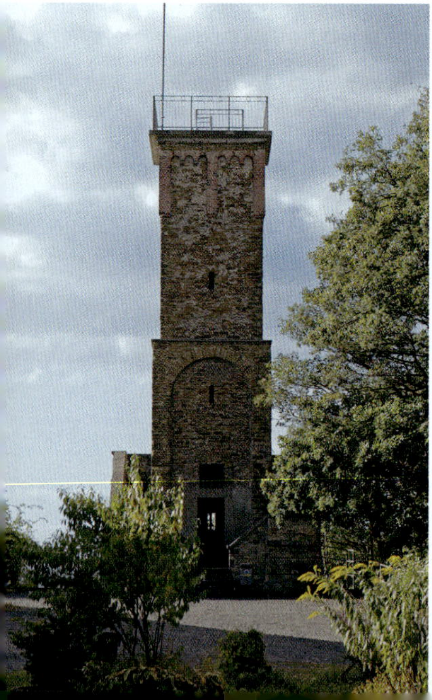

Concordiaturm oberhalb von Bad Ems.

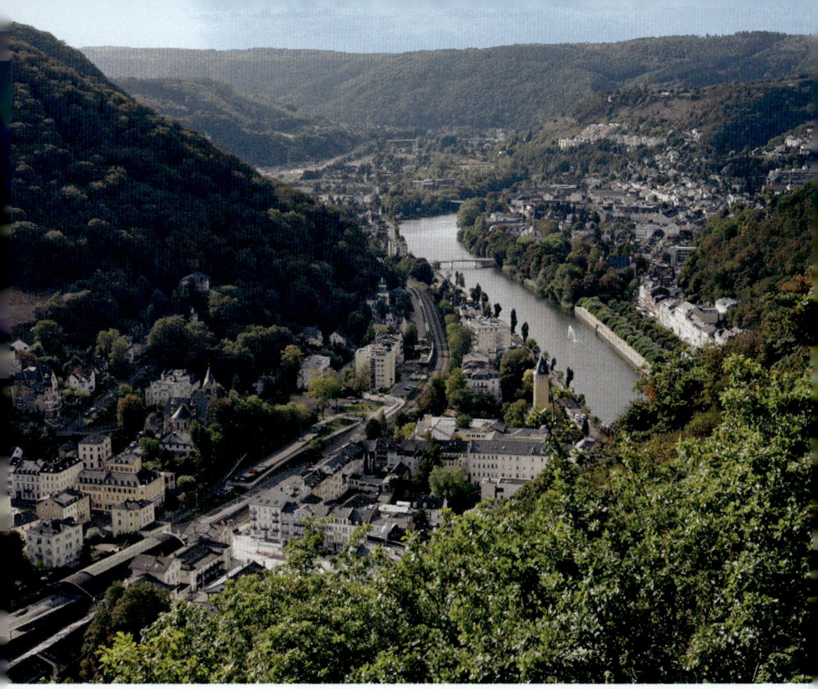

Blick auf Bad Ems.

Der aussichtsreiche *Lahnhöhenweg* leitet uns weiter durch den Wald hoch über dem Lahntal zur **Mooshütte** 8. Danach führt uns der gut begehbare Felsenpfad an der Bäderlei in Serpentinen bergab. Unterhalb des **Aussichtspunkts** 9 an der zweiten Kehre liegen die sagenumwobenen **Heinzelmännchenhöhlen** – kleine Karsthöhlen. Am Ende des Abstiegs erreichen wir wieder Bad Ems. Wir gehen auf der *Grabenstraße* links bis zum Ufer der Lahn, wo wir rechts auf der *Jacques-Offenbach-Promenade* entlang der Lahn zurück zum Kurhaus von **Bad Ems** 1 wandern.

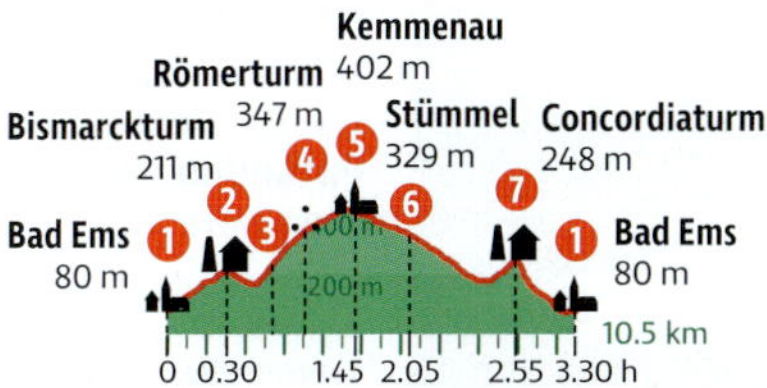

↗ 210 m | ↘ 210 m | 8.9 km

26 Auf den Spuren der Römer bei Arzbach

2.30 h

Unterwegs auf dem Limesweg

Wir wandern auf dieser waldreichen Tour zum 423 Meter hohen Großen Kopf, auf dem der Stefansturm als römischer Wachturm originalgetreu rekonstruiert wurde. Von dort führt uns der Limesweg am römischen Grenzwall entlang in Richtung Kemmenau, wo wir nördlich des Orts auf Waldwegen wieder zurück zu unserem Ausgangspunkt gelangen.

Ausgangspunkt: Parkplatz an der Straße K 2 Arzbach-Kemmenau am Großen Kopf. Bus Linie 456 Bad Ems–Montabaur nach Welschneudorf, Rathaus (Mo–Fr). 2 km bis zum Toureinstieg an den Drei Kreuzen.
Markierung: Limesweg, S1.
Anforderungen: Gering.
Einkehrmöglichkeit: Unterwegs keine. Etwas abseits das Hotel-Restaurant Altes Bierhaus, Am Bierhaus 10, Arzbach (geöffnet Mo–Fr 15–22 Uhr, Sa, So 11–22 Uhr, rustikales Restaurant, großer Biergarten, dessen Geschichte bis ins 17. Jh. zurückreicht).
Sehenswürdigkeiten: Aus dem einstigen Bergarbeiterdorf Arzbach entstand ein Erholungsort. Hier befand sich einst das römische Kastell Arzbach-Augst, Teil des Limes, der fast 600 km langen Verteidigungslinie, mit dem die Römer ihre Grenze zu Innergermanien sicherten. Der Westerwaldverein hat mit dem Limesweg einen Wanderweg markiert, der entlang der alten römischen Grenzbefestigung verläuft.
Karte: Wanderkarte 1:25.000 Rheinwandern 3 Koblenz von NaturNavi.

Vom Parkplatz am **Großen Kopf** ❶ südlich von Arzbach folgen wir 100 m dem *Limesweg* und dann rechts der Beschilderung zum Römerturm. Für den Anstieg zum **Stefansturm** ❷, einem Aussichtsturm auf dem 423 m hohen Großen Kopf, werden wir mit einem schönen Ausblick belohnt. Er reicht über die Augst, ein waldreiches Gebiet im Westerwaldkreis, und die bewaldeten Berge der Montabaurer Höhe bis zum Köppel. Anschließend gehen wir den Weg, auf dem wir gekommen sind, wieder bergab und setzen rechts unsere Wanderung auf dem *Limesweg* fort. Wir sind jetzt an der Grenze des ehemaligen Römischen Reichs unterwegs und sehen an der nächsten Abzweigung, wie die Römer ihre Grenze mit einer **Palisadenwand** ❸ aus Baumstämmen befestigt haben. Danach führt

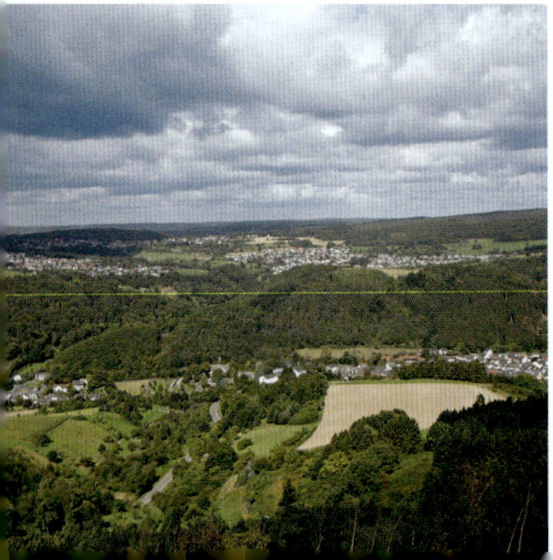

Aussicht vom Stefansturm auf dem Großen Kopf.

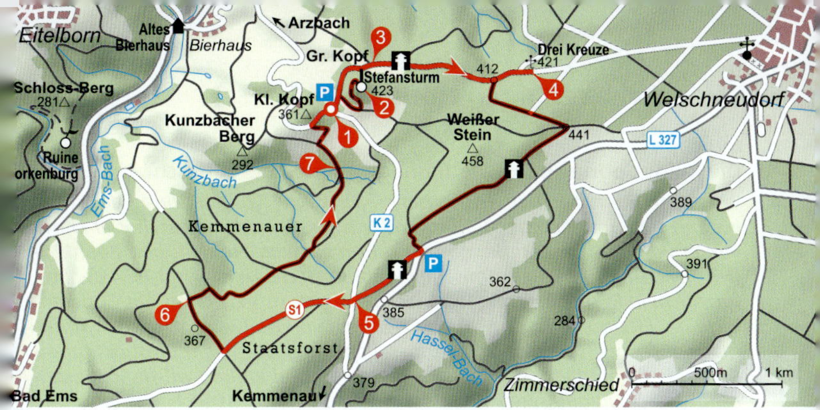

der *Limesweg*, an dem mehr oder weniger deutlich die Überbleibsel alter römischer Wachtürme zu erkennen sind, ca. 800 m geradeaus durch den Wald, bis er auf einem schmalen, unauffälligen Pfad nach rechts abzweigt. Hier verlassen wir kurz den *Limesweg*, gehen 150 m geradeaus und an der nächsten Abzweigung 50 m nach rechts zu den **Drei Kreuzen** ❹, einem Rastplatz. Die schlichten Holzkreuze erinnern an drei Köhler, die hier ums Leben kamen.

Wir kehren zurück zur Abzweigung des *Limeswegs* und folgen diesem nach links. Nach 120 m biegen wir erneut nach links ab und treffen geradeaus gehend nach knapp 600 m am Waldrand auf eine Schotterstraße. Auf dieser gehen wir rechts und folgen dem *Limesweg* 1,3 km geradeaus durch den Wald, bis er nach links in Richtung *L 327* abbiegt. Kurz vor der Straße (Parkplatz) halten wir uns rechts und wandern wieder ca. 500 m geradeaus durch den Wald bis zur **Straße *K 2*** ❺ nördlich von Kemmenau. Hier verlassen wir den *Limesweg*, überqueren die Straße und orientieren uns an der Markierung *S1*. Nach knapp 1 km verlassen wir an einer Wegkreuzung *S1* und folgen dem nicht markierten Forstweg 400 m nach rechts bis zu einer **Waldlichtung** ❻. Vor dieser gehen wir rechts, nach 150 m an der nächsten Abzweigung erneut rechts und dann ca. 500 m geradeaus, bis eine Forststraße kreuzt. Wir überqueren diese und wandern immer geradeaus weiter durch den Wald. Hier kreuzen mehrere kleine Wasserläufe unseren Weg. Nach 800 m überqueren wir den **Kunzbach** ❼, biegen 250 m weiter nach rechts ab und erreichen hinter der Hochspannungsleitung links am Fuß des 361 m hohen Kleinen Kopfs die Straße *K 2*. Auf dieser gelangen wir rechts zurück zum Parkplatz am **Großen Kopf** ❶.

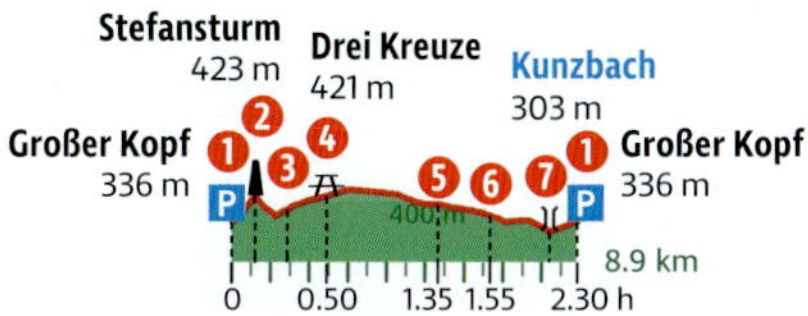

↗ 390 m | ↘ 390 m | 13.9 km

27 Von Arzbach nach Neuhäusel

4.00 h

Die Ruine Sporkenburg, das Binnbachtal und der römische Limes

Wo heute in Arzbach die katholische Pfarrkirche St. Peter und Paul steht, befand sich am Ende des 1. Jahrhunderts ein römisches Kastell. Der Limes verlief vom Mühlenberg kommend daran entlang zum Großen Kopf. Auf den Fundamenten eines römischen Wachtpostens wurde dort 1954 der Stefansturm in Form eines rekonstruierten Limesturms errichtet. Die Sporkenburg bei Eitelborn wurde 1310 von Heinrich von Helfenstein auf den Trümmern einer noch älteren Burg am steilen Hang über dem Emsbachtal erbaut. Sie diente dem Schutz der Emser Silbergruben und wurde 1635 während des Dreißigjährigen Kriegs zerstört. Die Burg ist 35 Meter lang und 18 Meter breit. Die Kernburg wird von einer fünfstöckigen Schildmauer umgeben. Nach französischem Vorbild sind die fünf Ecken der Hauptburg durch Türme verstärkt worden; 1966 wurde der nördliche Torturm wiederaufgebaut.

Ausgangspunkt: Arzbach, Parkplatz an der Limeshalle (Sportzentrum). Bus Linie 551 Arzbach-Bad Ems (Mo–Sa).
Markierung: Weißes Dreieck, Limesturm, W, 3/W, Limesturm/W.
Anforderungen: Mittel, mehrere An- und Abstiege, teils schmale Naturpfade.
Einkehrmöglichkeit: In Arzbach Pizzeria am Rathaus (Di Ruhetag, Mo, Mi–Sa ab 17 Uhr, So ab 11.30 Uhr geöffnet) und Restaurant Glücksgefühl am Schwimmbad/Campingplatz (geöffnet Fr, Sa ab 17 Uhr, So ab 12 Uhr), Hotel-Restaurant Altes Bierhaus, Am Bierhaus 10, Arzbach (geöffnet Mo–Fr 15–22 Uhr, Sa, So 11–22 Uhr).
Karte: Wanderkarte 1:25.000 Rheinwandern 3 Koblenz von NaturNavi.

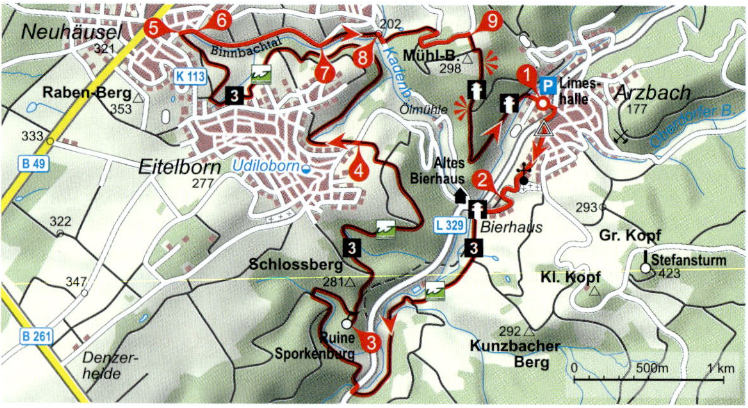

In **Arzbach** ❶ gehen wir vom Parkplatz an der Limeshalle (Sportzentrum) auf der Straße *Am Kennelbach* zur *Hauptstraße* in der Ortsmitte. Auf dieser kommen wir rechts am Fachwerk-Rathaus vorbei, das 1710 von 48 Bürgern der Gemeinde erbaut wurde. Da es früher das Backhaus des Dorfs war, wird es »Backes« genannt. Nach der Raiffeisenbank gehen wir 250 m auf der *Kirchstraße* links bis zu der kleinen Kapelle. Hier folgen wir geradeaus dem *weißen Dreieck* und kommen an der katholischen Pfarrkirche St. Peter und Paul, einem großen kreuzförmigen Saalbau, vorbei. Auf dem Friedhof stehen Grabsteine aus dem 16. bis 18. Jahrhundert Von hier haben wir einen guten Blick auf den 423 m hohen Großen Kopf mit dem Stefansturm. Unterhalb der Kirche treffen wir *Am Bühl* auf den *Limesweg (*Markierung *Limesturm).* Wir folgen diesem rechts nach **Bierhaus** ❷ und gehen nach 100 m links um das Wohngebiet bis zur Landstraße *L 329*, an der wir den *Limesturm* verlassen. Auf dieser Straße halten wir uns 20 m links und wandern dann links auf dem ausgeschilderten Wirtschaftsweg in Richtung Bad Ems durch das Emsbachtal. Wir sind hier auf einem Teilstück der *Wäller-Tour Augst* unterwegs, die mit einem *W* markiert ist. Nach 220 m halten wir uns an der Gabelung links und treffen hinter der Weihnachtsbaumplantage auf den Westerwald-Hauptwanderweg HW 3. Dieser und W leiten uns nun rechts und nach 80 m links durch das Emsbachtal zur Straße L 329, die wir überqueren und uns rechts haltend durch das bewaldete Teilebachtal hinauf zur **Sporkenburg** ❸ wandern.

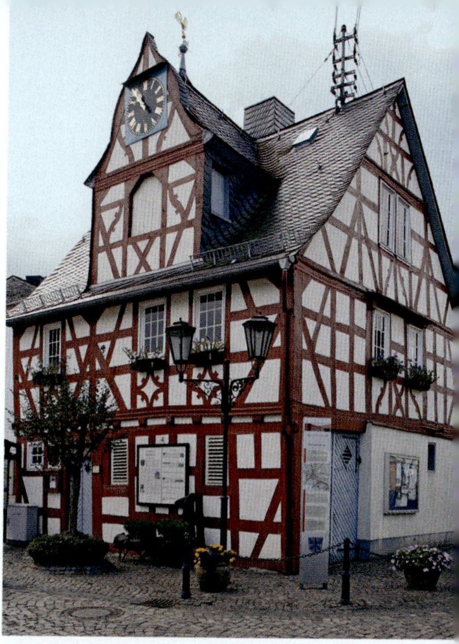

Fachwerk-Rathaus in Arzbach.

Nach der Besichtigung der Ruine wandern wir auf *HW 3* und *W* weiter durch den Wald, wobei wir uns nach knapp 100 m an der nächsten Gabelung links halten und um den 281 m hohen Schlossberg wandern. 600 m weiter quert der Wanderweg südlich von Eitelborn bei einer Hochspannungsleitung ein kleines Bachtal. Danach verläuft der Weg eben am Waldhang entlang, wo wir einen schönen Blick ins Emsbachtal haben. Wir umwandern auf *HW 3* und *W* **Eitelborn** ❹ und berühren an der *Willy-Arndt-Straße* den Ortsrand. Wer möchte, kann hier links einen Abstecher in das Dorf machen.

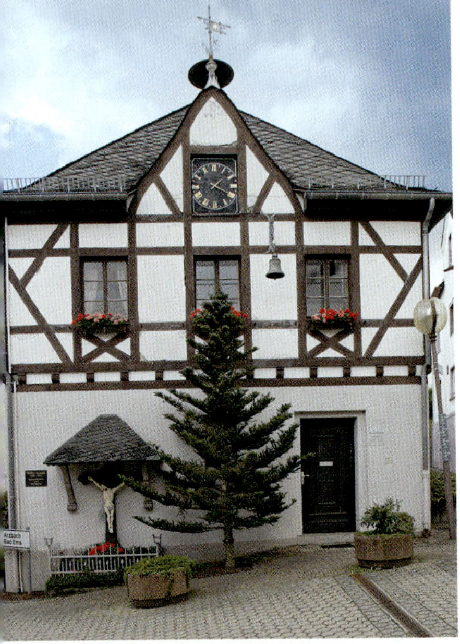

Haus Backes in Eitelborn.

Die *Unterdorfstraße* mit dem »Backes«, dem ehemaligen Rathaus, ist der älteste Teil des Orts. Wie in Arzbach diente auch dieses Haus früher als Backhaus. Das schöne Fachwerkhaus schmücken ein altes Eichenkreuz aus dem 17. Jahrhundert und die Backesglocke von 1670. An der rechten Hauswand erinnert der Udiloborn, ein hölzerner Brunnen, an die Entstehungsgeschichte des Orts. Ein gewisser Udilo aus Arzbach soll vor mehr als tausend Jahren weggezogen sein, um im nahen Wald, wo er Wasser gefunden und einen Brunnen gebaut hat, eine neue Siedlung zu gründen. Diese wurde Udiloborn genannt. Daraus entwickelte sich der heutige Ort Eitelborn.

Wir kreuzen die *Willy-Arndt-Straße* und wandern auf *HW 3* und *W* weiter um den Ort. Am Nordrand berühren wir den Ort noch einmal, danach führt unser Weg über die Felder nach **Neuhäusel** ❺. Dort verlassen wir am Ortsrand *HW 3* und *W*, gehen 75 m rechts und wandern rechts ohne Markierung auf dem asphaltierten Wirtschaftsweg 1,3 km immer geradeaus durch das **Binnbachtal** ❻. Unterwegs kommen wir an einer Weggabelung am beschilderten **Naturentdeckungspfad Binnbachtal** ❼ vorbei und treffen im **Kadenbachtal** ❽ schließlich auf die Straße *K 114*. Wir gehen auf dieser 70 m rechts und biegen dort, wo die Straße über den Kadenbach führt, nach links ab. Kurz darauf halten wir uns an der Gabelung rechts. Hier sind am Stamm eines Baums ein kleines Marienbild und eine Tafel angebracht. Wir erfahren, dass bis Mitte des 19. Jahrhundert die Bildches Eich, ein altes Marienheiligtum, an dieser Stelle stand. Als die Bewohner von Neuhäusel und Kadenbach noch keine eigene Kirche hatten und nach Arzbach zum Gottesdienst mussten, kamen sie hier vorbei und beteten vor dem beschwerlichen Weg über den Mühlberg. Wer dabei das erste Läuten der Kirchenglocken hörte, kam, wenn er sich beeilte, gerade noch rechtzeitig zur Kirche. Wir wandern durch den Wald bergauf, bis wir nach 350 m am Waldrand auf einen Wirtschaftsweg treffen. Auf diesem

Rechts: Sporkenburg bei Eitelborn.

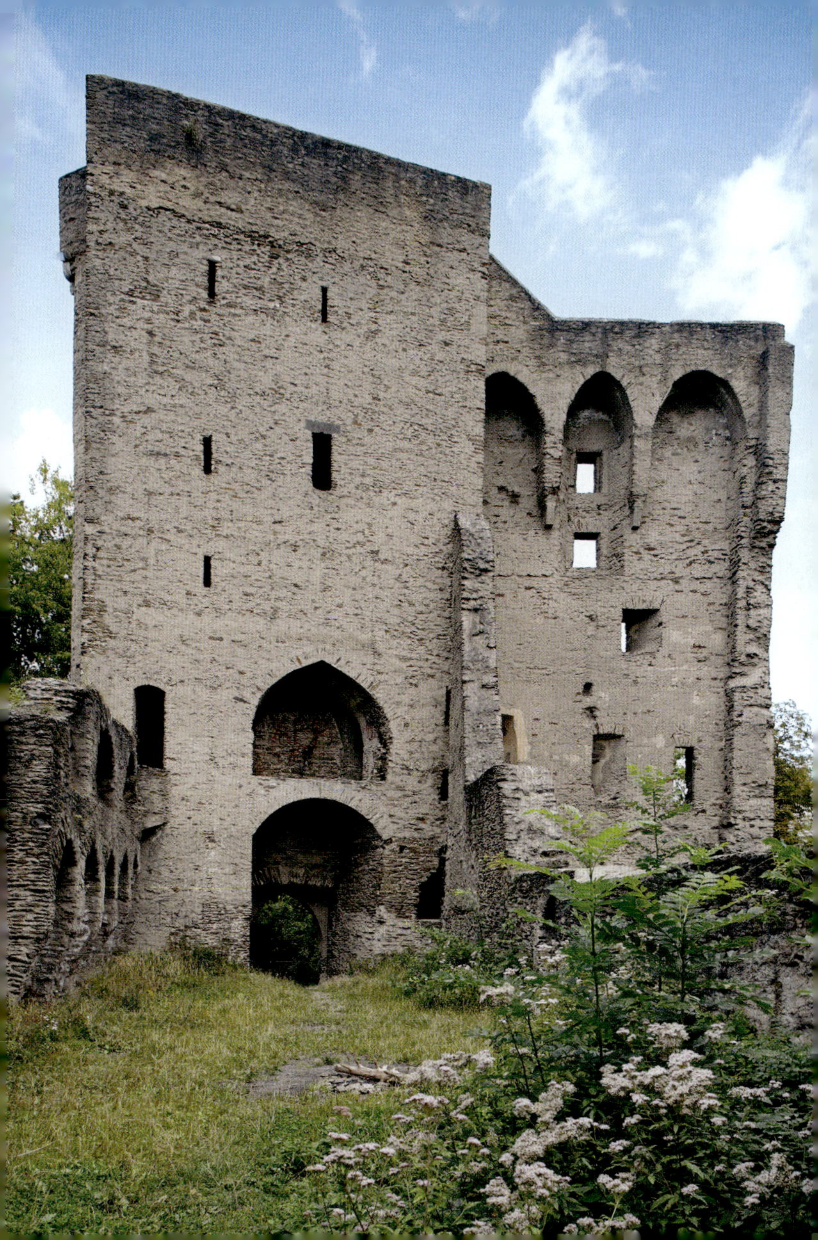

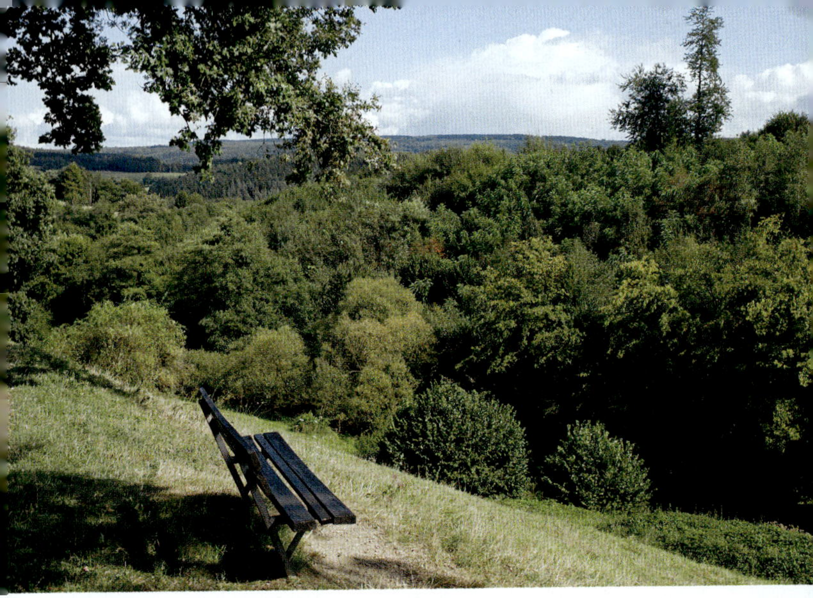

Im Binnbachtal.

gehen wir rechts, nach 100 m links um die Haarnadelkurve, dann 300 m geradeaus, bis mitten in einem Feld ein Feldweg nach rechts abzweigt. Am Waldrand links vor uns steht die Grillhütte Kadenbach (Rastplatz). Wir befinden uns hier nordöstlich des 298 m hohen **Mühlbergs** ⑨ und treffen an dieser Abzweigung auf den *Limesweg (Limesturm)* und auch wieder auf das *W* der *Wäller-Tour*. Beiden Markierungen folgen wir nun geradeaus etwas unterhalb des Gipfels über den aussichtsreichen Mühlberg. Wo unser Wanderweg am Ende des Felds bei der Stromleitung in den Wald hineinführt, haben wir eine schöne Aussicht auf Arzbach im Emsbachtal. Danach wandern wir geradeaus durch den Wald und verlassen nach knapp 600 m an einer Lichtung, über die ebenfalls eine Stromleitung führt, die Markierungen. Hier folgen wir dem Waldweg, der links am Strommast vorbeiführt. Dieser führt uns geradeaus zurück zum Parkplatz an der Limeshalle in **Arzbach** ①.

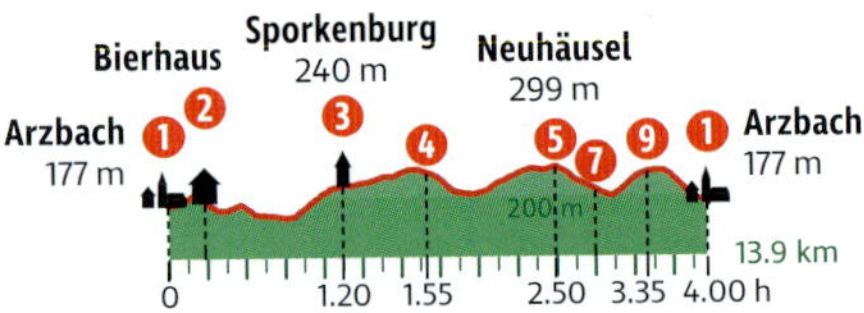

↗ 210 m | ↘ 210 m | 11.3 km

3.00 h

Von Montabaur zur Wallfahrtskapelle nach Wirzenborn

28

Wallfahrer, Biker und ein idyllisches Bachtal

Das Dörfchen Wirzenborn ist das Ziel von Wallfahrern und Bikern, die Hauptanziehungspunkte sind die alte Kapelle und das benachbarte Motorradmuseum Montabaur. Wir wandern von Montabaur nach Wirzenborn und sind auf dem Kreuzweg der Wallfahrer unterwegs. Von Wirzenborn folgen wir auf einem schattigen Waldweg dem Lauf des Gelbachs und kehren später von Reckenthal über eine sonnige Hochfläche nach Montabaur zurück.

Ausgangspunkt: Montabaur, Parkplatz Eichwiese. Bahnhof Montabaur. 1,2 km bis zum alternativen Toureinstieg am Großen Markt.
Markierung: 4/IV, 4a, W2, IV, 4.
Anforderungen: Gering. Kurze Anstiege auf den Alfelsberg, nach Reckenthal und auf die Hochebene. Die übrige Tour gehen wir auf ebenen Wegen.
Einkehrmöglichkeit: Montabaur; Landgasthaus Wirzenborner Liss (Mi Ruhetag, geöffnet Mo 14–21 Uhr, Di, Do, Fr 11–21 Uhr, Sa, So 10–21 Uhr).
Sehenswürdigkeiten: Die Ende des 15. Jh. auf dem Kapellenfelsen errichtete Kapelle ist das Wahrzeichen von Wirzenborn. Sie wurde nach dem Brunnen im Dorf, dem Wirzenborn, benannt und gab dem Dorf seinen Namen. Im 15. Jh. fanden erste Wallfahrten zu einem Gnadenbild aus dem 13. Jh. statt. Das Motorradmuseum (geöffnet März–14. Nov. täglich außer Mi von 14–18 Uhr) begeistert Motorradliebhaber. Altstadt und Schloss Montabaur.
Karte: Wanderkarte 1:25.000 Limburg an der Lahn von NaturNavi.

Die Wallfahrtskapelle in Wirzenborn bei Montabaur.

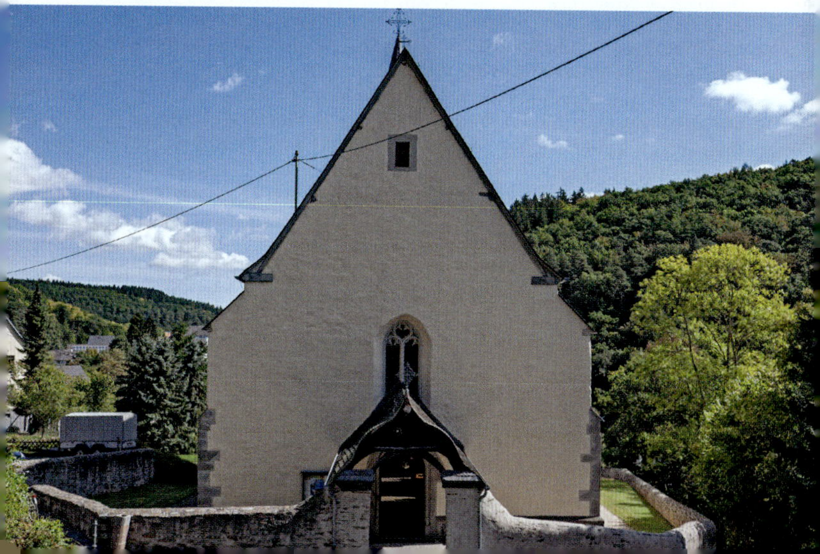

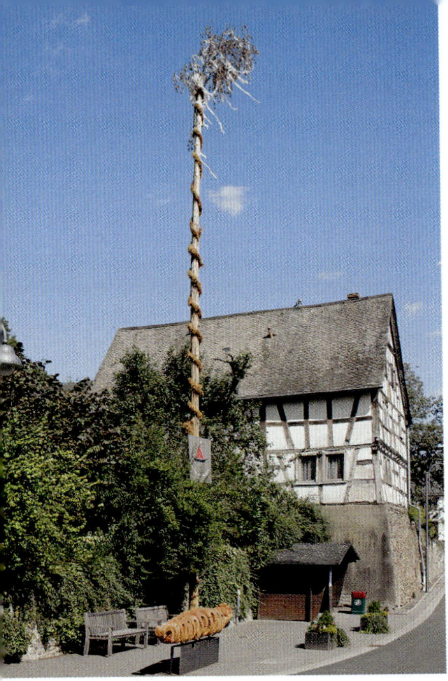

Dorfplatz in Reckenthal.

Vom südlichen Ende des **Parkplatzes Eichwiese**, der östlich unterhalb der Altstadt von **Montabaur** ❶ liegt, gehen wir an der Feuerwehr vorbei und überqueren die *Sauertalstraße*. Am Eckhaus treffen wir hier auf die Markierungen 4 und *IV*. Wir folgen unterhalb der Stadtmauer der *Wirzenborner Straße* und überqueren nach 150 m links den Gelbach. Dahinter geht es rechts auf der *Eichendorffstraße* weiter bis zu deren Ende, wo sie auf die *Rossbergstraße* trifft. Auf dieser gehen wir 50 m rechts, unterqueren dann links auf dem *Hammerweg* die Straße *B 49* und halten uns an der Gabelung vor der ehemaligen **Stendebachsmühle** ❷ links. Jetzt sind wir auf dem *Wanderweg Gelbachtal* unterwegs. Am Ende des Waldstücks gabelt sich nach 450 m an einer Waldschneise der Weg. Hier führen uns der **Kreuzweg** ❸ und die Markierungen *IV* und *4a* links über die Hochebene des Alfelsbergs zur **Wallfahrtskapelle Wirzenborn** ❹. Von dort folgen wir links der *Kapellenstraße* zum nahe gelegenen **Motorradmuseum Montabaur**.

Vor dem Museum gehen wir links auf der *Heiligenrother Straße* und kurz darauf rechts auf dem *Hermolderweg* um das kleine Dorf. Den Markierungen *4a* und *W2* folgend wandern wir durch den Wald oberhalb des Gelbachs, der hier idyllisch durch die Talaue fließt. Unterwegs überqueren wir nach knapp 800 m hinter der Linkskurve rechts den Ahrbach, der in den **Gelbach** mündet, und wandern die nächsten 1,7 km durch das liebliche Gelbachtal bis zum **Eisenbachtal** ❺. Dort biegen wir nach rechts ab, überqueren kurz darauf rechts den Gelbach, folgen der Markierung *IV* rechts 100 m an der Straße *L 313* entlang und auf der *K 161* links hinauf nach **Reckenthal**. Am *Tannenweg* verlassen wir die Markierung *IV* und gehen auf diesem durch das

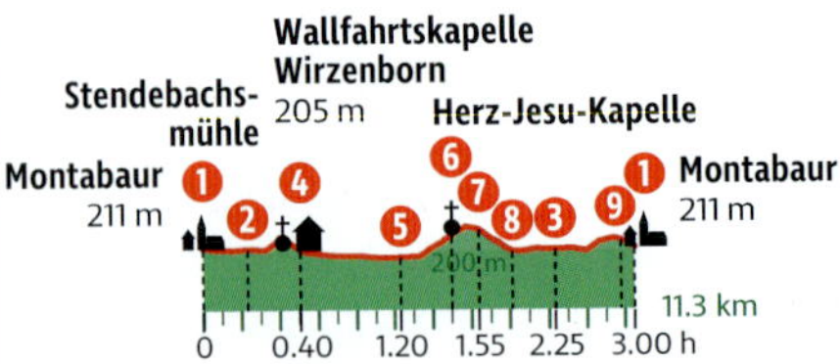

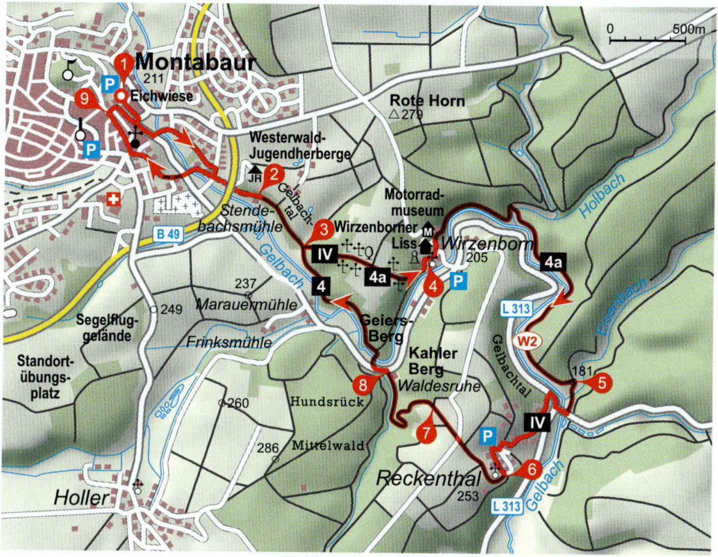

Dorf zur **Herz-Jesu-Kapelle** ❻ am südlichen Ortsende. Dahinter biegen wir scharf rechts ab und wandern auf dem Wirtschaftsweg geradeaus auf die Anhöhe. Dort treffen wir wieder auf die Markierung 4, der wir geradeaus über die Hochebene folgen. Am Waldrand am **Kahlen Berg** ❼ geht es links und nach 400 m in der Haarnadelkurve rechts ins Tal des Harbachs.

Am Ende des Tals erreichen wir die Siedlung **Waldesruhe** ❽. Wir überqueren hier die Straße *L 313*, gehen auf dieser kurz links und folgen dann rechts dem Waldweg am Harbach entlang bis zu dessen Mündung in den Gelbach. Nachdem wir diesen überquert haben, halten wir uns links und folgen dem Waldweg 1,1 km geradeaus durch das Gelbachtal, bis wir an der Waldschneise beim **Kreuzweg** ❸ wieder auf unseren Hinweg treffen.

Auf diesem wandern wir nun geradeaus zurück nach Montabaur. Nach der Unterführung der *B 49* folgen wir dem *Hammerweg* bis zu dessen Ende, überqueren die *Wirzenborner Straße* und gelangen geradeaus auf dem Waldpfad zur *Gelbachstraße* und auf dieser rechts in die Stadtmitte. Am Ende der Straße führt uns dann rechts die *Kirchstraße* an der Kirche St. Peter in Ketten mit ihren sehenswerten Fensterbildern und Fresken vorbei und geradeaus durch die verkehrsberuhigte Innenstadt mit ihren kleinen Geschäften und Einkehrmöglichkeiten zum **Großen Markt** ❾. Hier gelangen wir rechts auf der *Sauertalstraße* wieder zurück zum **Parkplatz Eichwiese** in **Montabaur** ❶.

↗ 330 m | ↘ 330 m | 18.1 km

29 Von Montabaur auf den Köppel

4.10 h

Altstadtbummel und ein Aussichtsturm mit großartigem Panorama

Das ockergelbe Schloss mit seinen dreistöckigen Rundtürmen ist das Wahrzeichen der Kreisstadt Montabaur. Die Stadt wurde ab dem 15. Jahrhundert von den Trierer Erzbischöfen erbaut. Der 33 Meter hohe Bergfried stammt bereits aus dem 13. Jahrhundert. Am anderen Ende der Altstadt steht die katholische Pfarrkirche St. Peter in Ketten (14. Jahrhundert), in der der Flügelaltar aus dem Jahr 1913, die Fensterbilder von 1887 und das Wandfresko des Jüngsten Gerichts aus dem 16. Jahrhundert sehenswert sind. Zwischen Schloss und Kirche erstreckt sich die Altstadt mit ihren schmucken, dreigeschossigen Fachwerkhäusern und einladenden Cafés am Großen und Kleinen Markt. Neben dem Eingang des neugotischen, 1866 bis 1868 erbauten Rathauses sprudelt am Sauerbrunnen aus einem Löwenmaul Mineralwasser aus dem Sauertal. Die Ortsgeschichte ist am neuen Stadtbrunnen dargestellt. Auf schattigen Waldwegen wandern wir von Montabaur hinauf zum Aussichtsturm auf dem 540 Meter hohen Köppel und können hier in der bewirtschafteten Köppelhütte einkehren.

Ausgangspunkt: Montabaur, Parkplatz Eichwiese. Bahnhof Montabaur (1 km vom Startpunkt).
Markierung: 4, IV, Andreaskreuz, KP3, KP2.
Anforderungen: Mittel, überwiegend schattige Waldwege.

Einkehrmöglichkeit: Montabaur, Köppelhütte (geöffnet Mo–Fr 11–18 Uhr, Sa, So 10–18 Uhr).
Karte: Wanderkarte 1:25.000 Rheinwandern 3 Koblenz von NaturNavi.
Tipp: Fashion-Outlet beim Bahnhof.

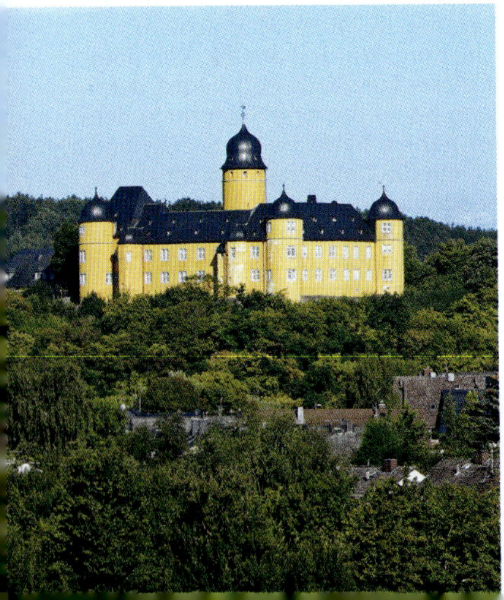

Der große **Parkplatz Eichwiese** liegt östlich unterhalb der Altstadt von **Montabaur** ❶. Von seinem südlichen Ende gehen wir auf der Straße *Eichwiese* an der Feuerwehr vorbei zur *Sauertalstraße*. Diese Straße und die Markierungen 4 und *IV* führen uns unterhalb der Stadtmauer an dieser entlang zum **Großen Markt** ❷. Vorbei an blumengeschmückten Fachwerkhäusern und netten Cafés gehen wir auf der *Kirchstraße* links durch die Altstadt und passieren das Alte Rathaus und am Ende der Fußgängerzone die

Schloss Montabaur.

Pfarrkirche St. Peter in Ketten. Nun orientieren wir uns weiter an der *IV* und dem *Andreaskreuz* des *Europäischen Fernwanderwegs Nr. 1*. Wir gehen hinter der Kirche an der Ampel geradeaus auf der *Koblenzer Straße* weiter und kommen am Haus Mons Tabor (Stadthalle) und der evangelischen Paulus-Kirche vorbei. Nach der Zufahrt zum Krankenhaus verlassen wir die Straße und wandern rechts auf dem *Promenadenweg* durch das Tal des Stadtbachs, von dem sich ein schöner Blick auf das Schloss bietet. Am Weg liegt der große Abenteuerspielplatz der parkähnlich angelegten **Freizeitanlage Quendelberg** ❸. Danach überqueren wir die *Albertstraße* und folgen am Rand des Wohngebiets weiter dem *Promenadenweg*. Am Ende des Wegs überqueren wir links haltend die *Rhönstraße* und wandern auf dem schmalen Waldweg am Biebrichsbach entlang – und am Ende dieses Wegs rechts auf der *Eifelstraße*. Nun orientieren wir uns nur noch am *Andreaskreuz* und folgen dem *Europäischen Fernwanderweg Nr. 1* bis kurz vor dem Köppel. Wir überqueren die *Weserstraße* und wandern geradeaus auf dem Waldweg weiter, der nördlich vom Mons-Tabor-Bad am Biebrichsbach entlangführt. Am Ende des Walds überqueren wir uns rechts haltend die *L 327* und folgen weiter dem *Andreaskreuz* durch den Wald an den südlichen Ortsrand von **Horressen** ❹. Wir gehen hier

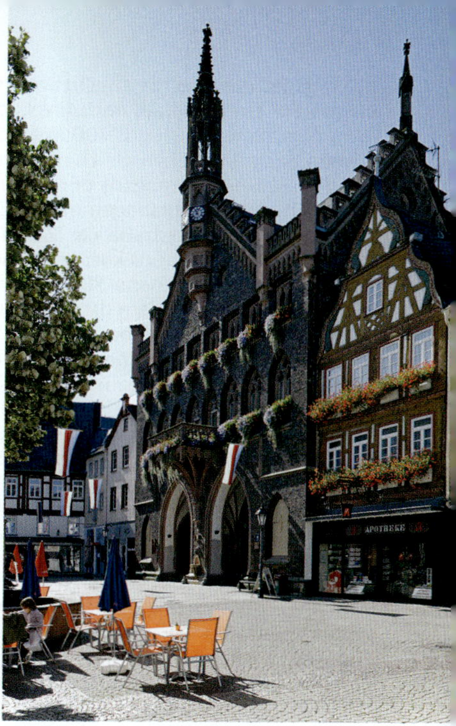

Altstadt mit dem Alten Rathaus am Großen Markt in Montabaur.

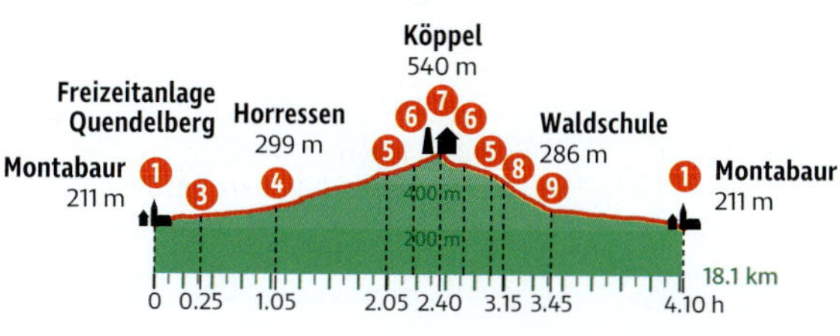

100 m links, dann rechts am Ortsrand entlang zum Waldspielplatz. Davor biegen wir am Parkplatz nach links ab (*Andreaskreuz* und *Köppel-Route KP3*), überqueren nach gut 300 m an der nächsten Abzweigung links den kleinen Bach und gehen gleich danach rechts weiter. Die nächsten 1,7 km wandern wir nun geradeaus durch den Wald, bis der Weg vor dem Biebrichsbach einen Rechtsbogen macht. 300 m weiter halten wir uns rechts und folgen der Forststraße ca. 500 m geradeaus bis zur nächsten Kreuzung. Dort halten wir uns kurz links und wandern dann auf dem Waldweg rechts weiter. Nach knapp 500 m gehen wir an der nächsten **Wegkreuzung** 5 links und wandern die nächsten 900 m geradeaus durch den Wald auf der Montabaurer Höhe. An einer **Wegkreuzung unterhalb des Köppel** 6 verlassen wir das *Andreaskreuz*, gehen auf der Forststraße (*KP3* und *KP2*) noch 400 m geradeaus und folgen dann dem Waldweg rechts und nach 200 m erneut rechts hinauf zum Aussichtsturm auf dem **Köppel** 7 und der bewirtschafteten Köppelhütte. Der 37,5 m hohe Betonturm wurde 1965 errichtet. Von seiner zweiten Plattform haben wir bei guter Sicht ein herrliches 360°-Panorama über den Westerwald bis zum Hunsrück, Taunus und Siebengebirge. Die westlich vom Köppel gelegene Alarmstange, mit 546 m der höchste Gipfel der Montabaurer Höhe, erkennen wir am Fernmeldeturm und Funkmasten. An der Decke der Plattform sind die Aussichtspunkte beschriftet.

Vom Aussichtsturm folgen wir der *Köppel-Route KP2* in nördlicher Richtung hinunter auf eine Forststraße. Auf dieser gehen wir rechts zur **Wegkreuzung unterhalb des Köppel** 6 und dort rechts 900 m auf dem Hinweg geradeaus bis zur bekannten **Wegkreuzung** 5. Von dort folgen wir *KP2* ca. 300 m geradeaus bis zu einer Forststraße, halten uns dort an der Ab-

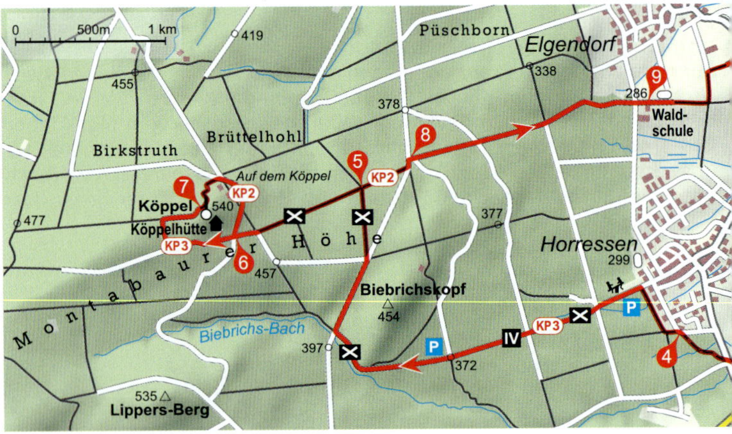

zweigung 70 m links und verlassen an der nächsten **Wegkreuzung** ❽ *KP2*. Wir wandern hier rechts auf der Forststraße 1,6 km immer geradeaus bis zur ausgeschilderten **Waldschule** ❾.

Dort führt uns die Straße *An der Waldschule* geradeaus am Sportplatz vorbei, hinter dem wir an der zweiten Abzweigung links auf dem asphaltierten Wirtschaftsweg an der Baumreihe vorbeigehen. Nach 200 m wandern wir rechts auf dem Asphaltweg zur Straße *L 312*, die wir überqueren und hinter der wir gleich rechts auf dem asphaltierten Rad- und Fußweg zum nahe gelegenen Tierheim gelangen.

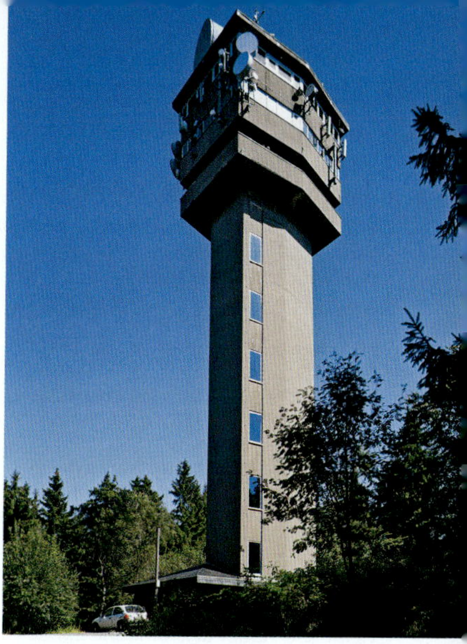

Aussichtsturm auf dem Köppel.

Von dort folgen wir geradeaus dem *Radweg 6/3* zur Lutherkirche. Hier geht es rechts auf der *Weserstraße* (Schild Sport- und Lehrpfad) durch das Gewerbegebiet. Am Ende wandern wir auf der *Oderstraße* links zur *Albertstraße*, auf der wir 100 m rechts gehen und dann links – etwas nördlich von unserem Hinweg – die Freizeitanlage Quendelberg durchqueren. Hinter dem Kiosk (von April bis Oktober geöffnet, Mo Ruhetag) überqueren wir links auf einem Steg den Stadtbach und gelangen rechts entlang der *Fröschpfortstraße* zur *Kolpingstraße*, die wir an der Ampel überqueren. Geradeaus führt uns die *Hospitalstraße* durch die mittelalterliche *Fröschpforte* in der Stadtmauer zum *Konrad-Adenauer-Platz*. Dort gehen wir rechts durch die *Klostergasse*. Sie wurde nach dem Franziskanerkloster benannt, das bis 1813 hinter dem Rathaus stand. Die Gasse führt uns in die Fußgängerzone am **Großen Markt** ❷, in der wir links am Alten Rathaus vorbei auf bekanntem Weg zum **Parkplatz Eichwiese** in **Montabaur** ❶ zurückkehren.

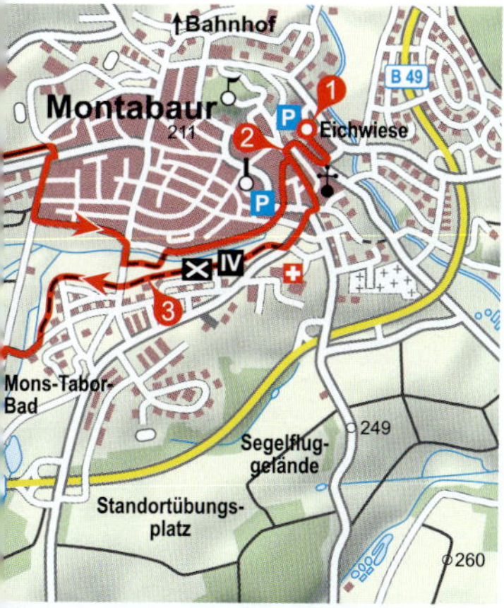

↗ 250 m | ↘ 250 m | 12.0 km

30 Vom Limesturm zum Feisternachtbachtal

3.15 h

Unterwegs auf dem Waldschluchtenweg

Auf dem Waldschluchtenweg wandern wir durch das wildromantische Tal des Hillscheider Bachs. Hier erwartet uns eine üppige, teils schon urwaldartige Vegetation. Weiter geht es durch das Feisternachtbachtal. Auch auf die Spuren der alten Römer begeben wir uns auf dieser Tour.

Ausgangspunkt: Limesturm am nördlichen Ortsrand von Hillscheid (neben Firma WEPA). Bus Linie 456 von Höhr-Grenzhausen nach Hillscheid, Industriegebiet (Mo–Fr).
Markierung: Limesturm, Waldschluchtenweg, Limes-Radweg, Limesturm.
Anforderungen: Mittel. Häufig schmale Naturwege, bei Nässe Rutschgefahr!
Einkehrmöglichkeit: Gasthaus Bembermühle (Mo–Mi Ruhetag).
Sehenswürdigkeiten: Nordöstlich von Hillscheid verlief der römische Limes, der 84. n. Chr. als fast 600 km langes Verteidigungsbollwerk gegen Innergermanien errichtet wurde. Er bestand aus einem Graben und einem Wall auf der Innenseite, der durch Palisaden zusätzlich geschützt war. In regelmäßigen Abständen gab es Wachtürme, auf deren steinernem Unterbau ein Holzgeschoss mit einer Brüstung stand. Mit Unterstützung des Hillscheider Westerwaldvereins wurde 1994 am nördlichen Ortsrand ein 12 m hoher Limesturm nachgebaut und daneben ein Hortus rusticus, ein römischer Nutzgarten, angelegt. Im Turm kann die Ausstellung »Von Rom zum Rhein« besichtigt werden (geöffnet Sa, So 14–17 Uhr).
Karte: Wanderkarte 1:25.000 Rheinwandern 3 Koblenz von NaturNavi.

Am Ortsrand von Hillscheid stehen urzeitliche Tiere wie dieses Mammut am Wegrand.

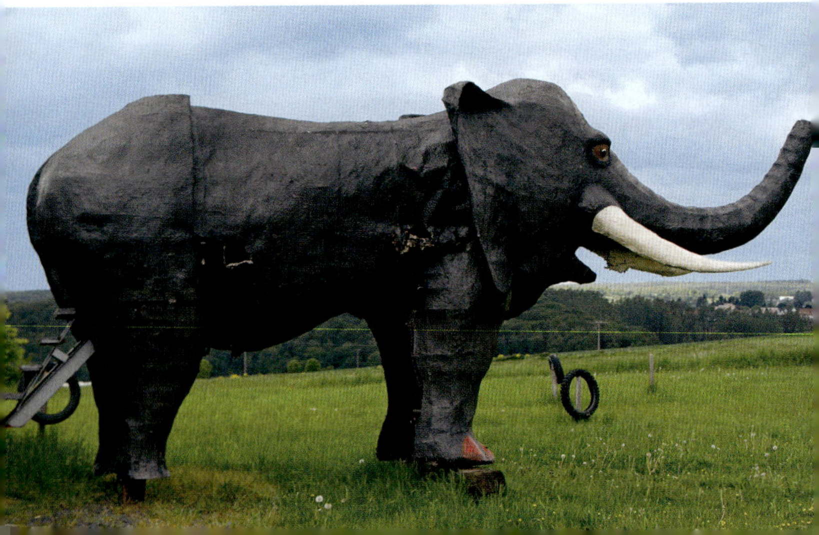

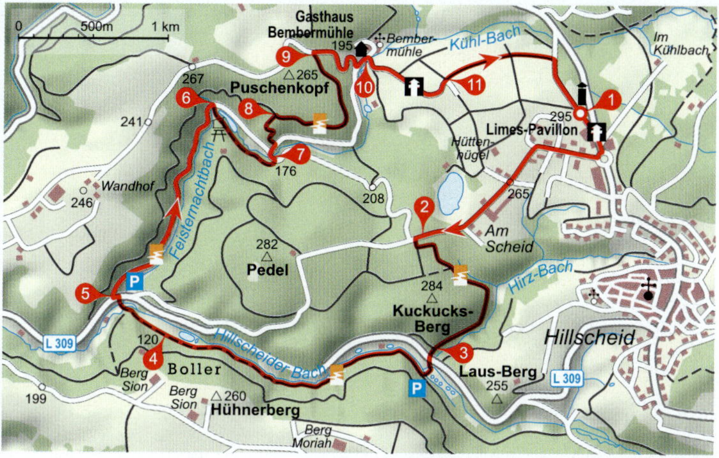

Vom **Limesturm** am nördlichen Ortsrand von **Hillscheid** ❶ wandern wir ein kurzes Stück auf dem *Limesweg (Limesturm)* zur *Deutschen Limes-Straße (L 310)* und folgen am Kreisverkehr der Straße *Auf den Dorfwiesen* nach rechts durch das Gewerbegebiet. Wir verlassen hier den *Limesweg* und biegen nach 400 m links auf den Weg *Am Scheid* ab. Auf diesem kommen wir geradeaus an Gewächshäusern vorbei und gehen an der Gabelung am Waldanfang weiter geradeaus. Nach ca. 250 m treffen wir auf den **Waldschluchtenweg** ❷. Dieser ist einer der 26 *Traumpfade*, zertifizierte Premiumwanderwege in der Region Rhein-Mosel-Eifel.
Wir wandern ab hier auf dem *Waldschluchtenweg* bis zu einer Wegkreuzung westlich der Bembermühle und lassen uns dabei vom Logo des *Traumpfads* leiten. Dazu gehen wir an der nächsten Abzweigung und ca. 100 m danach jeweils links und nach weiteren 120 m rechts. Danach wandern wir geradeaus durch den Wald ins Tal des Hirzbachs, wo wir dem Rechtsbogen des Wegs folgen und an einer **Abzweigung** ❸ links auf dem steilen Serpentinenpfad hinunter zur Straße *L 309* gelangen (Rastplatz). Wir überqueren die Straße und danach den Hirzbach und halten uns vor der Kläranlage rechts. An der nächsten Abzweigung wandern wir rechts durch das bewaldete Tal des Hillscheider Bachs. Seine Ufer sind üppig mit einem urwaldartig anmutenden Pflanzendickicht bewachsen. Nach

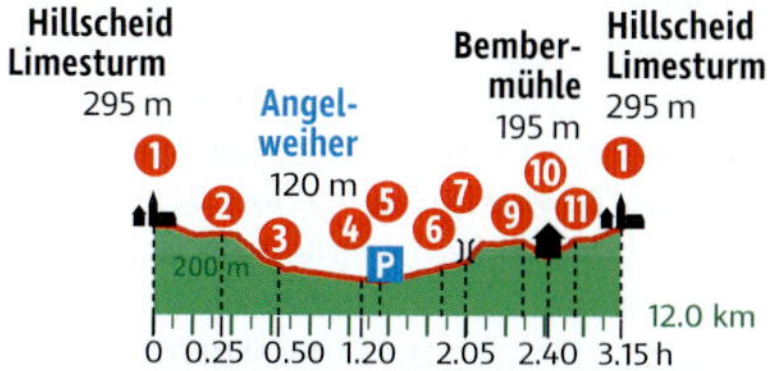

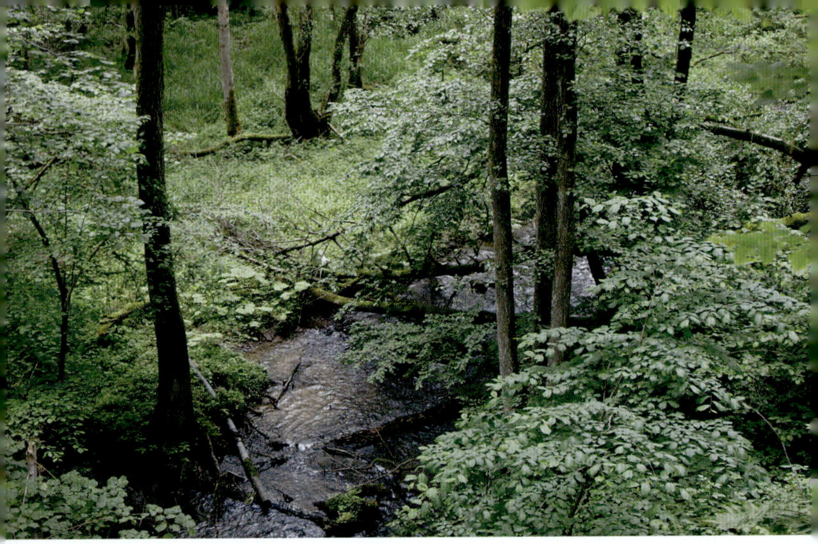

Der Waldschluchtenpfad oberhalb des urwaldartig bewachsenen Hillscheider Bachs.

der Linkskurve des Wegs liegen auf der anderen Seite des Bachs kleine **Angelweiher** ❹. Danach erreichen wir an der Mündung des Feisternachtbachs in den Hillscheider Bach die *Hillscheider Straße (L 309)*. Wir gehen auf dieser kurz links zum **Wanderparkplatz** ❺ und folgen dort rechts dem *Waldschluchtenweg* durch das Tal des Feisternachtbachs. Nach 1,6 km biegen wir vor einem **Waldweiher** ❻ scharf rechts ab, kommen gleich danach an einem Rastplatz mit Schutzhütte vorbei und wandern am Ufer des Weihers entlang. Ein Bohlenweg führt über ein morastiges Wegstück. Nach 600 m überqueren wir den Feisternachtbach links auf einer **Brücke** ❼ und kommen an einer Sinnenbank (Ruhebank) vorbei. Danach führt der *Waldschluchtenweg* auf den rund 240 m hohen **Saustallkopf** ❽, wo wir an einer Wegkreuzung rechts abbiegen.

Danach macht der Weg einen lang gezogenen Linksbogen, und wir erreichen nach 1,1 km westlich der Bembermühle eine **Wegkreuzung** ❾. Hier verlassen wir den *Waldschluchtenweg* und gehen rechts auf der Forststraße *(Limes-Radweg)* zum Gasthaus **Bembermühle** ❿. Dort treffen wir wieder auf den *Limesweg (Limesturm)*. Wir überqueren hinter dem Weiher rechts den Feisternachtbach und folgen dem asphaltierten Wirtschaftsweg (*Limesturm*) knapp 700 m über die Felder. Nach der Linkskurve des Wegs verlassen wir an einer **Abzweigung** ⓫ den Asphaltweg und wandern geradeaus auf dem nicht asphaltierten Feldweg (*Limesturm*) an der Baumreihe entlang. Nach 750 m biegen wir vor einem Waldstück nach rechts ab und folgen dem *Limesweg* zurück zum **Limesturm** am Ortsrand von **Hillscheid** ❶.

↗ 440 m | ↘ 440 m | 16.5 km

4.45 h

TOP **31**

Vom Schloss Sayn ins Brexbachtal

Unterwegs auf dem Saynsteig und der Wäller-Tour Brexbachschluchtweg

Herrliche Pfade führen uns auf dem Saynsteig vom Schloss Sayn hinauf zur Burg Sayn. Auf eindrucksvollen Waldwegen wandern wir am Telegraphenberg bei Stromberg vorbei ins Brexbachtal. Der insgesamt 22 Kilometer lange Bach schlängelt sich hier durch ein eindrucksvolles, enges Tal mit steilen, dicht bewaldeten Hängen. Bis 1994 fuhr hier auch eine Eisenbahn und von 2010 bis 2013 noch mal ein roter Schienenbus als Touristenbahn, die den Wildbach auf zahlreichen Viadukten überquerte. Auf dem Saynsteig und der Wäller-Tour Brexbachschluchtweg folgen wir dem gewundenen Bachlauf und steigen dann hinauf auf den Pulverberg, wo einst der obergermanisch-rätische Limes verlief. Hier wurde ein Stück der Grenzbefestigung mit römischem Wachturm und Palisade rekonstruiert. Über Meisenhof gelangen wir zurück nach Sayn.

Ausgangspunkt: Parkplatz an der Abtei Sayn nördlich von Bendorf. Bus Linie 8 von Koblenz Hbf. nach Schloss Sayn.
Markierung: Saynsteig.
Anforderungen: Mittel. Bei Nässe sind wegen morastiger Passagen feste Wanderschuhe mit Profilsohle zu empfehlen.
Einkehrmöglichkeit: Sayn, Lindenhof in der Nähe der Abtei Sayn, Abteistraße 65 (geöffnet Mi–Sa ab 17 Uhr, So ab 10 Uhr), Waldgaststätte Meisenhof (Mo–Mi Ruhetag, Biergarten).
Sehenswürdigkeiten: Das neugotische Schloss Sayn aus dem 19. Jh. ist bis heute die Residenz der Fürsten von Sayn-Wittgenstein-Sayn. Auf einer Führung bekommt der Besucher einen Einblick in das glanzvolle Leben der Fürstenfamilie. Besonders sehenswert ist der fürstliche Salon mit seiner Gemäldegalerie. Seit März 2020 dokumentiert das Neue Museum im Schloss die Geschichte der Adelsfamilie, die zu den ältesten hochadeligen Familien in Deutschland zählt. Im Schlosspark auf der anderen Straßen-

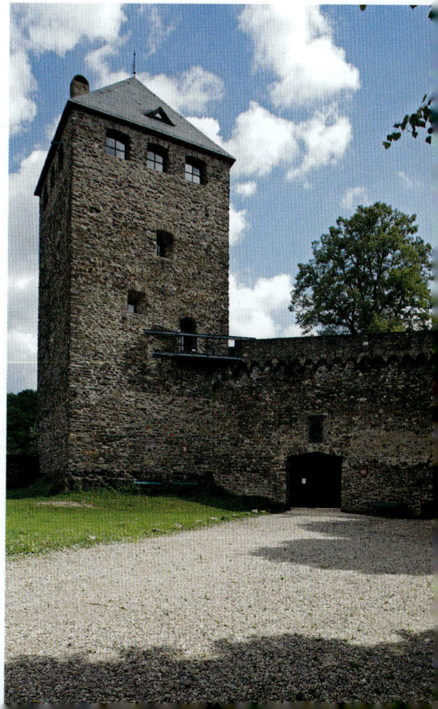

Der 28 Meter hohe Hauptturm der staufischen Burganlage Sayn im Westerwald.

seite flattern im Garten der Schmetterlinge farbenprächtige tropische Falter zwischen Orchideenblüten. Das Neue Museum und der Garten der Schmetterlinge sind von Mitte März bis Mitte Nov. täglich geöffnet. Führungen durch das Schloss müssen vorab gebucht werden (sayn.de). Nordöstlich des Schlossparks liegt die historische Sayner Hütte, deren Gießhalle aus dem Jahr 1828 als erster Industriebau in Deutschland eine tragende Gusseisenkonstruktion bekam. In der Hütte befindet sich das Rheinische Eisenkunstguss-Museum (geöffnet März–Okt. täglich 10–18 Uhr, Nov.–Dez. Sa und So 10–18 Uhr). Auf dem Kehrberg oberhalb des Schlosses steht die Burg Sayn, der Stammsitz der Grafen von Sayn. Die Burg wurde um 1152 erbaut und 1633 zerstört. Ihr 28 m hoher Wohnturm (Bergfried) besitzt 2,40 m dicke Mauern. Auf dem Burggelände sind auch die überdachten Grundmauern der romanischen Doppelkapelle aus dem 12. Jh. mit ihrem mittelalterlichen Zierfußboden zu sehen.
Versteckt im Wald unterhalb der Burg liegt die Abtei Sayn. Das ehemalige Prämonstratenser-Kloster ist heute eine Pfarrkirche und katholische Bildungsstätte. Es wurde um 1200 von Graf Heinrich II. gegründet. Sehenswert sind der romanische Kreuzgang mit dem Brunnenhaus und die Abteikirche, dazu wertvolle Kirchenschätze und die berühmte Stumm-Orgel (Führungen April bis Okt. an jeweils einem So im Monat, Termine und Anmeldung über abtei-sayn.de).
Karte: Wanderkarte 1:25.000 Rheinwandern 3 Koblenz von NaturNavi.

Auf dieser Wanderung orientieren wir uns nur an der Beschilderung des *Saynsteigs*. Vom Parkplatz an der **Abtei Sayn** ❶ gehen wir zur Abtei, überqueren davor rechts den Brexbach und gelangen durch den Prälatengarten zur *Brexstraße* und auf dieser zum **Schloss Sayn**. Dort folgen wir links vom

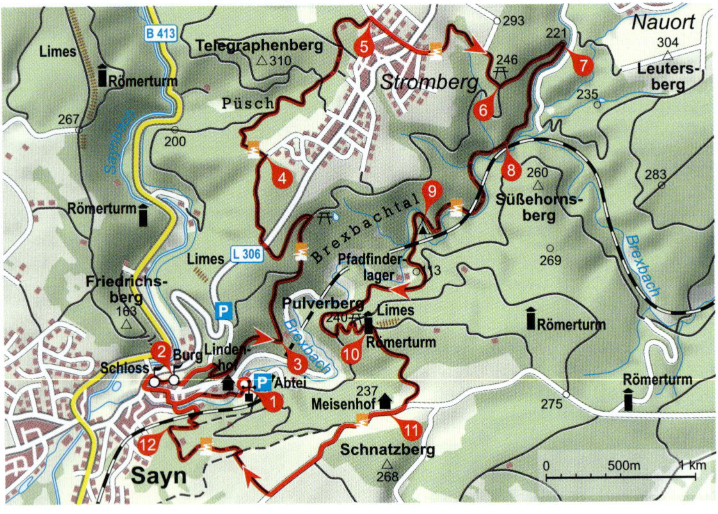

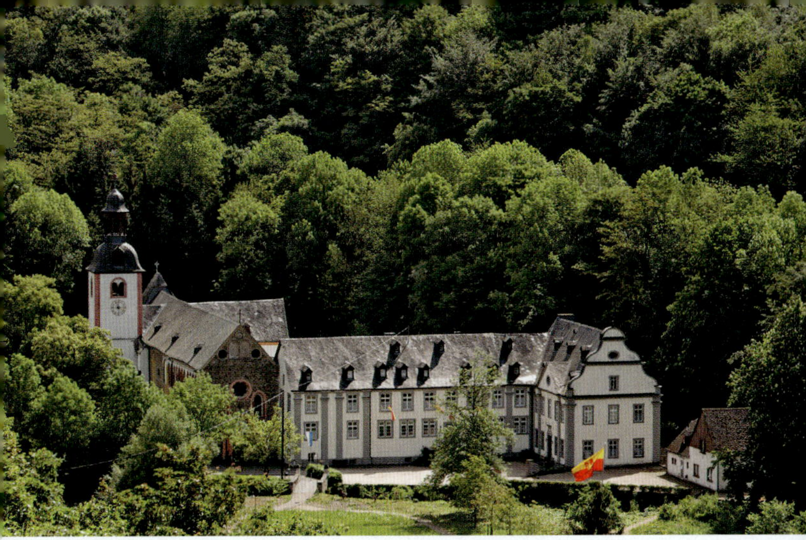

Die Abtei Sayn.

Schloss dem *Saynsteig* hinauf zur **Burg Sayn** ❷. Durch den mittelalterlichen Burghof kommen wir hier zur romanischen Doppelkapelle, von der wir eine herrliche Aussicht ins Rhein- und Brexbachtal sowie auf die Alte Abtei haben. Wir gehen im Burggarten um die Burg und folgen weiter dem *Saynsteig* um den bewaldeten Burgberg zur **Oskarhöhe** ❸, einem Aussichtspunkt mit Schutzhütte über dem Brexbachtal.

Von dort wandern wir links am Waldhang hoch über dem Brexbachtal entlang und überqueren nach 1,4 km die Straße *L 306*. Der *Saynsteig* leitet uns weiter durch den Wald bis vor den westlichen Ortsrand von **Stromberg** ❹. Dort gehen wir am Waldrand links und folgen nach 200 m dem Pfad nach rechts. Wir wandern nun östlich des Telegraphenbergs, der im 19. Jahrhundert ein wichtiger Punkt auf der optischen Telegraphenlinie Berlin–Koblenz war, durch den Wald. Auf dieser Linie übermittelte Preußen militärische und behördliche Nachrichten mittels optischer Signale. Am Ende des Walds erreichen wir am nördlichen Ortsrand von Stromberg die *Isenburger Straße* ❺. Auf dieser gehen wir rechts in den Ort, halten uns an der *Westerwaldstraße* kurz links und verlassen den Ort rechts auf dem *Bornweg*. Der *Saynsteig* leitet uns nun durch den Wald zu einer Wegkreuzung, an der ein **Rastplatz** ❻ liegt. Von dort gelangen wir geradeaus ins Tal des kleinen Bachs **Nauorter Floß** ❼.

Wir wandern rechts durch dieses bewaldete Bachtal, bis wir etwas unterhalb der Mündung des Nauorter Floß auf den **Brexbach** ❽ und die stillgelegte Bahnlinie stoßen. Hier beginnt der abenteuerliche Teil unserer Wan-

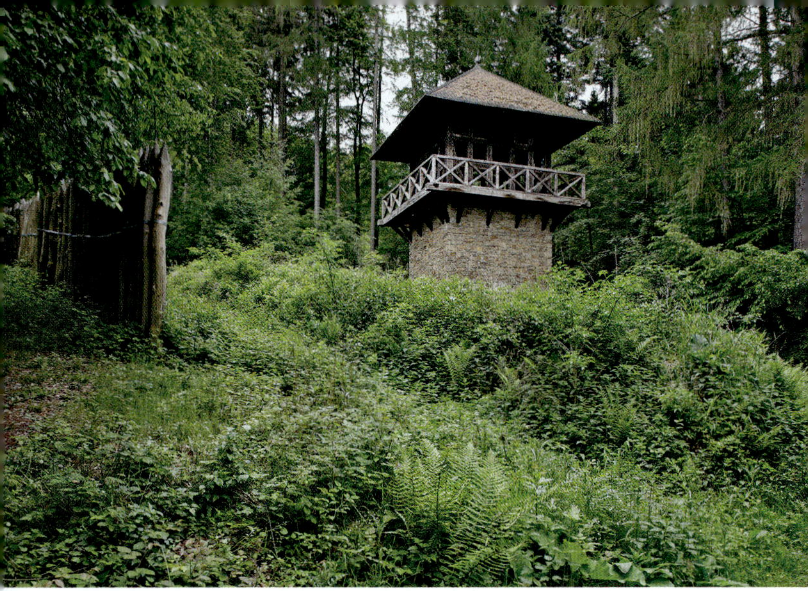

Der Römerturm auf dem Pulverberg.

derung. Der *Saynsteig* und die *Wäller-Tour Brexbachschluchtweg* leiten uns neben der von Pflanzen überwucherten, stillgelegten Bahnlinie durch das wildromantische Brexbachtal. Kleine Viadukte führen an mehreren Stellen über den Bach. Ein schmaler und an einigen Stellen matschiger Pfad führt durch den feuchten Schluchtwald an einem **Zeltplatz** 9 vorbei zum **Römerturm** 10 auf dem 240 m hohen **Pulverberg**.
Wir haben unterhalb des Bergs die *Wäller-Tour* verlassen, berühren hier kurz den *Limesweg*, orientieren uns aber weiterhin am *Saynsteig*. Auf diesem wandern wir hinter dem Turm rechts zum **Meisenhof** 11, wo wir in der Waldgaststätte einkehren können. Von dort gehen wir über die Felder zum Aussichtspunkt **Spetzje** 12, von dem wir einen tollen Blick auf Sayn haben. Nach dem Abstieg gelangen wir auf der *Brexstraße* rechts zurück zur **Abtei Sayn** 1.

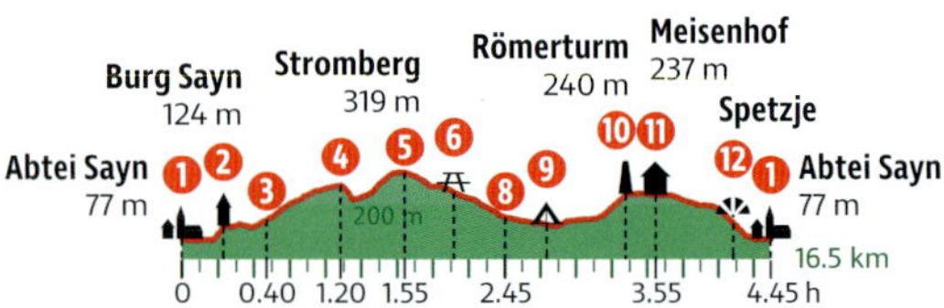

↗ 305 m | ↘ 305 m | 13.8 km

3.50 h

Von Isenburg zum Heidengraben 32

Kirchenruine, keltische Hügelgräber und der römische Limes

Unsere Wanderung führt auf einer Wäller-Tour von Isenburg hoch über dem Saynbachtal zur Kirchenruine Hausenborn. Die 1441 von den Herren von Isenburg gestiftete Wallfahrtskirche liegt versteckt im Wald. Im 17. und 18. Jahrhundert wohnten hier Einsiedler, danach verfiel die Kirche. 1935 wurde in der ehemaligen Sakristei eine Marienkapelle eingerichtet, dahinter befindet sich ein Heiliges Grab. Heute ist die große Kirchenruine wieder das Ziel von Wallfahrern. Wir wandern auch zu einem keltischen Hügelgräberfeld aus der frühen Eisenzeit. Auf dem Limesweg sind wir auf den Spuren der Römer an einer rekonstruierten Limes-Palisade unterwegs und wandern über Meinborn durch das Steinebach- und Iserbachtal zurück nach Isenburg.

Ausgangspunkt: Parkplatz nördlich der Ruine Isenburg bei der Kirche St. Katharina. Bus Linie 117 (Mo–Sa) und 112 (Mo–Fr) Neuwied–Dierdorf nach Isenburg.
Markierung: W, Rheinsteigzugangsweg, Limesturm, A2, roter Strich, A1, roter Punkt, M2, A1, D.
Anforderungen: Mittel, mehrere An- und Abstiege. Feste Wanderschuhe mit Profilsohle werden empfohlen.
Einkehrmöglichkeit: Anhausen-Meinborn, Fischerhütte Isertal (geöffnet Mi–So 8–22 Uhr, Nov.–Mitte März nur Fr–So).
Sehenswürdigkeiten: Um 1100 erbauten die Herren von Isenburg hoch über dem Saynbachtal ihren Stammsitz. Die Burg war 1625 noch bewohnt, wurde 1633 von spanischen Truppen besetzt und verfiel danach. Im Heimbach-Weiser-Wald treffen wir auf etwa 50 keltische Grabhügel. Sie stammen aus der frühen Eisenzeit (ca. 750–250 v. Chr.), sind 1 bis 2 m hoch und haben einen Durchmesser von 12 bis 30 m. Hier verlief bereits in vorchristlicher Zeit ein wichtiger Verkehrsweg. Der Limes, im 2. und 3. Jh. die Grenze zwischen dem römischen Reich und den freien Stämmen Germaniens, und der *Limesweg* queren dieses Gräberfeld. Auf unserer Wanderung stoßen wir auf die Überreste von Wall und Graben, rekonstruierte Holzpalisaden und auf die freigelegten Grundmauern römischer Wachtürme.
Karte: Wanderkarten 1:25.000 Rheinwandern 3 Koblenz und 4 Neuwied von NaturNavi.

Unsere Wanderung beginnt in **Isenburg** im Saynbachtal am Parkplatz nördlich der **Ruine Isenburg** ❶ bei der katholischen Kirche St. Katharina. Von dort führt uns der Weg *Nippes* zur Straße *Hohl*, auf der wir – dem *W* der *Wäller-Tour Iserbachschleife* folgend – kurz links gehen. Links hinter dem Haus zweigt der Zugangsweg zur ziemlich verfallenen Ruine ab. Auf dem nach rechts abzweigenden Fußweg gelangen wir dann hinunter in den Ort. Dort gehen wir auf der Straße *Hintertal* kurz rechts zur *Iserstraße* und auf dieser links zur *Hauptstraße*. Wir folgen dem *W* 60 m rechts entlang der *Hauptstraße (B 413)* bis hinter das letzte Haus. Ein schmaler Pfad schlän-

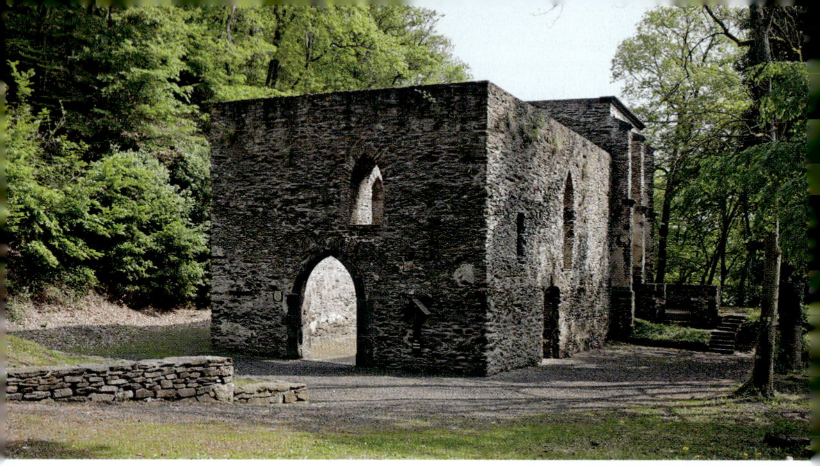

Die Kirchenruine Hausenborn steht im Wald bei Isenburg.

gelt sich dort den Waldhang hinauf, von dem sich ein schöner Ausblick auf die Ruine der Isenburg bietet. Die Markierung *W* leitet uns unterhalb des **Rabentisch-Felsens** ❷ vorbei durch den Wald zur **Kirchenruine Hausenborn** ❸. Dort verlassen wir die *Wäller-Tour Iserbachschleife*. Wir folgen am Platz vor der Ruine dem *Rheinsteigzugangsweg* (Schild »Heimbach«) links den Waldhang hinauf zum nahe gelegenen »Panoramablick«. Von hier haben wir eine schöne Aussicht über das tief eingeschnittene Saynbachtal auf Isenburg.

Weiter oberhalb verlassen wir an der nächsten Weggabelung den *Rheinsteigzugangsweg* und gehen links. Nach 60 m biegen wir an der Wegkreuzung nach rechts ab und erreichen geradeaus nach 370 m eine breite **Waldlichtung** ❹, die in einem schmalen Tal liegt. Hier biegen wir scharf links ab und folgen wieder dem *Rheinsteigzugangsweg*; dieser verläuft zunächst ein Stück durch das Tal, dann nach 280 m an der Gabelung rechts über einen bewaldeten Hügel. Nach weiteren 330 m gelangen wir an der nächsten Abzweigung links ins Tal des **Hattenbachs** ❺. Wir überqueren den kleinen Waldbach und wandern auf der Forststraße geradeaus. Nach

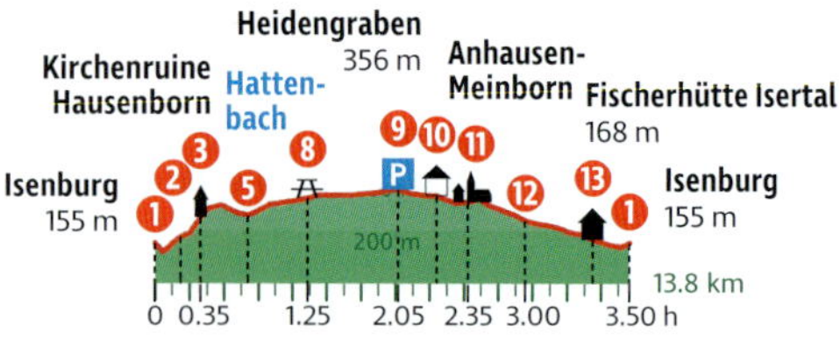

dem Linksbogen des Wegs gehen wir an der nächsten Abzweigung geradeaus, bis wir uns nach knapp 300 m an einer Wegkreuzung rechts halten und 100 m weiter auf den **Limesweg** 6 treffen, der mit einem *Limesturm* markiert ist. Dieser leitet uns noch knapp 150 m geradeaus zum Waldparkplatz bei **Antons Kreuz** 7. Um dieses Kreuz, das auch Antonen-Kreuz genannt wird, rankt sich eine Sage. Einst sammelte eine Frau aus dem Dorf Weis hier im Wald Holz. Auf dem Rückweg begegnete sie dem Teufel, der ihre Seele forderte. In größter Not bekreuzigte sich die Frau und sprach das Vaterunser, worauf der Teufel verschwand. Aus Dankbarkeit für ihre Rettung stiftete die Frau ein Kreuz. Wie uns eine Hinweistafel erklärt, befinden wir uns hier auf dem **keltischen Hügelgräberfeld** im Heimbach-Weiser Wald. Vom Parkplatz folgen wir rechts auf der Markierung *Limesturm* dem Limesverlauf mitten durch den Keltenfriedhof mit seinen 50 Hügelgräbern.
Am Golfplatz vorbei wandern wir zu **Spielmanns Heiligenhäuschen** 8, einem Rastplatz, und kommen auf dem *Limesweg* am römischen Wachtposten 1/44 vorbei. Hier können wir den Wall und den Graben am Limes

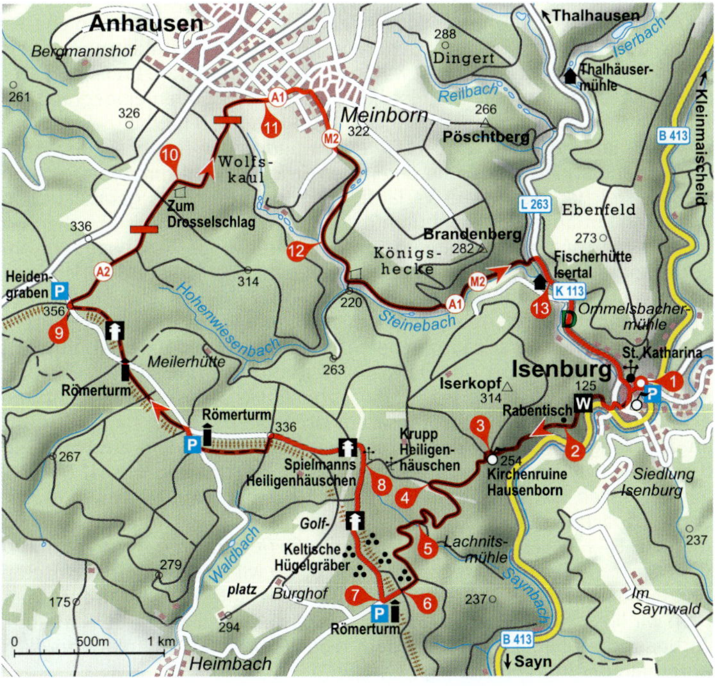

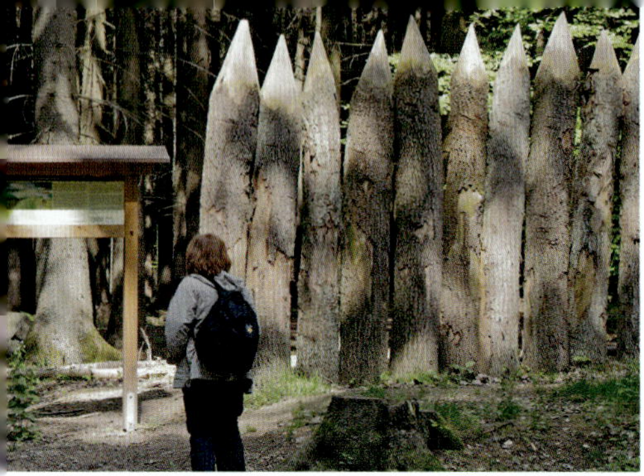

Rekonstruierte Limes-Palisade beim Kleinkastell Anhausen.

noch gut erkennen. Auch am Wachtposten 1/43 sind deutliche römische Spuren zu sehen. Erklärungstafeln informieren uns über die römische Geschichte. Nach dem Waldparkplatz Bernsmühlchen verläuft der *Limesweg* links im Wald neben dem Sträßchen. Die Grundmauern eines Römerturms wurden am Wachtposten 1/42 rekonstruiert. Wir erreichen dann den Waldparkplatz am **Heidengraben** ⑨. Hier in der Nähe befindet sich das Kleinkastell Anhausen, wo man eine **Limes-Palisade** aus angespitzten Holzpfählen im verkleinerten Maßstab rekonstruierte. Zur Römerzeit im 3. Jahrhundert bestand eine solche Palisade aus 3 bis 4 m hohen, oben zugespitzten Eichenpfählen mit 30 bis 65 cm Durchmesser. Manchmal waren diese Pfähle halbiert, und ihre glatte Seite zeigte nach außen. Die fest im feuchten Waldboden eingegrabenen Pfähle waren unten mit Feuer angekohlt und dadurch haltbar gemacht.

Am Parkplatz verlassen wir den *Limesweg* und folgen rechts auf der Forststraße der Markierung *A2* und dem *roten Strich* in Richtung Anhausen. Ein aussichtsreicher Höhenweg verläuft am Ende des Walds geradeaus am Waldrand entlang. An der Schutzhütte **»Zum Drosselschlag«** ⑩ gehen wir rechts dem *roten Strich* folgend um die Pferdekoppel und wandern am Ende links am Zaun entlang. Wir passieren die Reitanlage und gehen geradeaus weiter nach **Anhausen-Meinborn** ⑪.

Am Ortsanfang wandern wir geradeaus auf dem Feldweg an den Häusern vorbei und gehen geradeaus auf der *Bismarckstraße* durch das Wohngebiet bis zur Abzweigung der *Goethestraße*. *A1* und *roter Punkt* führen uns dort rechts zur *Friedrichstraße*, wo wir den *roten Punkt* verlassen und rechts auf *A1, M2* und der *Fulkwinstraße* aus dem Ort gehen. Danach halten wir uns an der Weggabelung vor der Kläranlage links und wandern am Waldrand durch das Meinborntal ins **Steinebachtal** ⑫. Dort führen uns *A1* und *M2* auf der linken Bachseite geradeaus durch das herrliche Tal des rauschenden Wildbachs, bis dieser nach 1,8 km an der Straße *K 113* in den Iserbach mündet. Hier folgen wir rechts der *Iserstraße (K 113)* und der Markierung *D* des *Dierdorfer Wegs* durch das Iserbachtal, wo wir an der bewirtschafteten **Fischerhütte Isertal** ⑬ vorbeikommen. Am Ortsanfang von **Isenburg** wandern wir links auf der Straße *Hohl* an der katholischen Kirche St. Katharina vorbei und schließlich links auf dem Weg *Nippes* zum Parkplatz nördlich unterhalb der **Ruine Isenburg** ①.

↗ 260 m | ↘ 260 m | 16.6 km

4.20 h

Von Kleinmaischeid nach Isenburg 33

Rund um den ehemaligen Mittelpunkt der Europäischen Union

Mit der Erweiterung der Europäischen Union von 19 auf 25 Mitgliedsstaaten am 1. Mai 2004 wurde Kleinmaischeid deren geografischer Mittelpunkt – eine gute Werbung für den kleinen Ort im Westerwald – zumindest bis 2006, als sich der Mittelpunkt der EU durch neu hinzugekommene Länder verlagerte. Seit Januar 2020 liegt der neue Mittelpunkt der EU nach dem Brexit auf einem Acker im Veitshöchheimer Ortsteil Gadheim. Vor dem Kleinmaischeider Bürgerhaus weist die Europa-Skulptur des Künstlers Gernot Meyer-Grönhof auf die ehemalige zentrale Lage hin. Wir wandern von Kleinmaischeid auf dem Holzbock-Wanderweg zur Thalhauser Mühle und auf einem Teilstück der Wäller-Tour Iserbachschleife durch das idyllische Iserbachtal nach Isenburg im Saynbachtal. Über eine aussichtsreiche Hochebene führt unsere Wanderung weiter nach Großmaischeid und durch den Wald nach Kleinmaischeid zurück.

Ausgangspunkt: Kleinmaischeid, Bürgerhaus in der Ortsmitte. Bus Linie 422 von Selters nach Kleinmaischeid (Mo–Fr).
Markierung: Holzbock, W.
Anforderungen: Mittel, wegen der Graswege und einiger schlechter Wegpassagen werden wasserdichte Wanderschuhe mit Profilsohle empfohlen.
Einkehrmöglichkeit: Gaststätte »Zum Isertal« in Kleinmaischeid (Mo Ruhetag), Hotel-Restaurant Thalhauser Mühle (Fr Ruhetag, geöffnet Mo ab 17 Uhr, sonst ab 12 Uhr, Nov.–März Sa ab 17 Uhr, Biergarten).
Sehenswürdigkeiten: Die um 1100 über dem Saynbachtal erbaute Isenburg ist der Stammsitz der Herren von Isenburg, die einst zu den bedeutendsten Adelsgeschlechtern am Mittelrhein und im Westerwald zählten. Die Burg war 1625 noch bewohnt, wurde 1633 von spanischen Truppen besetzt und verfiel danach. Nördlich unterhalb der Burgruine steht die katholische Pfarrkirche St. Katharina. Erstmals erwähnt wurde die Kirche schon 1235, im 14. Jh. wurde der gotische Chor angebaut und 1862 erfolgte der Neubau des Kirchenschiffs. Im Turm gibt es drei historische Glocken aus dem 14. und 15. Jh.
Karte: Wanderkarte 1:25.000 Rheinwandern 3 Koblenz von NaturNavi.

In **Kleinmaischeid** ❶ überqueren wir vor dem Bürgerhaus die *Hauptstraße* und gehen geradeaus auf dem Fußweg durch das Wohngebiet zur *Iserstraße*. Auf dieser kommen wir rechts an der Gaststätte »Zum Isertal« vorbei und folgen ihr weiter bis zur Haarnadelkurve am Ortsende. Dort gelangen wir geradeaus auf dem Sträßchen in den Wald. Nach der Linkskurve bei der Grillhütte überqueren wir den Iserbach und wandern links auf dem *Holzbock-Wanderweg* (Markierung *roter Holzbock*) durch das idyllische Iserbachtal. Der Weg führt geradeaus durch einen Buchenwald zur Straße *K 117*. Wir überqueren auf dieser links den Iserbach und biegen danach vor den Bäumen nach rechts ab. Unser Weg verläuft geradeaus am Waldrand wei-

ter durch das Iserbachtal zum **Mühlenhof** 2. Dort überqueren wir rechts den Iserbach erneut und treffen kurz darauf an der Wegkreuzung auf das *W* der *Wäller-Tour Iserbachschleife*. Diese Markierung leitet uns jetzt zusammen mit dem Holzbock-Zeichen links weiter durch das Iserbachtal bis nach Isenburg. Wir kommen an Fischteichen vorbei und erreichen danach die **Thalhauser Mühle** 3, wo wir den *Holzbock-Wanderweg* verlassen. Hier können wir einkehren. Aus der ehemaligen, 1834 gegründeten Getreidemühle wurde ein modernes Hotel-Restaurant.
Danach halten wir uns an der Straße *L 263* kurz links, dann führt uns das *W* oberhalb des Iserbachs um den bewaldeten Hahnsberg. Nach dem langen Bogen des Wegs überqueren wir den **Reilbach** 4 und wandern geradeaus zum nahen Waldrand. Dort gehen wir 250 m links und nach der Rechtskurve des Wegs an der Gabelung links zur Straße. Vor dieser überqueren wir den Iserbach. Auf der anderen Straßenseite führt uns das *W* etwa 1,9 km

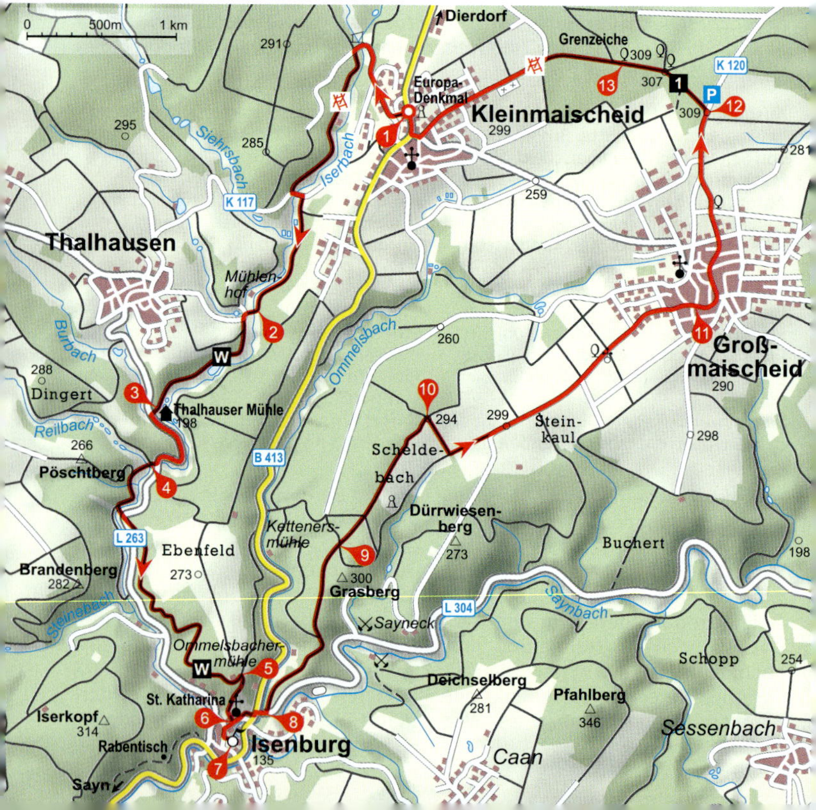

weit durch den Wald oberhalb des Iserbachtals bis zur Trasse einer **Hochspannungsleitung 5**. Hier gehen wir rechts unter der Hochspannungsleitung und wandern gleich dahinter rechts am Waldrand an der Trasse entlang. Diese queren wir kurz darauf erneut und erreichen am Ende des Waldwegs nördlich von Isenburg die katholische Kirche St. Katharina. Wir gehen an der Kirche vorbei und halten uns dahinter am **Parkplatz 6** nördlich der Ruine Isenburg rechts.

Die Straße *Nippes* führt uns zur Straße *Hohl*, auf der wir links hinter dem Haus auf dem grasbewachsenen Fußweg (keine Markierung) hinauf zur **Ruine Isenburg 7** gelangen. Nach der Besichtigung der ziemlich verfallenen Ruine gehen wir wieder hinunter zur Straße *Hohl* und rechts zurück zum **Parkplatz 6**. Hier verlassen wir das *W*. Die Straße *Nippes* führt uns am Parkplatz vorbei zu einer Weggabelung vor der Hochspannungsleitung, an der wir links auf dem Fußweg zur *Hauptstraße (B 413)* in **Isenburg 8** gelangen. Dort halten wir uns kurz links, überqueren die *Hauptstraße* und gehen gleich am Anfang der Straße *L 304* links an dem Haus vorbei. Jetzt wandern wir 500 m durch den Wald oberhalb des Saynbachtals, halten uns dann an der Abzweigung geradeaus und nehmen nach weiteren 180 m an der Gabelung den mittleren der drei Wege. Diesem folgen wir etwa 700 m, gehen dann an der Wegkreuzung nördlich des **Grasbergs 9** ebenfalls geradeaus und nach 250 m an der

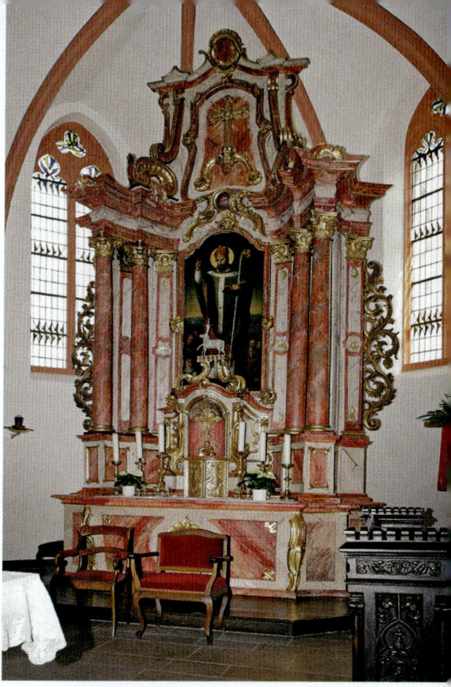

Altar der katholischen Pfarrkirche St. Katharina in Isenburg.

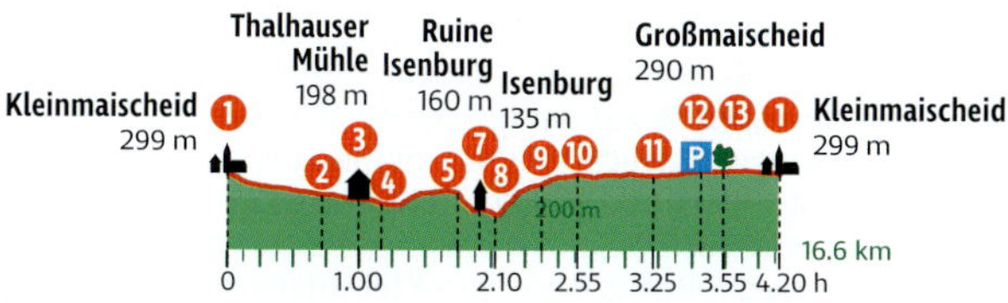

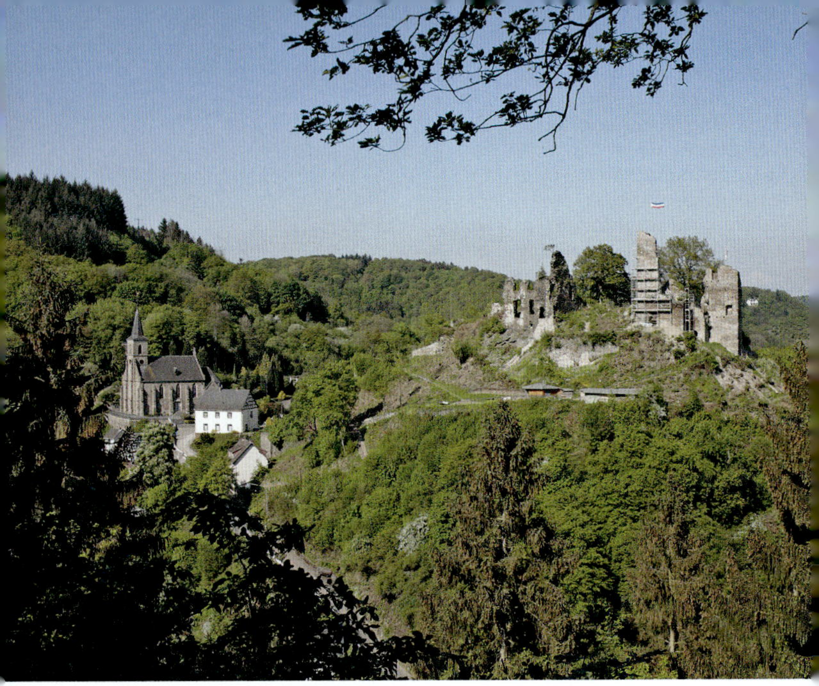

Katholische Pfarrkirche St. Katharina und die Ruine Isenburg.

nächsten Wegkreuzung noch einmal. Danach wandern wir 800 m bis zum **Waldrand** ⑩. Dort gehen wir rechts am Feld entlang und nach 300 m links auf dem Wirtschaftsweg geradeaus über die Felder nach **Großmaischeid**. Dort folgen wir der *Isenburger Straße* in den Ort bis zum Brunnen an der **Hauptstraße** ⑪. Auf dieser gehen wir weiter geradeaus bis zur *Mittelstraße* und auf dieser links. Am Ortsende mündet die *Mittelstraße* in die *Dierdorfer Straße*, neben der wir rechts auf dem Wirtschaftsweg zu einem **Waldparkplatz** ⑫ gelangen.

Dort überqueren wir die Straße und wandern links auf dem *Maischeider Weg* etwa 450 m immer geradeaus durch den Wald bis zu einer Wegkreuzung, an der wir leicht links auf der Markierung *1* zur **Grenzeiche** ⑬ gelangen. Die mächtige Eiche markiert die Gemeindegrenze zwischen Groß- und Kleinmaischeid. Nun geht es auf der geschotterten Forststraße, der Markierung des *Holzbock-Wanderwegs* folgend, geradeaus nach Kleinmaischeid. Dort kommen wir am Ortsrand am Friedhof vorbei und gelangen auf der *Friedhofstraße* zur *Alten Straße*, auf der wir rechts zur *Hauptstraße* und auf dieser rechts zurück zum Bürgerhaus von **Kleinmaischeid** ① gehen.

2.00 h

Vom Aubach-Stausee bei Oberbieber nach Rengsdorf

Wandern auf dem Rheinhöhenweg und dem Rheinsteig

Vom Schwanenteich oder Aubach-Stausee nördlich von Oberbieber, der 1971 angelegt wurde, wandern wir auf dem Rheinhöhenweg über den Bergrücken des Köppel bis Rengsdorf und kehren auf dem Rheinsteig zurück. Am Weg liegen die Aussichtspunkte Nonnenley und Felsennest Engelsblick, kurz vor dem Tourende kommen wir an einem rekonstruierten Römerturm vorbei.

Ausgangspunkt: Parkplatz am Aubach-Stausee bei Oberbieber. Bus Linie 160 Neuwied–Rengsdorf (Rathaus), von dort 400 m zum alternativen Toureinstieg am Ortsrand von Rengsdorf; oder Bus Linie 58 Neuwied–Oberbiber, Kirche (Mo–Fr), von dort 1 km zum Toureinstieg am Römerturm.
Markierung: R, Rheinsteig.
Anforderungen: Mittel, stellenweise steile Wege, die bei Nässe rutschig sein können.
Einkehrmöglichkeit: Restaurant »Zum Schwanenteich« am Aubach-Stausee (Mo und Di Ruhetag, geöffnet ab 17 Uhr, Sa, So ab 12 Uhr), Hotel-Restaurant Waldterrasse in Rengsdorf (nahe Wegpunkt 5, Mo Ruhetag).
Karte: Wanderkarte 1:25.000 Rheinwandern 4 Neuwied von NaturNavi.

Vom **Aubach-Stausee** ❶ wandern wir auf dem *R* des *Rheinhöhenwegs* am Restaurant »Zum Schwanenteich« vorbei und folgen dahinter rechts dem steilen Pfad hinauf auf den **Köppel** ❷. Die Wäller nennen so einen Berg – und da es im Westerwald viele Berge gibt, gibt es auch viele Köppel. Unser Weg, von dem wir immer wieder schöne Aussichten haben, verläuft die nächsten 1,2 km zwischen dem Engelsbachtal im Westen und dem Aubachtal im Osten geradeaus über den lang gezogenen, bewaldeten Bergrücken. Dann wendet sich der Weg nach Westen und führt oberhalb von Rengsdorf nach einem Rechtsbogen hinunter ins **Tal** ❸, wo sich der Engelsbach, Birzenbach und Völkerwiesenbach vereinen. Hier gehen wir links, überqueren kurz darauf links den Birzenbach

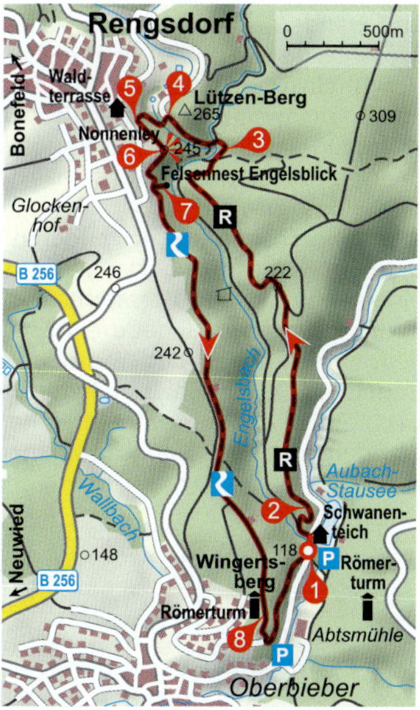

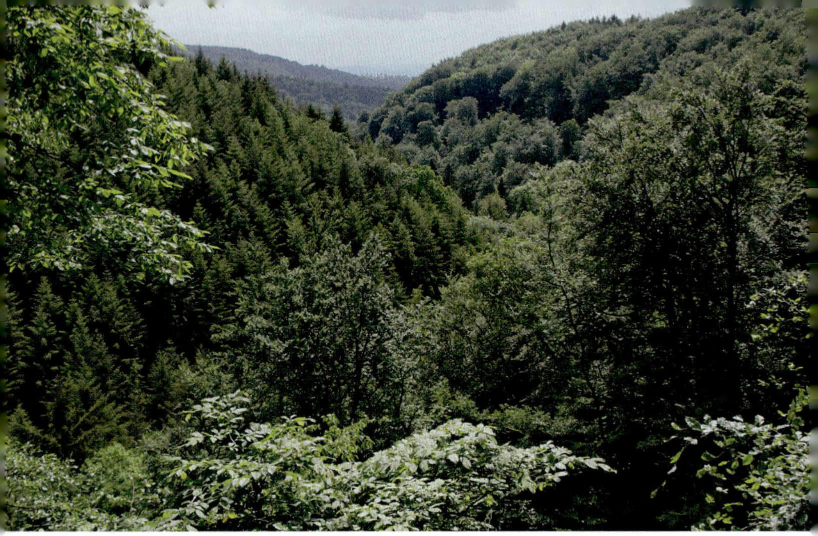

Waldblick von der Nonnenley bei Rengsdorf.

und wandern gleich danach rechts durch das bewaldete Tal des Völkerwiesenbachs. Nach 300 m erreichen wir eine Weggabelung, an der wir auf den **Rheinsteig** ④ treffen. Hier biegen wir nach links ab und folgen dem *Rheinhöhenweg* und dem *Rheinsteig* noch 170 m nach links bis zu einer Abzweigung am Ortsrand von **Rengsdorf** ⑤. Hier verlassen wir den *Rheinhöhenweg* und orientieren uns links gehend an der *weißen Welle auf blauem Grund* des *Rheinsteigs*.
Wir wandern nun auf der anderen Seite des Völkerwiesenbachs am Ortsrand von Rengsdorf entlang zum Aussichtspunkt **Nonnenley** ⑥, an dem eine kleine Schutzhütte steht. Von dort haben wir eine schöne Aussicht in das waldreiche Tal der drei Bäche. Nur wenig weiter auf dem *Rheinsteig* liegt links oberhalb des Wegs ein weiterer Aussichtspunkt, das **Felsennest Engelsblick** ⑦. Von diesem haben wir einen schönen Blick über das Engelsbachtal auf den bewaldeten Höhenrücken, auf dem der Hinweg unserer Wanderung verlief. Danach folgen wir dem *Rheinsteig* die nächsten 2,6 km geradeaus durch den Wald bis zum rekonstruierten **Römerturm** ⑧ auf dem Wingertsberg bei Oberbieber. Danach gehen wir kurz bergab und halten uns am Parkplatz am Ende der *Wingertsbergstraße* links. Der *Rheinsteig* führt uns oberhalb des Aubachtals geradeaus durch den Wald zurück zum **Aubach-Stausee** ①.

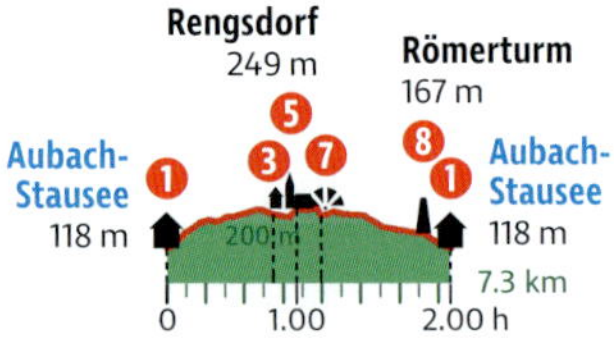

↗ 390 m | ↘ 390 m | 12.6 km

3.45 h

Von Altwied nach Monrepos

35

Romantisches Wiedtal und einsame Wälder

Vom Burgdorf Altwied wandern wir auf dem bequemen Uferweg entlang der Wied zur bewirtschafteten Laubachsmühle und gelangen auf einem Höhenweg oberhalb des Wiedtals ins Friedrichstal. Wenig begangene Waldwege führen uns um eine geschützte Wildruhezone in den einsamen Wäldern des Naturparks Rhein-Westerwald nach Monrepos, wo im ehemaligen Palais der Prinzessinnen ein Museum eingerichtet wurde. Am bewirtschafteten Hanhof vorbei kehren wir durch eine lange Kastanienallee zurück nach Altwied.

Ausgangspunkt: Altwied, Parkplatz an der Straße Im Wiedtal (L 255). Bus Linie 130 Neustadt–Neuwied zur Haltestelle Altwied, Burg. Auch Radbus Wiedtal Linie 131 Roßbach–Neuwied (Sa, So).
Markierung: Wiedweg/Rheinsteig, Wiedweg, R1, D2, blauer Punkt, Rheinhöhenweg R.
Anforderungen: Mittel, längere Abschnitte verlaufen auf schlecht markierten, einsamen Waldwegen.
Einkehrmöglichkeit: Steakhaus in Altwied (Mo und Di Ruhetag, geöffnet ab 17 Uhr, So auch 11.30–15 Uhr), Laubachsmühle (geöffnet Mi–So ab 16 Uhr, Sa, So ab 11 Uhr), Gutsschänke Hanhof in Monrepos (Fr und Sa ab 15 Uhr, So ab 11 Uhr geöffnet, schöner Biergarten).

Das alte Wehr an der Wied.

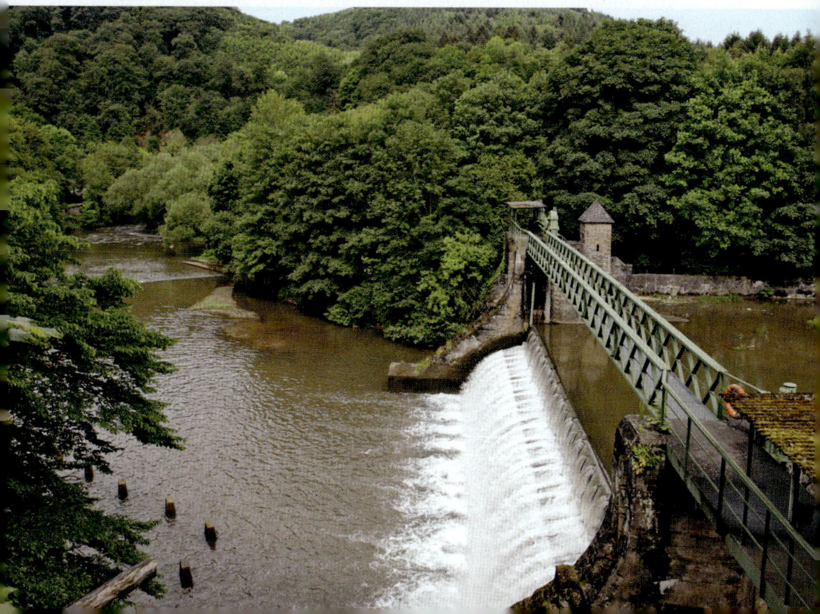

Sehenswürdigkeiten: Die Burg Altwied wurde 1129 auf einer nach Norden und Osten hin steil abfallenden, auf drei Seiten von der Wied umflossenen Bergzunge erbaut. Auf der flacheren Süd- und Westseite entstand eine von einer Mauer umschlossene Siedlung. Den Zugang zu dem Burgdorf sicherte im Mittelalter der im 13. bis 14. Jh. erbaute Porz (Burgtor). Heute säumen schmucke Fachwerkhäuser aus dem 17. und 18. Jh. und die Reste der alten turmbewehrten Befestigungsmauer die Burgtorstraße. Die große evangelische Pfarrkirche stammt aus dem 15. Jh. Wir treffen auf eines der ältesten Wasserkraftwerke Deutschlands am Wiedwehr unterhalb der Burg.
Im Waldheim Monrepos, dem ehemaligen Palais der Prinzessinnen, erhalten Besucher im »Archäologischen Forschungszentrum und Museum für menschliche Verhaltensevolution« (Museum Monrepos) einen Einblick in die Geschichte der Menschheit im Rheinland vor einer Million Jahren (geöffnet Mi–So 10–17 Uhr).
Karte: Wanderkarte 1:25.000 Rheinwandern 4 Neuwied von NaturNavi.

In **Altwied** ❶ wandern wir vom Parkplatz an der Straße *Im Wiedtal (L 255)* der Markierung des *Wiedwegs* und des *Rheinsteigs* folgend gut 100 m entlang der Straße in Richtung Norden und biegen auf der Höhe des Wiedwehrs nach rechts ab. Kurz darauf folgen wir links dem schmalen Pfad in den Wald. Die beiden Markierungen leiten uns die nächsten 1,3 km im Wald oberhalb der Wied zu einer **Weggabelung** ❷ südlich der Laubachsmühle. Hier verlassen wir den *Rheinsteig* und folgen dem *Wiedweg* links hinunter zur bewirtschafteten **Laubachsmühle** ❸. Wir überqueren davor die Straße *L 255* und wandern am Ende der Mühle auf dem Fußweg, der links neben der Straße verläuft, zum holzgedeckten Wiedsteg. Dort verlassen wir den *Wiedweg* und überqueren links den Fluss. Nun wandern wir auf *R1* 200 m geradeaus bis zur ersten Gabelung, an der wir nach rechts abbiegen. Von dort folgen wir *D2* in Richtung des ausgeschilderten Museums Monrepos. Der Wanderweg führt den Waldhang hinauf durch einen dunklen Nadel-

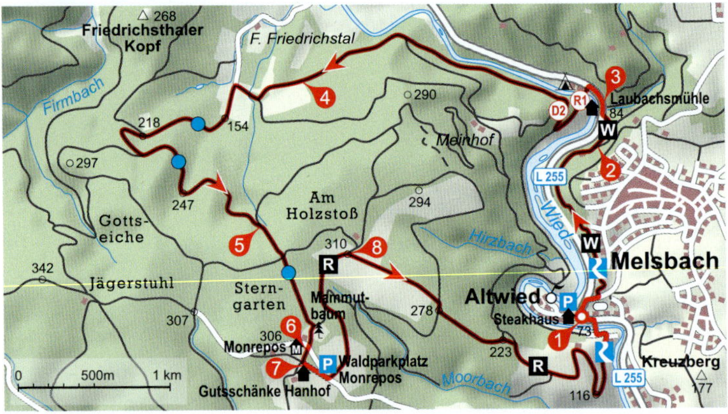

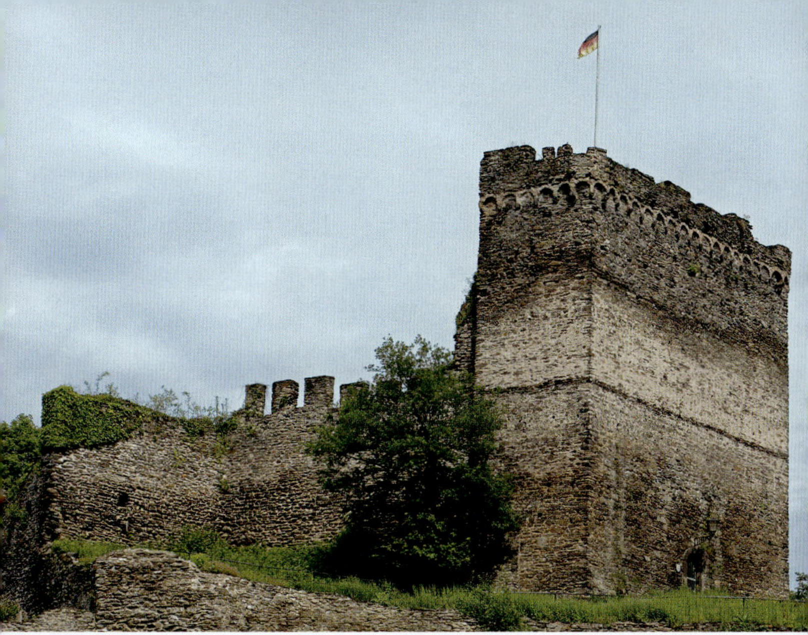

Burg Altwied.

wald. Auf der Anhöhe verlassen wir nach 140 m an einer Abzweigung die Markierung *D2* und wandern rechts auf dem nicht markierten Waldweg oberhalb des Wiedtals weiter, an dem dichter Mischwald die steilen Hänge bedeckt. Der Weg führt etwa 1,2 km geradeaus, beschreibt dann einen Linksbogen und erreicht nach weiteren 700 m oberhalb des Friedrichstals eine große **Waldwiese** ④. Wir wandern rechts an der Wiese entlang, queren ein kleines Waldstück und setzen danach unseren Weg rechts erneut entlang einer Wiese fort. Am Ende gehen wir links durch die von alten Kastanienbäumen gesäumte Allee – der Weg ist mit einem (verblassten) *blauen Punkt* markiert – und folgen am Ende der Allee dem Schotterweg schwach rechts bergauf. Ein Schild weist darauf hin, dass wir uns hier am Rand der Kernzone 2 des Naturparks Rhein-Westerwald befinden, einer geschützten Wildruhezone, die nicht betreten werden darf. Bleiben Sie bitte auf dem Weg und lassen Sie die Ruhe des Waldes auf sich wirken! Nach 800 m

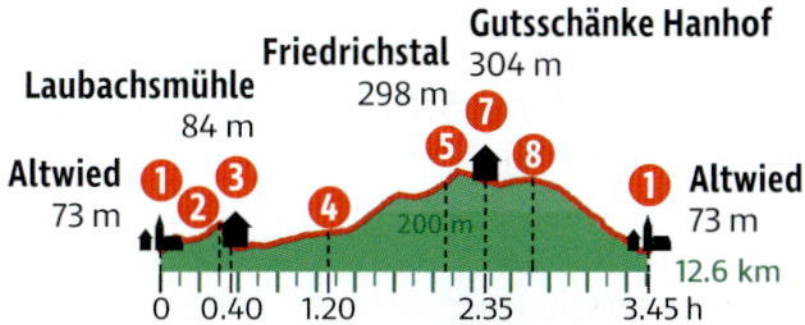

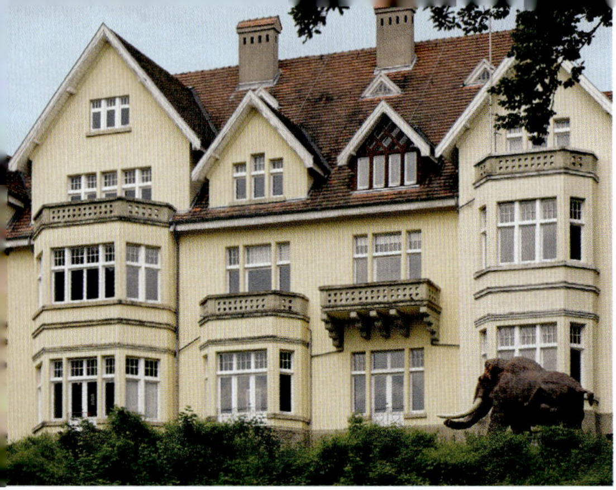

Monrepos, das Museum für menschliche Verhaltensevolution.

folgen wir dem scharfen Linksbogen des Wegs und gehen nach 250 m auf einer Forststraße links weiter. Sie führt etwa einen Kilometer lang auf gleichbleibender Höhe in Bögen durch den einsamen Wald oberhalb des Friedrichstals, die Markierung ist lückenhaft. Danach queren wir den Talschluss des **Friedrichstals** ❺ und folgen weiter dem *blauen Punkt*. In einer Haarnadelkurve verlassen wir den breiten Weg und gehen geradeaus auf *blauem Punkt* den Waldhang hinauf. Oben angekommen, halten wir uns rechts und wandern gut 500 m weiter geradeaus bis zum Waldrand. Hier gehen wir rechts auf dem Wirtschaftsweg (*Rheinhöhenweg R*) am Mammutbaum vorbei nach **Monrepos** ❻. Ein Mammut weist vor dem schlossähnlichen, ehemaligen Palais der Prinzessinnen auf das hier befindliche Museum hin. 1756 bis 1762 hatte Graf Alexander von Wied in der Nähe ein Jagdschloss erbauen lassen, das im 19. Jahrhundert als Sommerresidenz der fürstlichen Familie diente. Nachdem es nach dem Zweiten Weltkrieg verfiel und ein Wiederaufbau zu teuer war, wurde es 1969 abgerissen.

150 m unterhalb des Museums Monrepos liegt die **Gutsschänke Hanhof** ❼ mit ihrem einladenden Biergarten. Ein nicht markierter Fußweg führt uns dorthin. Vor der Gutsschänke gehen wir links auf der *Monreposstraße* zur Wegspinne beim nahen Parkplatz und wandern von dort links auf dem Wirtschaftsweg über die Wiese in den Wald. Dort treffen wir an der zweiten Abzweigung wieder auf den *Rheinhöhenweg*. Dessen Markierung *R* leitet uns rechts zurück nach Altwied. Nachdem wir den Wald verlassen haben, gehen wir bei den eingezäunten Feldern rechts auf *R* durch die lang gezogene **Kastanienallee** ❽ zurück nach Altwied und können unterwegs den Ausblick ins Wiedtal genießen. Oberhalb von Altwied trifft der *Rheinhöhenweg* auf den *Rheinsteig* und den *Wiedweg*. Die drei Markierungen leiten uns durch die Schrebergärten an der »Rheinsteig-Verweil- und Brotzeit-Bank« vorbei zur Straße *Am Brückenstein* und zur historischen Steinbrücke, auf der wir die Wied überqueren. Danach gelangen wir links auf der Straße *Im Wiedtal* zurück zum nahen Parkplatz in **Altwied** ❶. Wer möchte, kann jetzt noch die Burg Altwied erkunden.

↗ 130 m | ↘ 130 m | 7.2 km

2.00 h

Von Horhausen ins Grenzbachtal 36

Auf dem Erzwanderweg und dem Kölner Weg durch eine vom Bergbau geprägte Landschaft

Der Grenzbach bildete früher sowohl eine politische als auch eine »kirchliche« Grenze. Das Tal, das wir auf unserer Wanderung kennenlernen, wurde jahrhundertelang von Köhlern, Bauern und für Bergbauaktivitäten gemeinschaftlich genutzt: Die Holzkohle aus den Wäldern lieferte die Energie für die mittelalterlichen Rennöfen aus Lehm und später für die Pleckenhausener Hütte, in der das in der Umgebung geförderte Eisenerz verhüttet wurde. Das Wasser aus den Bächen trieb die Pochwerke zum Zerkleinern der Erze und Eisenbearbeitung an. Heute wird im Grenzbachtal, das einen vielfältigen Lebensraum für seltene Pflanzen, Amphibien, Schmetterlinge, Insekten und Vögel bietet, Naturschutz durch Nutzung betrieben. Fichten und Kiefern wurden gerodet, natürliche Überflutungsflächen reaktiviert und Galloway-Rinder halten die Wiesen in der Talaue weitgehend frei von Bäumen. Dadurch, dass die Rinder das ganze Jahr über draußen sind und somit für Wiesenpflege sorgen, gestalten sie zusammen mit dem Wild die Landschaft.

Ausgangspunkt: Horhausen, Kardinal-Höffner-Platz. Bus Linie 120 Altenkirchen–Neuwied, Haltestelle am Ausgangspunkt.
Markierung: Erzwanderweg, Galloway-Weg, K.
Anforderungen: Gering, gute Wege.
Einkehrmöglichkeit: Gaststätten in Horhausen, Willrother Alm (So geschlossen, Okt.–April auch Sa geschlossen), Hotel-Restaurant Grenzbachmühle (Di Ruhetag, Biergarten).
Sehenswürdigkeiten: Die große katholische Pfarrkirche St. Maria Magdalena in Horhausen mit ihrem 50 m hohen, wuchtigen Turm wird auch »Westerwälder Dom« genannt. Vor der neuromanischen Kirche steht eine Bronzeskulptur des Kölner Erzbischofs Josef Kardinal Höffner, der 1906 in Horhausen geboren wurde und 1987 in Köln starb. An Friedrich Wilhelm Raiffeisen, den Genossenschaftsgründer und Sozialreformer, der im Horhausener Gemeinderat durchsetzte, dass arbeitsfähige Bedürftige nur dann Unterstützung von ihrer Gemeinde bekommen, wenn sie sich als Gegenleistung am Wegebau beteiligen, erinnert die 1852 erbaute »Raiffeisenstraße« zwischen Horhausen und Willroth (heute B 256).
Karte: Kompass-Wanderkarte 847 Westerwald, Siegen, Naturpark Lahn-Dill-Bergland 1:50.000.

Wir beginnen unsere Wanderung am *Kardinal-Höffner-Platz* in **Horhausen** ①. Ganz in der Nähe steht die Pfarrkirche St. Maria Magdalena, der »Westerwälder Dom«. Wir verlassen den Ort entlang der *Rheinstraße (B 256)* in Richtung Willroth

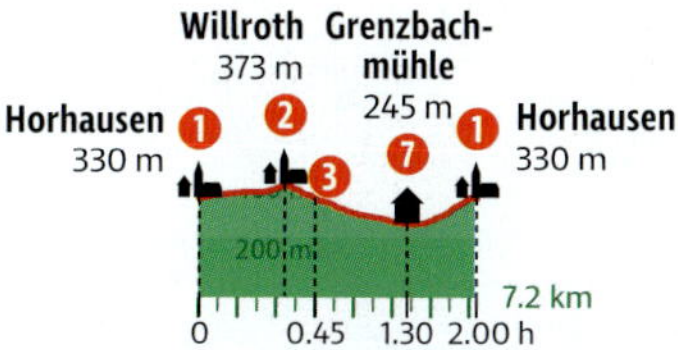

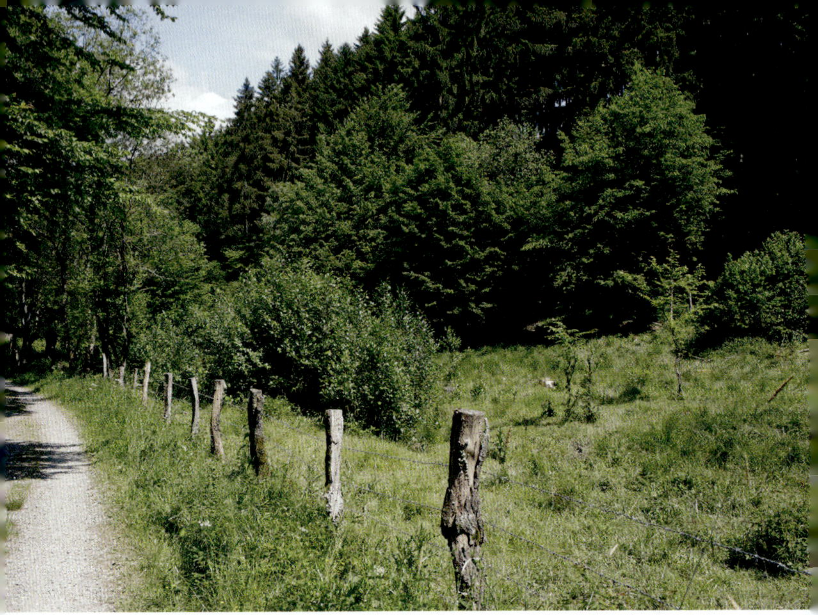

Im Grenzbachtal bei Willroth.

und wandern vor dem Ortsschild links auf dem ausgeschilderten *Erzwanderweg* am Waldrand entlang. Vor uns erhebt sich die Spitze des 56 m hohen Förderturms der 1965 stillgelegten Grube Georg in Willroth, der als technisches Denkmal an den Eisenerzbergbau im Westerwald erinnert. Nach dem Waldstück gehen wir rund 900 m geradeaus an dem langen Feld entlang und gelangen dann links nach **Willroth** ❷, wo wir in der Willrother Alm einkehren können.

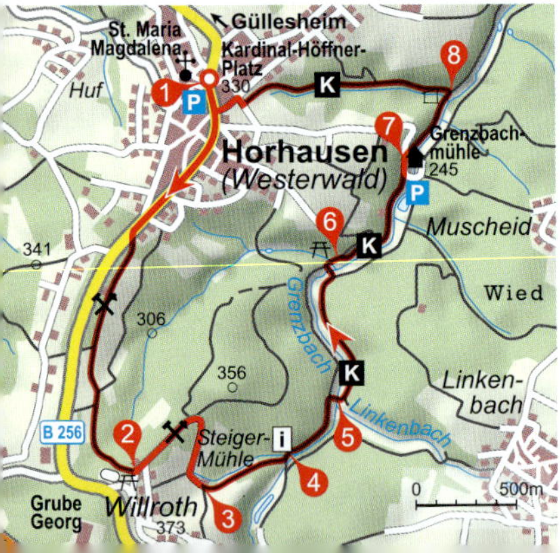

Der *Erzwanderweg* führt uns am Ende des Sportplatzes links auf der *Steinstraße* zur **Steiger-Mühle** ❸. 1811 wurde von hier aus der Stollen »Tiefer Georg« in den Berg getrieben, 1836 die Mühle als Zechenhaus und als Unterkunft für die Steiger und ihre Familien erbaut. 1993 brannte die Mühle ab und wurde als Wohnhaus neu erbaut.

Hinter der Steiger-Mühle verlassen wir den *Erzwanderweg*, gelangen links auf dem Schotterweg ins

Grenzbachtal ❹ und wandern am Informationsstand im Tal links auf dem *Galloway-Weg* durch das herrliche Bachtal. Informationstafeln erklären uns das »Projekt Grenzbachtal«. Nach der Hinweistafel »Tal heute« gehen wir rechts durch das Gatter, überqueren den **Grenzbach** ❺ und wandern auf der anderen Talseite links auf dem mit *K (Kölner Weg)* markierten Waldweg durch das Tal. Nachdem unser Wanderweg erneut das Tal gequert hat, gehen wir auf der anderen Seite rechts auf *K* weiter. Nach 50 m überqueren wir den Waldbach und erreichen dahinter eine Wegkreuzung. Hier liegt links oberhalb des Wegs vor einer Felswand ein schöner **Rastplatz** ❻.
Wir wandern rechts weiter am mäandernden Grenzbach entlang und erreichen hinter den Fischteichen die **Grenzbachmühle** ❼. Die im 16. Jahrhundert erbaute Ölmühle ist heute ein Hotel-Restaurant mit schönem Biergarten, in dem man die Wildgerichte und Forellen so richtig genießen kann.
Auf der linken Bachseite wandern wir oberhalb der Mühle rechts auf *K* weiter durch das Tal bis zu einer **Abzweigung** ❽, an der eine Schutzhütte steht. Hier verlassen wir das Grenzbachtal und kehren links auf *K* zurück nach Horhausen. Am Ortsanfang gehen wir auf der *Forststraße* links zur *Rheinstraße* und an dieser entlang rechts wieder zum *Kardinal-Höffner-Platz* im Zentrum von **Horhausen** ❶ zurück.

Informationsstand im Grenzbachtal.

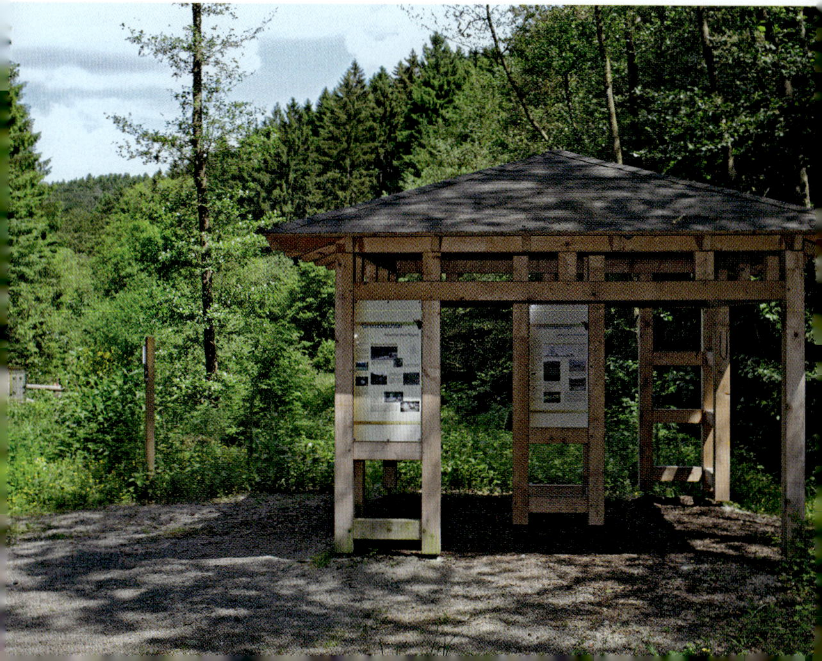

↗ 370 m | ↘ 370 m | 16.8 km

37 Von Horhausen nach Oberlahr

4.40 h

Grenzbachtal, Wiedtal und Lahrbachtal

Zwischen Oberlahr und Horhausen, wo jahrhundertelang Eisenerze abgebaut wurden, reichen die ältesten Spuren des Bergbaus bis ins Jahr 1000 n. Chr. zurück. Als man im Mittelalter das Erz mit Keilhacken im Tagebau gewann, entstanden bis zu einen Meter tiefe längliche Gräben, die sogenannten Pingen. Obwohl diese alten Abbaustellen heute von Wald bedeckt sind, kann man sie in der Landschaft noch gut erkennen. Rund 3,8 Millionen Tonnen Eisenerz wurden von 1771 bis 1930 in der Grube Louise bei Niedersteinebach gefördert. Durch den Otto-Stollen, benannt nach Fürst Otto von Bismarck, fuhren die Bergleute ein und aus und die Grube wurde bewettert. Anfangs wurde in diesem 340 Meter langen, schnurgeraden Stollen ebenfalls Eisenerz abgebaut. Als es aber nicht mehr wirtschaftlich war, schlug man seitliche Durchstiche zur Grube Louise.
Auf dem Erzwanderweg lernen wir im Lahrbachtal die Bergbaugeschichte der Region kennen und erfahren, wie im Grenzbachtal Rinder zur Landschaftsgestaltung beitragen.

Ausgangspunkt: Horhausen, Kardinal-Höffner-Platz. Bus Linie 120 Altenkirchen–Neuwied, Haltestelle am Startpunkt.
Markierung: Westerwaldsteig, Wiedweg, Westerwaldsteig, Erzwanderweg, K, Westerwaldsteig.
Anforderungen: Mittel, lange Wanderung, teils schmale Pfade, nicht durchgängig markiert, Klettersteig als Variante.
Einkehrmöglichkeit: Gaststätten in Horhausen, Hotel-Restaurant Grenzbachmühle (Di Ruhetag, Biergarten, Abstecher), in Bruch Hotelpark Der Westerwald Treff mit Restaurant (tgl. geöffnet) und Westerwälder Stube (im Winter geschlossen), Pizzeria Da Mario beim Sportplatz (Mo Ruhetag).
Karte: Kompass-Wanderkarte 847 Westerwald, Siegen, Naturpark Lahn-Dill-Bergland 1:50.000 oder Kompass Wander- und Radkarte Westerwald Süd 1:50.000.

In **Horhausen** ❶ gehen wir vom *Kardinal-Höffner-Platz* auf der *Rheinstraße (B 256)* in Richtung Willroth aus dem Ort. Wir orientieren uns dabei am *W* des *Westerwaldsteigs*. Nach 100 m biegen wir links in die *Forststraße* ab und folgen der Markierung 1,3 km ins **Grenzbachtal** ❷. Dort steht an der Weggabelung eine Schutzhütte. Dort lässt sich rechts auf dem *Kölner Weg* ein Abstecher zur bewirtschafteten Grenzbachmühle, einer ehemaligen Ölmühle aus dem 16. Jahrhundert, unternehmen (800 m hin und zurück). In diesem Tal fanden früher Köhler, Bauern und Bergleute Arbeit. Heute gestalten »Heckrinder« und das Wild die Landschaft der Talaue mit, indem sie die Wiesen von Baumbewuchs freihalten. Sie wurden nach den Brüdern Heinz und Lutz Heck benannt, Zoodirektoren in München bzw. Berlin, die verschiedene, robuste Rassen von Hausrindern zurückzüchteten. Diese Rinder ähneln den

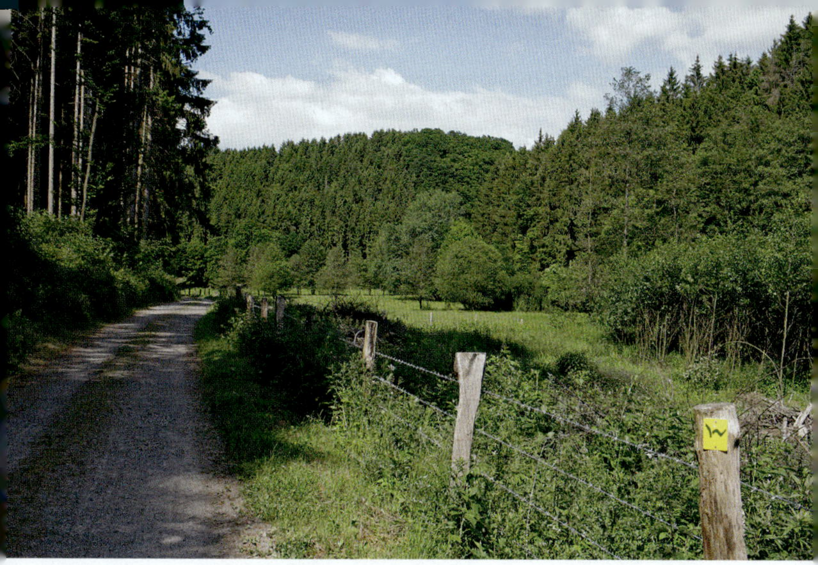

Auf dem Westerwaldsteig durch das Grenzbachtal.

ausgestorbenen Auerochsen und weiden hier das ganz Jahr über draußen. Wir überqueren rechts den Grenzbach und wandern an der nächsten Abzweigung links auf dem *Westerwaldsteig* am Waldrand entlang durch das Grenzbachtal. Nach 1,6 km überqueren wir den **Daufenbach** 3 und wandern danach links um das Mündungsgebiet des Daufenbachs in den Grenzbach. Nachdem wir den Grenzbach überquert haben, führt uns der *Westerwaldsteig* rechts weiter durch dieses Bachtal. Etwa 200 m vor der **Pleckhausermühle** 4, einem Reiterhof, verlassen wir das Grenzbachtal und lassen uns vom *Westerwaldsteig* links über die Felder nördlich von Pleckhausen leiten. Nach etwa 2 km erreichen wir nach einem Waldstück das nächste **Bachtal** 5. Wir wandern rechts am Waldrand durch dieses kleine Tal und überqueren nach 700 m rechts den **Grenzbach** 6.
Danach erreichen wir den Fuß des **Höldersteins** 7. Wer möchte, kann hier den bequemen Weg des *Westerwaldsteigs* verlassen und auf einem Klettersteig, der mit Leitern und Stahlseilen gesichert ist, über den 211 m hohen Schieferfelsen klettern. 40 m Auf- und 70 m Abstieg sowie eine kleine Brücke erwarten hier den sportlichen Wanderer – dieses Kletterabenteuer ist auch für Kinder geeignet, aber zur eigenen Sicherheit wie auf allen Klettersteigen nur mit Helm und Klettergurt!
Der *Westerwaldsteig* führt rechts in einem Bogen um den Kletterfelsen herum an den Westrand des Breitscheider Wohngebiets **Am Hölderstein** 8. Hier halten wir uns links und gelangen in einem Bogen wieder ins Grenz-

bachtal. Dort verlassen wir an einer **Abzweigung** ❾ den *Westerwaldsteig* und folgen dem Waldweg geradeaus zur **Mündung des Grenzbachs in die Wied** ❿. Wir überqueren hier links den Grenzbach und orientieren uns am Logo des *Wiedwegs*. Der Weg führt uns am Fluss entlang zur **Bruchermühle** ⓫.

Hier halten wir uns kurz rechts und gehen vor der Wiedbrücke links über die Straße *B 256*. Wir folgen geradeaus weiter dem *Wiedweg* zur *Brucher Straße*. Dort gehen wir rechts auf dem Fußweg an der Solaranlage vorbei, überqueren hinter der Feuerwehr links die Straße und folgen weiter dem Fußweg, der am Sportplatz vorbei wieder zur *Brucher Straße* führt. Früher verlief hier die Trasse der Kruppschen Bahn, mit der das Eisenerz transportiert wurde. Wir gehen auf der Straße rechts und verlassen kurz darauf den *Wiedweg*. Nach dem Hotelpark Westerwaldtreff und dem Campingplatz »Lahrer Herrlichkeit« treffen wir auf den ausgeschilderten *Erzwanderweg* und folgen dem *gekreuzten Hammer und Schlegel* ins **Lahrbachtal**. Dazu gehen wir an der Waldwiese gleich links unterhalb der Straße am Rand der

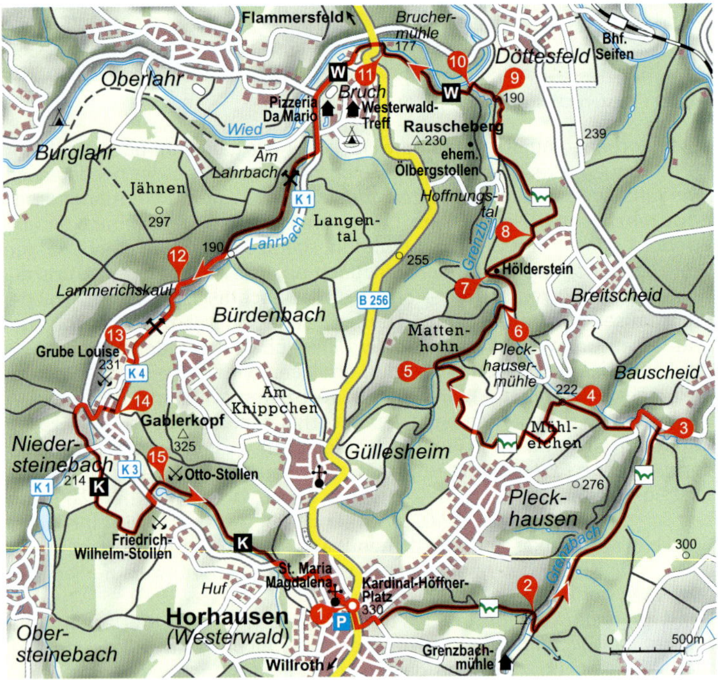

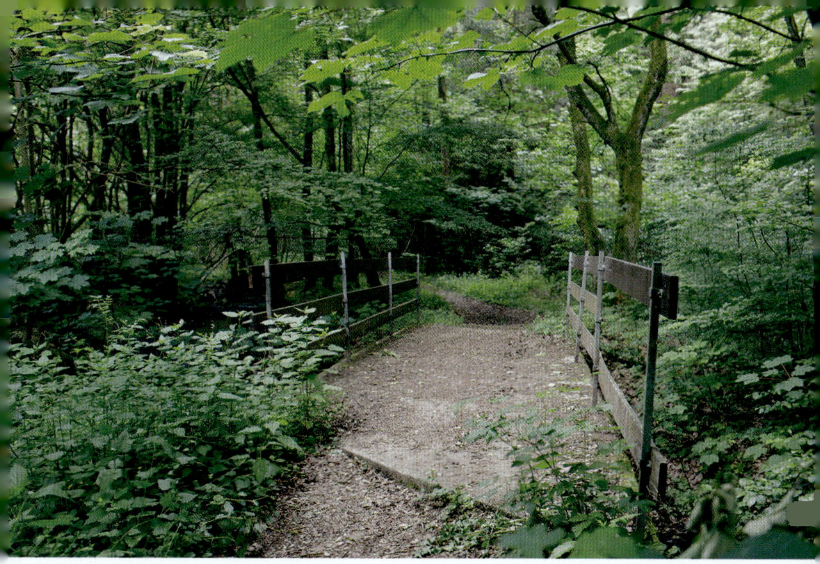

Alte Brücke über den Lahrbach bei Oberlahr.

Wiese entlang. Am Ende überqueren wir den Lahrbach auf einer alten Brücke und wandern geradeaus am Bach entlang durch den Wald zur Straße *K 1*. Auf dieser gelangen wir rechts zur ehemaligen **Grube Lammerichskaule** ⑫, vor der wir die Straße *K 1* überqueren. Die Eisenerzgrube wurde 1891 wegen Unrentabilität stillgelegt. Danach wandern wir auf der *Bergstraße* durch die ehemalige Bergarbeiter-Siedlung Lammerichskaul. Die Straße führt uns weiter in die Siedlung Grube Louise. Hier sieht man, dass die Zeit des Bergbaus vorüber ist. Manch eines der kleinen Bergarbeiter-Häuser steht leer und verfällt, andere wurden liebevoll renoviert. Nach der Einmündung der links von Bürdenbach kommenden Straße *K 4* in die *Bergstraße* liegt rechts neben der *Bergstraße* die ehemalige **Grube Louise** ⑬, die 1930 stillgelegt wurde. Obwohl die meisten Häuser abgerissen wurden, blieben ein altes Steigerhaus und der ehemalige Verlese- und Betsaal der Bergarbeiter mit seinen großen Rundfenstern erhalten. 1982 entstand da-

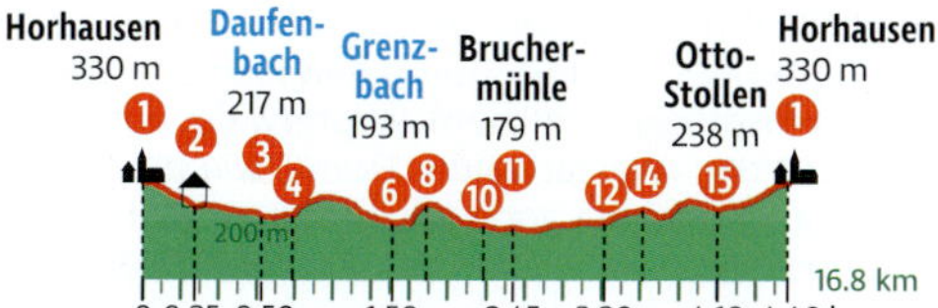

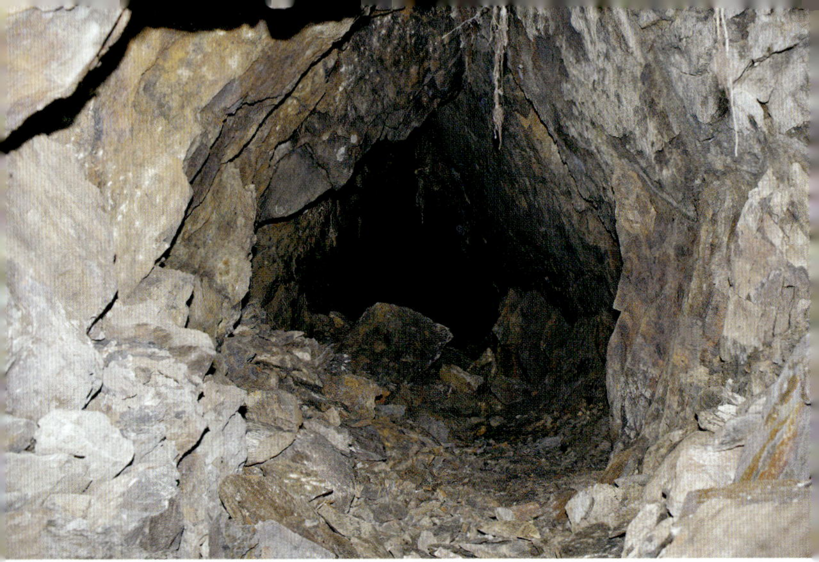

Im historischen Otto-Stollen bei Niedersteinebach.

raus ein künstlerisch gestaltetes Seminarzentrum, das sehenswert ist. Wir gehen auf der *Bergstraße* noch gut 300 m weiter und verlassen dann den *Erzwanderweg* an der **Abzweigung** ⓮, wo dieser nach links weiterführt. Hier gehen wir rechts nach Niedersteinebach, überqueren den *Louisenweg* und halten uns vor dem Seniorenheim links. Dann gehen wir auf der *Hauptstraße* kurz rechts und biegen hinter dem Seniorenheim nach links in den *Waldweg* und gleich danach links in den *Wiesenweg* ab. Auf diesem wandern wir oberhalb des Lahrbachs entlang zur *Hauptstraße*, an der wir auf den *Kölner Weg (K)* treffen. Diese Markierung leitet uns zurück nach Horhausen. Dazu gehen wir an der *Hauptstraße* kurz links, überqueren diese und wandern rechts auf dem Feldweg weiter. *K* führt uns nun über die Felder wieder zur *Hauptstraße* am Ortsende von Niedersteinebach. Wir überqueren diese uns links haltend, überqueren kurz darauf rechts den Hufer Bach und wandern danach rechts – vorbei am verschlossenen Eingang des **Otto-Stollens** ⓯ – durch das Bachtal nach Horhausen.
Dort gelangen wir hinter der Schule rechts auf der *Neuen Schulstraße* zur *Friedhofsstraße*, hinter der wir links durch den kleinen Park gehen, in dem verschiedene Gesteinsblöcke aus dem Westerwald aufgestellt sind. Am Ende des Parks steht der »Westerwälder Dom«, wie die große katholische Pfarrkirche St. Maria Magdalena auch genannt wird. Dahinter erreichen wir geradeaus auf der *Kirchstraße* wieder den *Kardinal-Höffner-Platz* im Zentrum von **Horhausen** ❶.

↗ 430 m | ↘ 430 m | 15.7 km

4.30 h

Neustadt, Schloss Altenwied und Kloster Ehrenstein

38

Unterwegs auf dem Wiedweg und dem Kölner Weg

Die Wied ist der größte Fluss im Westerwald, er entspringt oberhalb des Dreifelder Weihers. Fließt sie anfangs noch durch ein breites Tal, ist das Flusstal an der mittleren Wied bei Neustadt eng und bis zu 100 m tief.

Auf dem Wiedweg wandern wir von Neustadt durch das Wiedtal zum Schloss Altenwied und zur Burgruine Ehrenstein. Das Schloss gilt zusammen mit dem Kloster und der Kirche als »Kleinod des Wiedtals«.

Ausgangspunkt: Katholische Kirche St. Margarita in Neustadt a. d. Wied. Bus Linie 131 Neuwied–Asbach, Haltestelle am Ausgangspunkt.
Markierung: Wiedweg, HW II, K.
Anforderungen: Mittel.
Einkehrmöglichkeit: Neustadt; unterwegs keine.
Sehenswürdigkeiten: Neustadt, das nie Stadtrechte erhielt, geht auf das bereits 1185 bestehende Kirchdorf »Nuwinstat« zurück. 1229 wurde hier eine zweite Kirche erbaut. Die heutige Pfarrkirche St. Margarita wurde 1869–73 im neugotischen Stil erbaut. Innen befindet sich ein Taufstein aus dem 14. Jh. Bis 1966 war der Ort ein wichtiger Umschlagplatz an der Westerwaldbahn, die von Linz nach Altenkirchen fuhr. Das im 12. Jh. erbaute Schloss Altenwied erhebt sich auf einem hohen, an drei Seiten von der Wied umflossenen Bergsporn. Sein fünfeckiger Bergfried und die mächtigen Mauern aus Steinquadern bestehen überwiegend aus hartem vulkanischem Basalt. Das private Schloss kann nicht besichtigt werden. Kloster und Ruine Ehrenstein stammen aus dem Mittelalter und stehen zusammen mit einigen Fachwerkhäusern auf einer vom Mehrbach umflossenen Landzunge. Die Burg, von der noch der Bergfried erhalten ist,

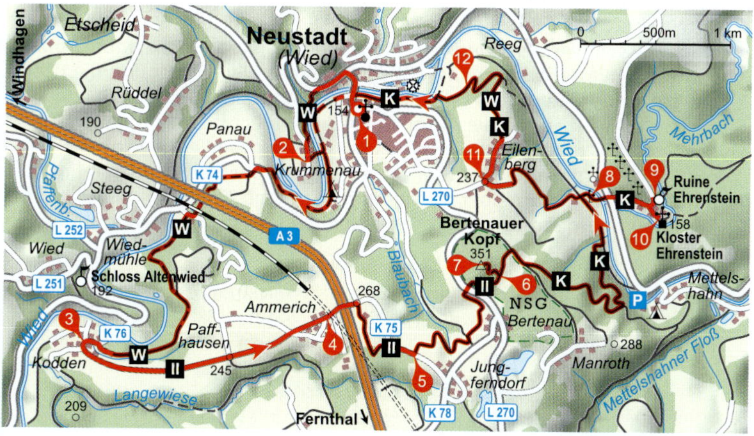

stammt aus dem 14. Jh. und wurde während des Dreißigjährigen Kriegs zerstört. Burgherr Ritter Bertram von Nesselrode stiftete hier ein Kreuzherrenkloster, das im spätgotischen Stil errichtet wurde. Nach den Kreuzherren übernahmen Ende des 19. Jh. Franziskaner das Kloster. Nachdem sie es wegen Nachwuchsmangels verlassen hatten, kamen wieder Patres der Kreuzherren, die das Kloster zu einer Stätte der Einkehr und Besinnung machten, die jedermann offen steht. In der katholischen Dreifaltigkeitskirche (Kreuzherrenkirche), 1477 im spätgotischen Stil erbaut, sind die Glasfenster im Kirchenschiff und im Chor mit Figuren bemalt. Auch die Schnitzereien, der Taufstein, eine verzierte Barockkanzel und Messgewänder aus dem 15. Jh. sind sehenswert.

Karte: Kompass-Wanderkarte 847 Westerwald, Siegen, Naturpark Lahn-Dill-Bergland 1:50.000, oder Kompass Wander- und Radkarte Westerwald Süd 1:50.000.

Hinweis: Der Felsenpfad entlang der Wied (Wiedweg) ist wegen Hochwasserschäden bis auf Weiteres nicht begehbar. Die Umleitung erfolgt durch den Wiedpark. Dazu biegen wir vor der Wiedbrücke (Kirchplatz) links auf die Straße In der Au ab und wandern geradeaus auf dem Asphaltweg entlang der Wied bis zur Fußgängerbrücke bei Krummenau.

Von der katholischen Kirche St. Margarita in **Neustadt** ❶ gehen wir in nördlicher Richtung entlang der Straße *Kirchplatz* zur Wiedbrücke, überqueren diese und verlassen dahinter nach der Linkskurve die Straße. Wir sind hier auf dem herrlichen *Wiedweg* unterwegs, auf dem wir, dem Felsenpfad folgend, entlang der Wied wandern. In **Krummenau** ❷ überqueren wir links die Wied auf der Fußgängerbrücke und gehen dahinter rechts weiter am Fluss entlang. Nach dem Flussbogen müssen wir links die Straße *L 255* überqueren, danach führt unser Weg rechts über die Felder in ein Waldstück. Dort gehen wir unter den Brücken der Autobahn *A 3* und der Eisenbahn hindurch und wandern danach geradeaus weiter durch das bewaldete Tal der Wied, wo wir auf einem hohen Felsen auf der anderen Flussseite das Schloss Altenwied sehen. Nach 1,8 km erreichen wir **Kodden** ❸. Wir verlassen hier den *Wiedweg* und wandern links auf dem *Hauptwanderweg II* des Westerwaldvereins *(HW II)* durch das kleine Dorf und die nächsten 1,9 km geradeaus über die Felder nach **Ammerich** ❹. Dort biegen wir hinter der Brücke über die Autobahn *A 3* nach rechts ab und gehen durch das Gehöft. Danach führt der *HW II* links am Waldrand entlang an den Ortsrand von **Jungferndorf** ❺. Hier biegen wir vor der Siedlung nach links ab und folgen dem *HW II* über die Felder zur Straße *L 270*, die wir nördlich von Bertenau überqueren. An der Abzweigung auf dem **Telegraphenhügel** ❻

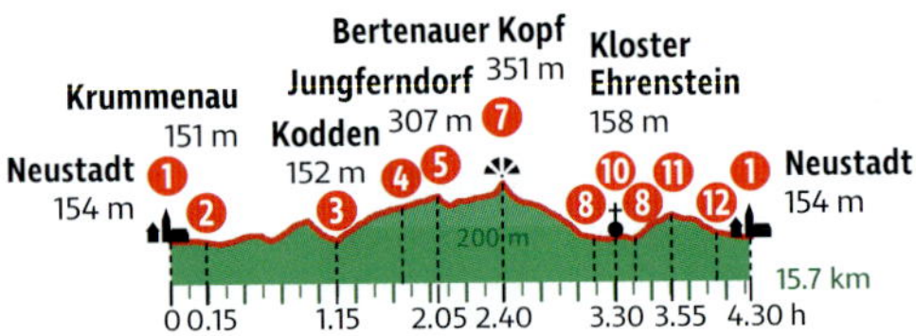

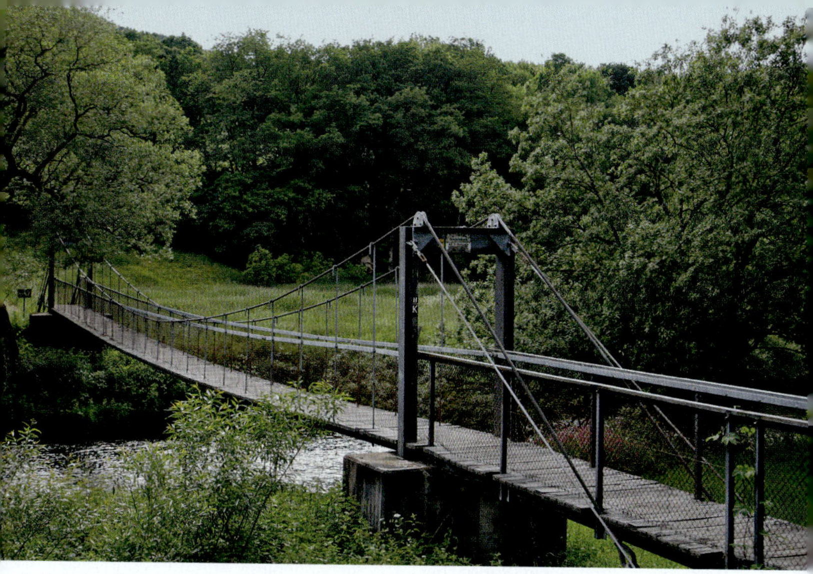

Auf einer schwankenden Hängebrücke überqueren wir die Wied.

verlassen wir kurz den markierten Wanderweg und steigen links im Wald hinauf auf den 351 m hohen **Bertenauer Kopf** ❼, ein Naturschutzgebiet. Vom Gipfel dieses Basaltkegels, der einmal der einzige aktive Vulkan im Westerwald gewesen sein soll, haben wir eine weite Aussicht zum Hohen Westerwald und dem Siebengebirge.

Danach gehen wir wieder hinunter zur Abzweigung auf dem **Telegraphenhügel** ❻ und dort links weiter. Nach 200 m trifft *HW II* auf den *Kölner Weg (K)*. Wir lassen uns ab hier von *K* durch die Mettelshahner Schweiz, wie diese hügelige, bewaldete Gegend genannt wird, zum **Jubiläumskreuz 500 Jahre Kreuzbrüder Kloster Ehrenstein** ❽ leiten. Danach überqueren wir auf der Hängebrücke die Wied und uns links haltend die Straße *L 269* und folgen dem *Kreuzbruderweg* zur **Burg Ehrenstein** ❾ und zum benachbarten **Kloster Ehrenstein** ❿ mit der Kreuzherrenkirche.

Nachdem wir beides besichtigt haben, gehen wir wieder zurück und wandern an der Abzweigung hinter dem **Jubiläumskreuz 500 Jahre Kreuzbrüder Kloster Ehrenstein** ❽ geradeaus nach **Ellenberg** ⓫. Dort treffen wir wieder auf den *Wiedweg* und den *Kölner Weg (K)* und folgen beiden Markierungen auf der *Weidenstraße* rechts durch den Ort. Vor dem Naherholungsgebiet **Berschau** ⓬ verlassen wir den *Wiedweg* und wandern geradeaus auf dem *Kölner Weg* am Naturschutzgebiet Berschaue, einem kleinen Feuchtbiotop, vorbei. In **Neustadt** ❶ gelangen wir schließlich links auf der Straße *Kirchplatz* zurück zur Kirche St. Margarita.

↗ 460 m | ↘ 460 m | 13.8 km

39 Von Roßbach zur Weißenfelser Ley

4.15 h

Basaltlehrpfad am Roßbacher Häubchen

Von Roßbach an der Wied wandern wir auf dem Westerwaldsteig hinauf aufs Roßbacher Häubchen, einen vulkanischen Kegel mit mächtigen Basaltsäulen, der eine herrliche Aussicht bietet. Von dort geht es nach Breitscheid und Rahms. Der Wiedweg führt uns dann über die Weißenfelser Ley, einen Aussichtspunkt, der auf einem Bergsporn über dem Wiedtal liegt, um Weißenfels. Auf schattigen Waldwegen gelangen wir zurück nach Roßbach.

Ausgangspunkt: Roßbach, Parkplatz Wiedhalle. Bus Linie 130 Neustadt–Neuwied, Haltestelle Roßbach Mitte (Post). Auch Radbus Wiedtal Roßbach–Neuwied (Sa, So).
Markierung: Westerwaldsteig, Basaltlehrpfad, R1, B2, R2, Wiedweg.
Anforderungen: Mittel.
Einkehrmöglichkeit: Restaurant »Zum Dorfkrug« in Breitscheid (Roßbacher Str. 12, deutsche, italienische und indische Küche, geöffnet Di–Fr 11.30–14 Uhr und ab 16.30 Uhr, Sa und Mo ab 15 Uhr).
Sehenswürdigkeiten: Das 350 m hohe Roßbacher Häubchen ist ein vulkanischer Basaltkegel, der im Tertiär vor ca. 24 Millionen Jahren entstand. Der Basalt erstarrte hier in charakteristischen sechseckigen Säulen. In dem ehemaligen Basaltsteinbruch wurde von 1883–1942 das harte Gestein abgebaut. Die St.-Anna-Kapelle in Breitscheid stammt ursprünglich aus dem 18. Jh. und wurde von 1860–1869 neu erbaut. Den spätgotischen Altaraufsatz ziert eine Schnitzfigur der hl. Anna (15. Jh.) und des hl. Hubertus (18. Jh.).
Karte: Kompass Wanderkarte 822 Bonn, Siebengebirge, Ahrtal 1:35.000 oder Kompass Wander- und Radkarte Westerwald Süd 1:50.000.
Hinweis: Wegen Unwetterschäden ist der Westerwaldsteig zwischen den Wegpunkten 11 und 12 bis auf Weiteres nicht begehbar. Eine Umleitung ist ausgeschildert. Die Wanderung verlängert sich dadurch um 1,3 km.

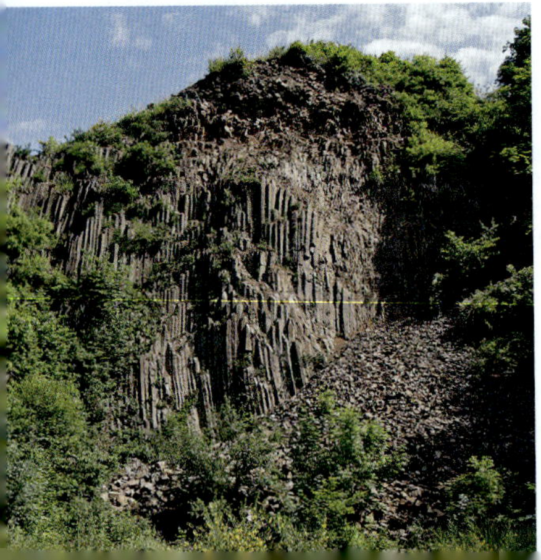

Vom Parkplatz an der Wiedhalle in **Roßbach** ❶ gehen wir auf der *Wiedpromenade* an der Wiedhalle vorbei zur Straße *L 256*, der *Brückenstraße*. Hier treffen wir auf den *Westerwaldsteig*, dem wir rechts zur *Wiedtalstraße* folgen. Auf dieser gehen wir rechts zur katholischen Kirche St. Michael und dort links auf der *Breitscheider Straße*, bis in der Rechtskurve links das Sträßchen *Am Berg* abzweigt. Auf diesem verlassen wir den Ort und folgen der *Erlebnis-*

Basaltsäulen am Roßbacher Häubchen.

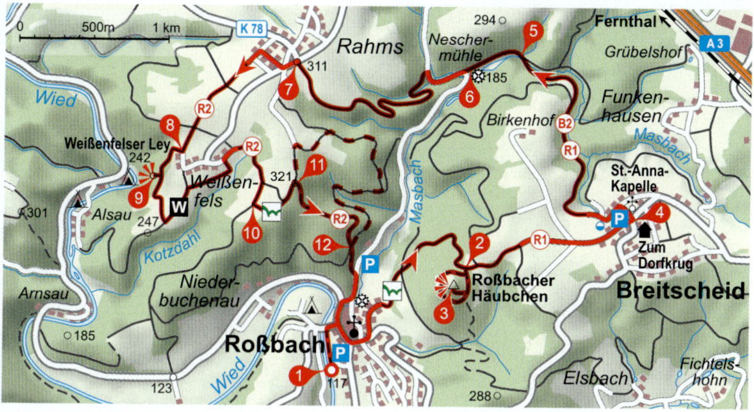

schleife Basaltbogen des *Westerwaldsteigs* zu einer Wegkreuzung unterhalb des **Roßbacher Häubchens** ❷. Dort gehen wir zunächst rechts um den Basaltkegel und steigen dann links auf dem Basaltlehrpfad hinauf zur **Aussichtskanzel** ❸. Von dieser haben wir einen tollen Blick über Roßbach ins Wiedtal und zum Siebengebirge.

Danach gehen wir zurück bis zur Abzweigung unterhalb der Kanzel und links zurück zur Wegkreuzung unterhalb des **Roßbacher Häubchens** ❷. Dort gehen wir rechts auf *R1* weiter. Wir überqueren am Ende des Walds eine Wiese und wandern über Wiesen und Felder geradeaus nach **Breitscheid** ❹, wo wir auf der Straße *Zum Häubchen* zur **St.-Anna-Kapelle** gelangen. Vor dieser gehen wir auf der *Kirchstraße* links. Wir wandern nun auf *R1* und *B2* weiter, folgen der *Brunnenstraße* nach links und gehen am Ortsende vor dem Brunnen rechts. Nach dem Regenrückhaltebecken macht unser Weg einen Rechtsbogen, danach biegen wir an der Gabelung hinter der Waldwiese nach rechts ab und wandern geradeaus durch das bewaldete Tal des Masbachs.

Wir überqueren nach 1,4 km den **Masbach** ❺ und wandern dann links bergauf am Bach entlang zur **Neschermühle** ❻. Von der Mühle gehen wir rechts auf der Straße weiter, die am Scharenberger Bach entlangführt. Nach der Rechtskurve folgen wir dem Schild »Strauscheid, Weißenfelser Ley, Rahms« scharf links bergauf. Unser Weg führt uns wieder oberhalb eines Bachtals entlang. Wir überqueren in einer scharfen Linkskurve den Bach und folgen der scharfen Rechtskurve sowie anschließend der Linkskurve. Am nächsten Weg orientieren wir uns rechts wieder am Schild und folgen diesem an der nächsten Gabelung links. Wir wandern am Waldrand entlang und gelangen geradeaus nach **Rahms** ❼. Hier folgen wir am Ortsrand der Straße *K 78* nach links und kurz darauf dem *Füllenheck* nach rechts und am Ortsrand

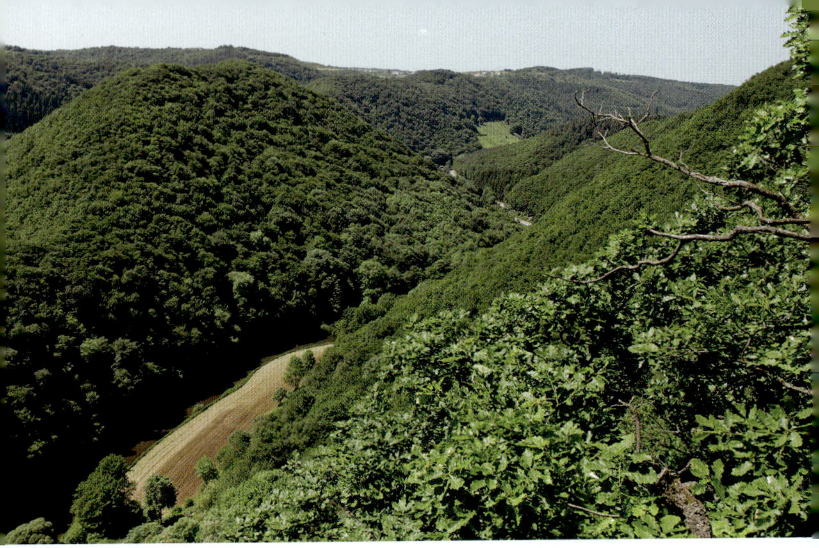

Blick von der Weißenfelser Ley ins Wiedtal.

nach links. Am Ende der Häuser wandern wir auf dem Wiesenweg (*R2*) ca. 800 m geradeaus bis an den Ortsanfang von **Weißenfels** 8. Hier gehen wir rechts und treffen hinter den Häusern auf den *Wiedweg*. Auf diesem erreichen wir links die nahe gelegene **Weißenfelser Ley** 9. Von diesem schönen Aussichtspunkt blicken wir in das waldreiche Wiedtal mit seinem gewundenen Flußlauf. Auf dem *Wiedweg* wandern wir danach um Weißenfels und verlassen diesen östlich des Orts mitten auf einem großen Feld an einer **Abzweigung** 10. Hier gehen wir links auf der *Erlebnisschleife Basaltbogen* des *Westerwaldsteigs* zum nahen Waldrand und an diesem links entlang. Nach 400 m treffen wir an einer **Gabelung** 11 auf die Markierung des Rundwegs *R2*. Dieser und dem *Westerwaldsteig* folgen wir jetzt rechts durch den Wald (oder folgen wegen der Unwetterschäden der ausgeschilderten Umleitung geradeaus bis zur Gabelung). Nach 750 m verlassen wir nach der Rechtskurve des Wegs den *Westerwaldsteig* und lassen uns an der **Gabelung** 12 von *R2* geradeaus zurück nach Roßbach leiten. Am Ortsanfang führt uns die *Mühlenstraße* rechts zur *Wiedtalstraße*, auf der wir links zur *Brückenstraße* gelangen. Auf dieser kommen wir rechts wieder zur *Wiedpromenade* und auf dieser links zurück zum Parkplatz an der Wiedhalle in **Roßbach** 1.

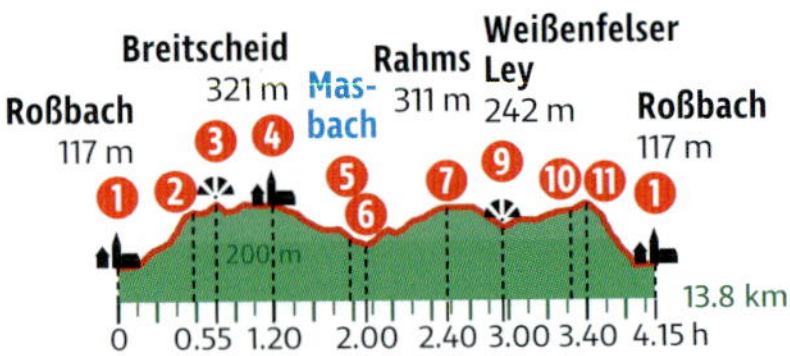

↗ 360 m | ↘ 360 m | 13.6 km

4.00 h

Von Roßbach nach Waldbreitbach

Wiedtal und ein Weihnachtsdorf

Wir wandern vom Luftkurort Roßbach auf dem Westerwaldsteig durch das Wiedtal zum Schloss Walburg und auf Wald- und Feldwegen nach Hausen an der Wied. Dort überqueren wir den Fluss und steigen auf einem kurvenreichen Waldpfad hinauf zum Kloster Marienhaus. Von dort führt uns der Wiedweg um Waldbreitbach und durch das Wiedtal wieder zurück nach Roßbach.

Ausgangspunkt: Roßbach, Parkplatz Wiedhalle neben der Straße Auf dem Posten. Bus Linie 130 und Radbus Linie 131 (nur Sa, So) von Neuwied nach Roßbach, Neue Straße. Von dort 100 m auf dem Grenzweg zum Toureinstieg vor der Wied.
Markierung: Westerwaldsteig, Wiedweg.
Anforderungen: Mittel, teilweise schmale Waldwege.
Einkehrmöglichkeit: Blind Date Bistro, Am Mühlenberg 1 in Waldbreitbach (geöffnet Do–So ab 17 Uhr), Nassen's Mühle, Am Mühlenberg 2 (geöffnet Do–So 12–20 Uhr); Wiedhofstube Dorsch, Wiedhof 1 in Waldbreitbach (geöffnet Fr–Mo 17–22 Uhr, an Feiertagen 13–22 Uhr); sonntags von 14.30–17.30 Uhr bietet das Restaurant Klosterbergterrassen im Rosa Flesch Hotel ein Waldbreitbacher Kaffee-Vesper-Buffet an.

Tipps: Waldbreitbach verwandelt sich vom 1. Advent bis zum letzten Sonntag im Januar in ein stimmungsvolles Weihnachtsdorf. Sehenswert ist die mit 8 m Höhe und 160 m² Fläche größte Naturwurzelkrippe der Welt in der Pfarrkirche Maria Himmelfahrt, gebaut vom 2021 verstorbenen Krippenbauer Gustel Hertling. Am Ufer der Wied führt ein 2 km langer Krippenweg entlang, und den Markplatz erhellt ein 18 m hoher, leuchtender Zunftbaum.
Im Kloster Marienhaus bietet Kordula Honnef, die Gärtnerin der Klostergärten, mehrmals im Jahr Kräuterführungen an (waldbreitbacher-franziskanerinnen.de).
Karte: Kompass Wanderkarte 822 Bonn, Siebengebirge, Ahrtal 1:35.000 oder Kompass Wander- und Radkarte Westerwald Süd 1:50.000.

Über Roßbach im Wiedtal erhebt sich das Roßbacher Häubchen, eine Basaltkuppe.

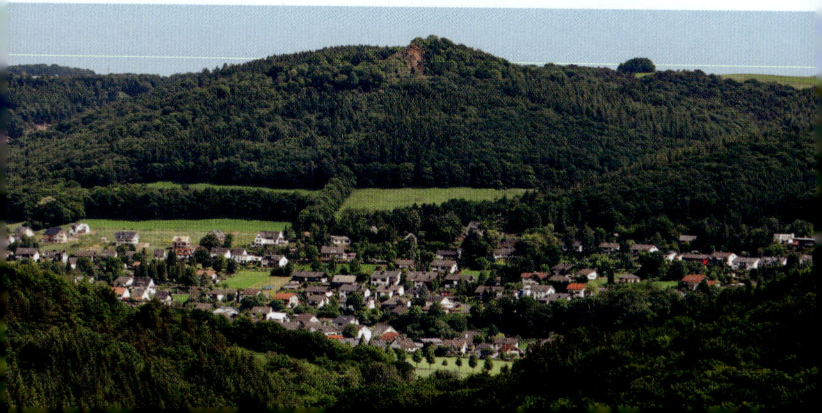

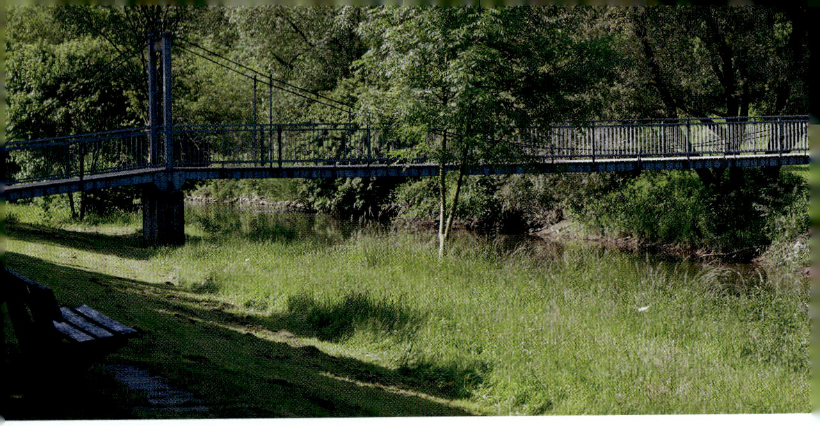

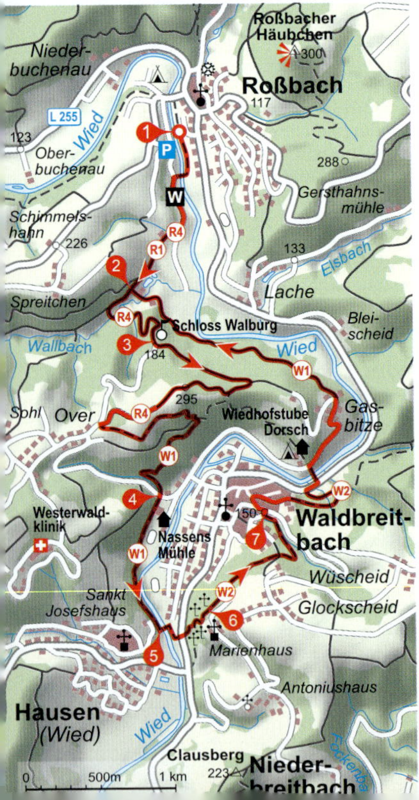

Hängebrücke über die Wied in Roßbach.

In **Roßbach** 1 gehen wir vom Parkplatz an der Wiedhalle auf der *Wiedpromenade* flussabwärts und folgen dem *Westerwaldsteig* bis nach Hausen an der Wied. Nach 300 m überqueren wir die Wied auf einer Hängebrücke und wandern danach links weiter entlang des Flusses. Vor einem kleinen Fischteich biegen wir nach rechts ab und folgen dem Weg, der am Rand eines schmalen Waldstreifens an weiteren Fischteichen vorbeiführt. Diese werden vom Wallbach gespeist. An der Abzweigung gleich hinter den **Fischteichen** 2 trifft der *Wiedweg* auf den *Westerwaldsteig*. Wir bleiben auf dem *Westerwaldsteig* und folgen diesem ein kurzes Stück durch das Tal des Wallbachs und dann links hinauf zum **Schloss Walburg** 3. Das private Schloss liegt etwas versteckt in einem Park (keine Besichtigung). Ein Fabrikant aus Nordrhein-Westfalen ließ es 1903 bis 1905 als Landsitz und Jagdhaus aus Bruchsteinen mit einer Giebelfront und einem zinnengekrönten Turm erbauen.

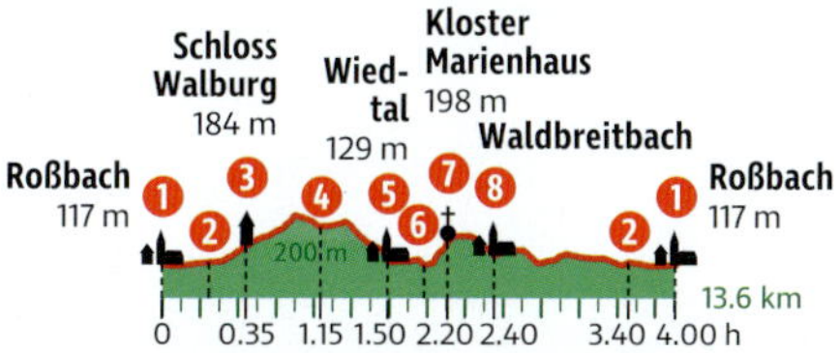

Wir wandern am Schloss vorbei und steigen hinter dem Holzhaus links auf dem Pfad den Waldhang hinauf. Der *Westerwaldsteig* führt nun hoch über dem Wiedtal durch den Wald bis an den Rand des Waldbreitbacher Ortsteils **Over** ❹. Dort biegen wir scharf links ab und wandern auf dem *Westerwaldsteig* wieder hinunter ins **Wiedtal** ❺. Wer möchte, kann hier links auf der Straße *Am Mühlenberg (K 5)* einen Abstecher zu einer Einkehr im Blind Date Bistro oder in Nassen's Mühle machen. Wir überqueren die *K 5* und gehen geradeaus an der Reitanlage vorbei.

Am Ortsanfang von **Hausen** ❻ verlassen wir den *Westerwaldsteig* und überqueren links auf dem Steg die Wied. Danach halten wir uns rechts und

Waldbreitbach mit dem Kloster Marienhaus.

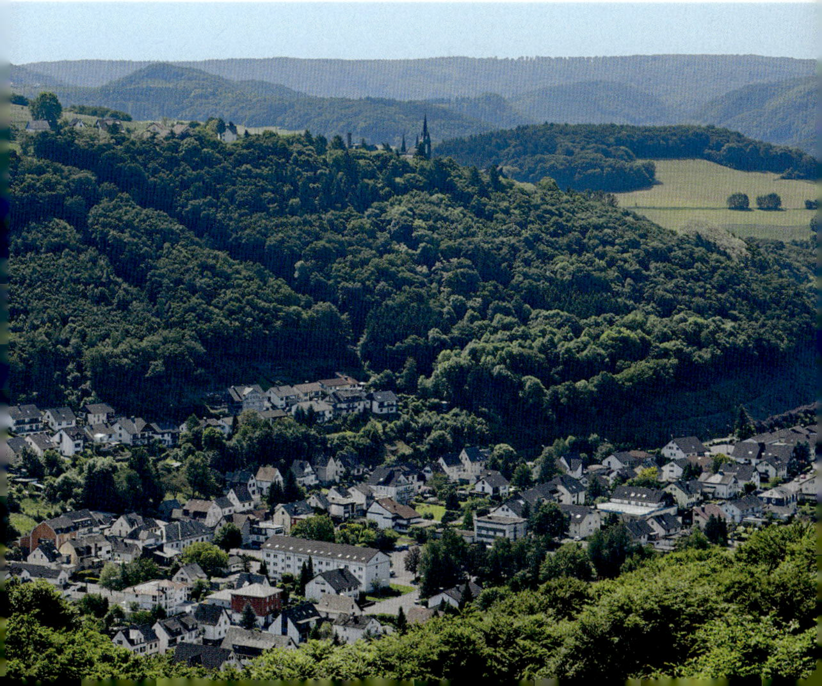

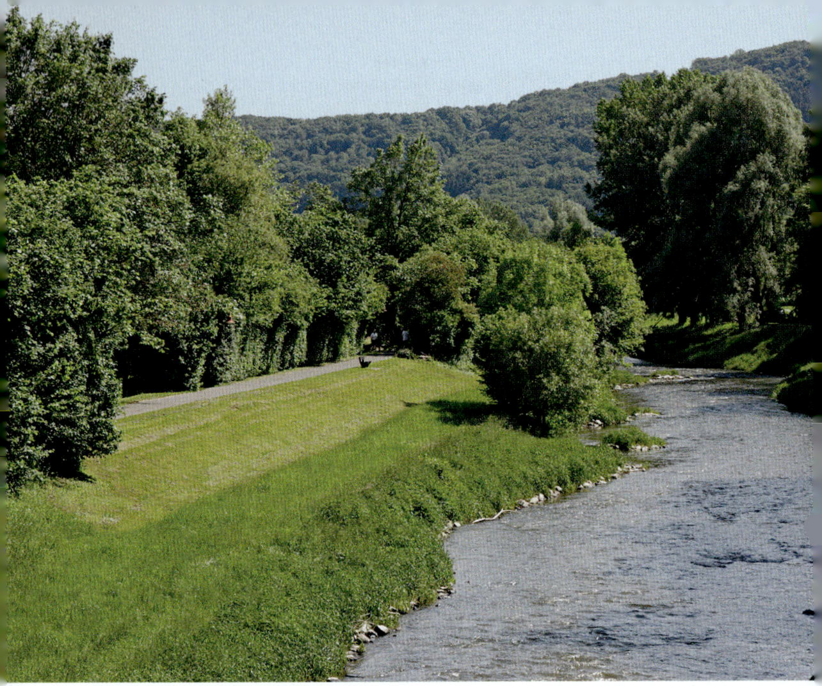

Uferpromenade an der Wied in Roßbach.

gehen um die 1694 erbaute Kreuzkapelle. Hier wurde am 13. März 1863 von Margaretha Flesch (1826–1906, Mutter Rosa genannt) die Ordensgemeinschaft der Waldbreitbacher Franziskanerinnen gegründet. Wir überqueren hinter der Kapelle die Straße *L 255* und folgen dem Kreuzweg, der sich den Waldhang hinaufschlängelt, zum **Kloster Marienhaus** ⑦, dem Mutterhaus der Ordensschwestern. An der Abzweigung im Wald kurz vor dem Kloster treffen wir auf den *Wiedweg*.
Vom Kloster wandern wir auf dem Waldbreitbacher Klosterberg durch den Wald nach **Waldbreitbach** ⑧. Am Ortsanfang gehen wir auf der *Mutter-Rosa-Straße* kurz rechts, überqueren die *Deutschherrenstraße* und verlassen den Ort wieder auf der *Oberdorfstraße*. Dem *Wiedweg* folgend kommen wir am Jüdischen Friedhof vorbei und überqueren danach auf dem Fußgängersteg die Wied. Vor dem Campingplatz Wiedhof, wo wir in der Wiedhofstube einkehren können, wandern wir rechts auf dem *Wiedweg* hoch über der Wied durch den Wald zurück zur Abzweigung vor den **Fischteichen** ②. Von dort führen uns der *Wiedweg* und der *Westerwaldsteig* rechts zurück zu unserem Ausgangspunkt in **Roßbach** ①.

↗ 420 m | ↘ 420 m | 17.3 km

5.00 h

Von Niederbreitbach nach Verscheid

41

Kloster Marienhaus und Luhkapellchen bei Glockscheid

Auf dem Jakobspilgerweg wandern wir von Niederbreitbach durchs Wiedtal nach Hausen und von dort an der Kreuzkapelle vorbei hinauf zum Kloster Marienhaus. Die Wäller-Tour Bärenkopp führt uns weiter zum Luhkapellchen bei Glockscheid und nach Verscheid. Durch die Täler des Verscheider Seifen-Bachs und des Fockenbachs, einer Gegend, um die sich zahlreiche Sagen ranken, geht es, einem Teilstück der Wäller-Tour Klosterberg folgend, zur Kapelle, die im Gedenken an Mutter Rosa errichtet wurde, und nach Niederbreitbach zurück.

Ausgangspunkt: Parkplatz Freizeitpark Neuerburg in Niederbreitbach. Bus Linie 131 von Neuwied, Haltestelle Niederbreitbach, Im Auengarten. Von dort auf der Jakobus-Wirth-Straße zum Toureinstieg nordöstlich vom Freizeitpark (300 m).
Markierung: Jakobsmuschel, N3, H1/H2, Wäller-Touren Bärenkopp und Klosterweg, N2, W2, Wäller-Tour Kirchberg, N1.
Anforderungen: Mittel. Anstieg vom Wiedtal.
Einkehrmöglichkeit: Camping Stübchen im Freizeitpark Neuerburg (Mo Ruhetag, geöffnet Di–Fr ab 16 Uhr, Sa/So ab 11 Uhr), Restaurant Klosterbergterrassen beim Kloster Marienhaus (So und feiertags 14.30–17.30 Uhr Kaffee, Kuchen sowie Vesper-Buffet), Gasthof »Paganettis Zur Erholung« in Verscheid (Mo/Di Ruhetag).
Sehenswürdigkeiten: Landgraf Ludwig II. von Thüringen, genannt der Eiserne, ließ 1170 auf einem Felsen hoch über dem Fockenbachtal die Neuerburg errichten. Die im staufischen Stil erbaute Burg mit ihrem mächtigen, fünfeckigen Bergfried ist in Privatbesitz und kann nicht besichtigt werden. Der Landgraf ging hart gegen Raubritter vor, welche die Bevölkerung drangsalierten. Eine Sage berichtet, dass der Landgraf einmal im Haus eines Schmieds übernachtete, der ihm von den Greueltaten berichtete und ausrief »Landgraf, werde hart!«. Die Raubritter sollen vor einen Pflug gespannt worden sein und mussten einen Acker umpflügen.
In Niederbreitbach wurde in einem typischen, kleinen Bauerngehöft in der Herrenhofstraße 2a ein Heimatmuseum eingerichtet (geöffnet auf Anfrage, niederbreitbach.de/html/forderverein_dorfmuseum.html). In dem weiß getünchten Fachwerk-Zweiseithof aus der zweiten Hälfte des 19. Jh. sind alte Arbeitsgeräte ausgestellt und man erfährt dort, wie die ländliche Bevölkerung früher lebte.
In der 1694 erbauten Kreuzkapelle wurde am 13. März 1863 von Mutter Rosa, die in der Keltermühle im Fockenbachtal aufwuchs, die Ordensgemeinschaft der Waldbreitbacher Franziskanerinnen gegründet. Das Kloster Marienhaus wurde das Mutterhaus der Ordensschwestern. Diese kümmerten sich um Kranke und Waisen. In der Klosterkirche steht der Sarkophag der Mutter Rosa. Der Pfälzer Maler Karl Unverzagt (1915–2007) hat im ehemaligen Bildungshaus St. Klara Türen mit Szenen aus dem Leben von Mutter Rosa bemalt. Die Ausstellung der Türbilder kann täglich 10–18 Uhr besichtigt werden.
Karte: Kompass Wanderkarte 822 Bonn, Siebengebirge, Ahrtal 1:35.000 oder Kompass Wander- und Radkarte Westerwald Süd 1:50.000.

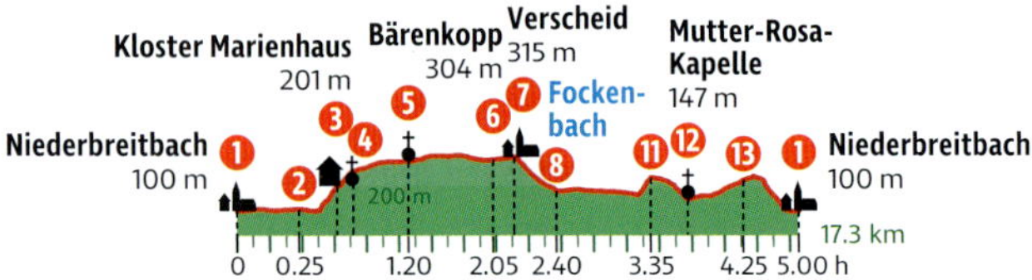

Wir folgen vom Parkplatz Freizeitpark Neuerburg in **Niederbreitbach ❶** vor der Wiedbrücke links der *Jakobsmuschel* des *Jakobspilgerwegs* an der Wied entlang. Nach der Rechtskurve des Wegs treffen wir auf *H1* und *H2* und erreichen nach 900 m **Hausen ❷**. Auf der *Deutschherrenstraße* und *N5* kommen wir dort am Wiedtalbad vorbei, überqueren die *L 257* und wandern weiter geradeaus. Dann überqueren wir rechts auf dem Steg die Wied. Dahinter leitet uns *N5* rechts um die Kreuzkapelle. Wir überqueren die Straße *L 255* und steigen auf den Serpentinen des Kreuzwegs an einer herrlichen Linde vorbei hinauf zum **Kloster Marienhaus ❸** der Waldbreitbacher Franziskanerinnen.

Im Wald vor dem Kloster treffen wir auf das Logo der *Wäller-Tour Bärenkopp* und kurz darauf auf die *Wäller-Tour Klosterweg*. Beiden folgend wandern

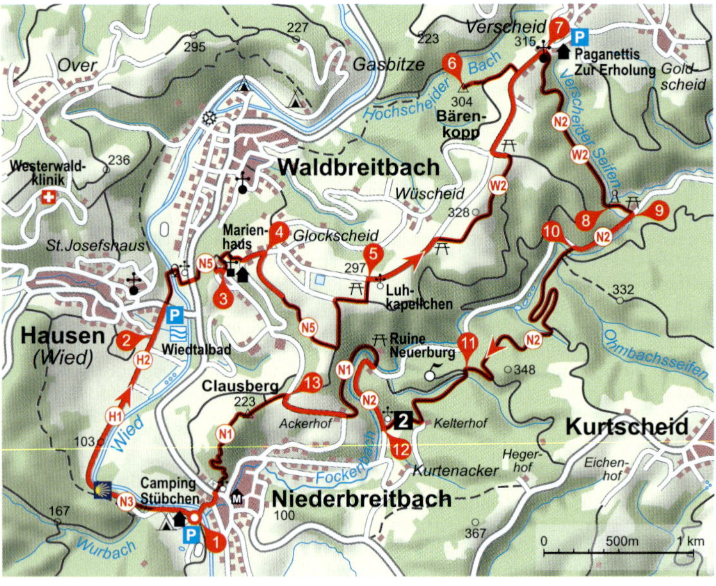

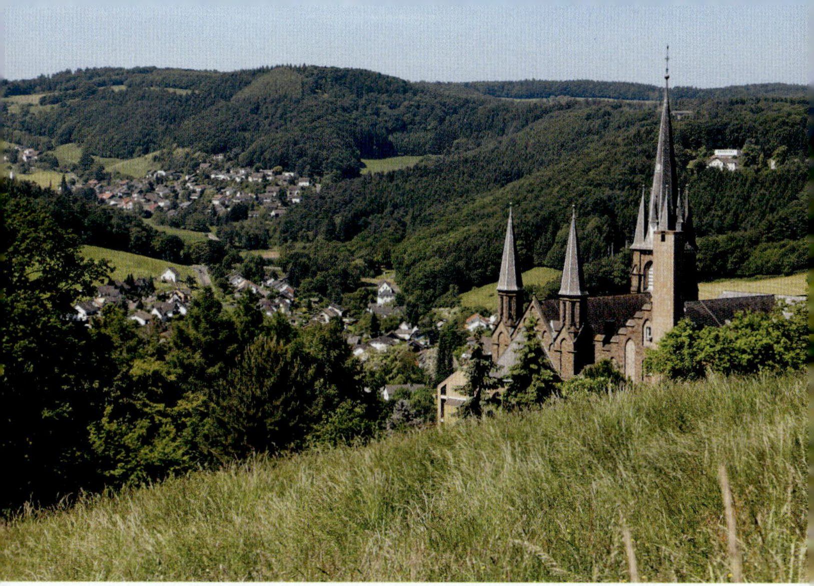

Blick über die Kirche von Kloster Marienhaus nach Hausen im Wiedtal.

wir am Kloster vorbei nach **Glockscheid** ❹, wo wir scharf rechts abbiegen. Nach dem Waldstück verlassen wir am Ende der Wiese die *Wäller-Tour Klosterweg* und folgen der *Wäller-Tour Bärenkopp* links zum **Luhkapellchen** ❺, das aus dem 17. Jahrhundert stammt. Die *Wäller-Tour Bärenkopp* führt uns rechts an der Kapelle vorbei. Nach 1,6 km liegt 80 m neben der Tour am Schäferskreuz ein schattiger Rastplatz unter einer alten Kastanie. Kurz vor Verscheid biegt die Wäller-Tour nach links zu der 304 m hohen »blanken Kuppe« **Bärenkopp** ❻ ab. Von ihr haben wir einen tollen Panoramablick ins Wiedtal, nach Waldbreitbach und zum Malberg. Wir gehen den Weg zurück bis zur Abzweigung vor Verscheid und verlassen dort die *Wäller-Tour*. Auf der *Waldbreitbacher Straße* kommen wir nach **Verscheid** ❼. Dort geht es hinter der Kapelle rechts und oberhalb des Bachtals (Verscheider Seifen) auf *N2* und *W2* weiter. Nach 1,3 km überqueren wir auf einer Brücke, hinter der sich eine Kriegsgedenkstätte befindet, den **Fockenbach** ❽. Links vor der Straße kommen wir erneut an einem Rastpavillon vorbei und wenden uns an der Straße *K 12* nach rechts. Ab jetzt sind wir auch auf *K2* unterwegs, überqueren den Fockenbach erneut und wandern durchs **Fockenbachtal** ❾, eine Kernzone des Naturparks Rhein-Westerwald. Nach einer Sage soll der Teufel am Stangenstein, der 2 km östlich im Wald oberhalb des Tals liegt, versucht haben, eine Treppe aus Stein in den Himmel zu bauen. Diese wurde aber zerstört, weshalb dort nur große Felsbrocken zu sehen sind.

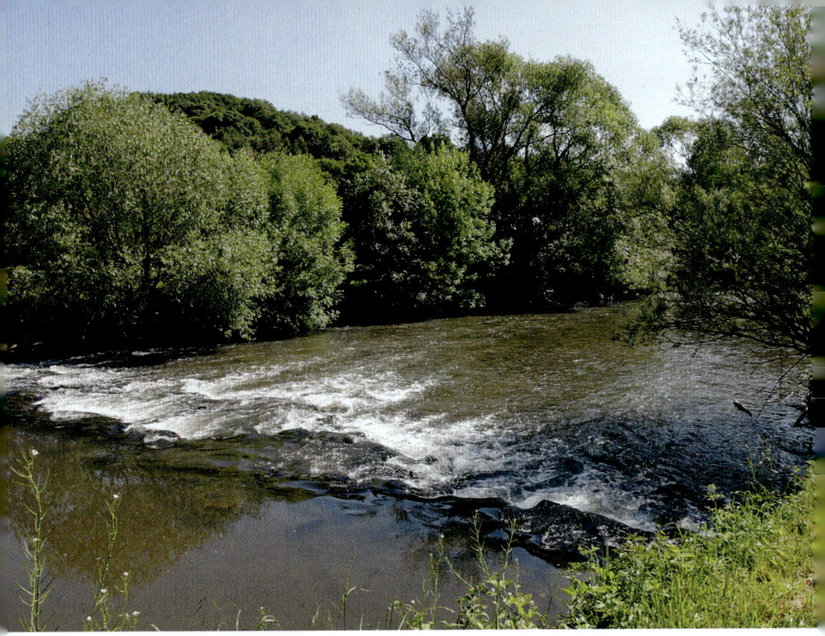

Die Wied bei Niederbreitbach.

Nach 500 m verlassen wir an einer **Abzweigung** ⑩ das Fockenbachtal und überqueren links den Bach. 40 m weiter halten wir uns rechts und folgen dem nicht markierten Waldweg die nächsten 1,1 km geradeaus. Nach den zwei Haarnadelkurven treffen wir im Wald auf die *Wäller-Tour Kirchberg*. Diese leitet uns den nächsten Kilometer durch den Wald zu einer **Abzweigung** ⑪ vor der **Ruine Neuerburg**. Ein Abstecher führt zu der 150 m entfernten Ruine. Wir bleiben auf der *Wäller-Tour Kirchberg* und gelangen am Kelterhof vorbei zur **Mutter-Rosa-Kapelle** ⑫ im Fockenbachtal. Wo heute diese Gedenkstätte liegt, stand früher die Keltermühle, das Elternhaus von Mutter Rosa. Wir gehen an der schmucken Kapelle vorbei, überqueren nach knapp 500 m den Fockenbach und wandern über den Ackerhof zur Wegkreuzung **Am Lohberg** ⑬. Hier verlassen wir die *Wäller-Tour*. *N1* leitet uns von dort links durch den Wald, dann in Serpentinen hinunter zur **Klaus-Kapelle** in Niederbreitbach. Die kleine Kapelle wurde 1393 erstmals urkundlich erwähnt, vermutlich aber schon viel früher von Benediktinerinnen erbaut. Der letzte Umbau erfolgte 1912. *N1* folgend halten wir uns an der *Jakobus-Wirth-Straße* kurz links und gelangen dann rechts durch die *Weihergasse* zur Wiedbrücke und auf der anderen Flussseite zum Parkplatz Freizeitpark Neuerburg in **Niederbreitbach** ①.

6.20 h

Von Datzeroth an der Wied zur Solscheider Kapelle

Einsame Waldwege, romantische Bachtäler und sonnige Höhen

Die Wanderung führt uns von Datzeroth durch das Firmbachtal zum römischen Limes. Durch das romantische Nonnenbachtal geht es hinauf zur Solscheider Kapelle, von der wir eine herrliche Aussicht haben. Von dort wandern wir auf der Westerwaldsteig Erlebnisschleife »Wiedtaler Höhenpfad« hinunter ins Wiedtal, in dem uns der Wiedweg zurück nach Datzeroth leitet.

Ausgangspunkt: Datzeroth, Wanderparkplatz an der Wiedbrücke. Bus Linie 131 von Neuwied, Haltestelle Datzeroth Ortsmitte.
Markierung: D2, Römerturm, H1, N3, Wiedweg.
Anforderungen: Mittel, lange Wanderung auf meist guten Wald- und Feldwegen.
Einkehrmöglichkeit: Keine.
Karte: Kompass Wanderkarte 822 Bonn, Siebengebirge, Ahrtal 1:35.000 oder Kompass Wander- und Radkarte Westerwald Süd 1:50.000.

Datzeroth liegt südlich von Niederbreitbach an der Wied. Hier beginnen wir unsere Wanderung am Wanderparkplatz an der **Wiedbrücke** ❶. Wir wandern in südlicher Richtung auf dem oberhalb der Wied verlaufenden, mit *D2* markierten Waldweg zum Wohngebiet *»Am Schulberg«*. Nach 250 m halten wir uns schwach rechts und gehen im Tal des Firmbachs leicht bergauf. 500 m weiter nehmen wir an der Weggabelung am Waldrand den

Das Wiedtal zwischen Niederbreitbach und Datzeroth.

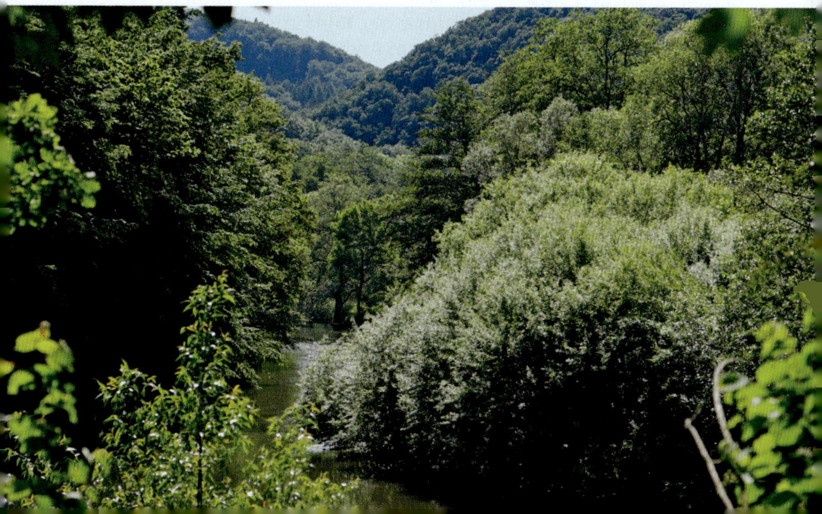

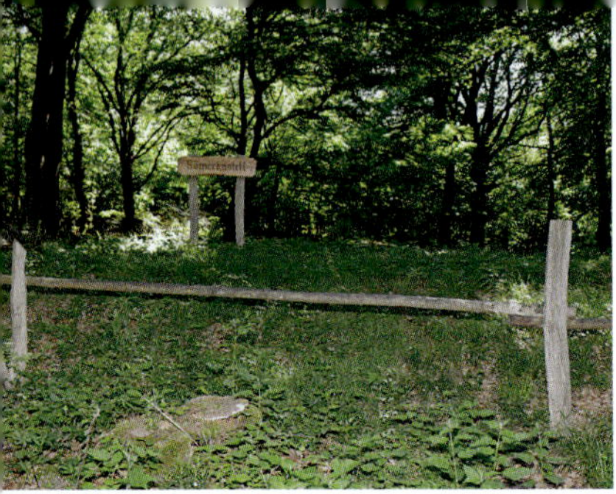

Das ehemalige Römerkastell.

nach rechts abzweigenden Weg, der uns in einem spitzen Bogen durch ein kleines Seitental des Firmbachs führt. Danach gehen wir in der scharfen Rechtskurve des Wegs geradeaus auf dem mittleren der drei Wege weiter und blicken nach links ins Firmbachtal; am Hang darüber steht eine Rastbank. Nun geht es 600 m geradeaus durch den Datzerother Wald, bis wir an einer **Abzweigung** 2 nach rechts abbiegen. Wir wandern die nächsten 750 m in einem Linksbogen durch den herrlichen Laubwald, kreuzen danach einen Waldweg und erreichen eine **Anhöhe** 3, an der der Wanderweg in eine Forststraße mündet. Auf dieser gehen wir links und die nächsten 1,2 km geradeaus, wobei wir unterwegs nach etwa der Hälfte dieses Wegstücks die Markierung *D2* verlassen – am Ende treffen wir hinter einer breiten Waldlichtung auf den **Limesweg** 4 (Markierung *Römerturm*). Auf diesem gehen wir 20 m rechts, dann links auf dem schmalen Pfad durch den Wald – diese leicht zu übersehende Abzweigung ist mit einem *orangen Pfeil* gekennzeichnet. Kurz darauf kommen wir zu einem flachen Hügel, auf dem einmal ein **römisches Kastell** 5 stand. In der Nähe stand auch der Römerturm XIV, dessen Grundmauern wir noch gut erkennen können.

Nach einer weiteren Waldlichtung trifft der *Limesweg* wieder auf eine breite Forststraße, der wir links zum **Weiherhof** 6 folgen und dort auf dem asphaltierten Sträßchen K1 über eine sonnige Hochebene wandern. In der Nähe eines Jäger-Hochsitzes stand früher der Römerturm XII. Eine **Limespalisade** 7 mit Wall und Graben wurde am Anfang des Rheinbrohler Walds, dort, wo die Straße den Limes überquert, rekonstruiert. 500 m weiter steht an der Wegkreuzung beim **Jagdhaus Wilhelmsruh** 8 eine Schutzhütte. In der Nähe hat der Turnverein Rheinbrohl einen Gedenkstein für seinen 1924 verstorbenen Vorturner Daniel Kappel errichtet und eine Eiche gepflanzt.

Hier verlassen wir das Sträßchen und den *Limesweg* und wandern rechts auf dem Wanderweg *H1* in das ausgeschilderte **Nonnenbach-**

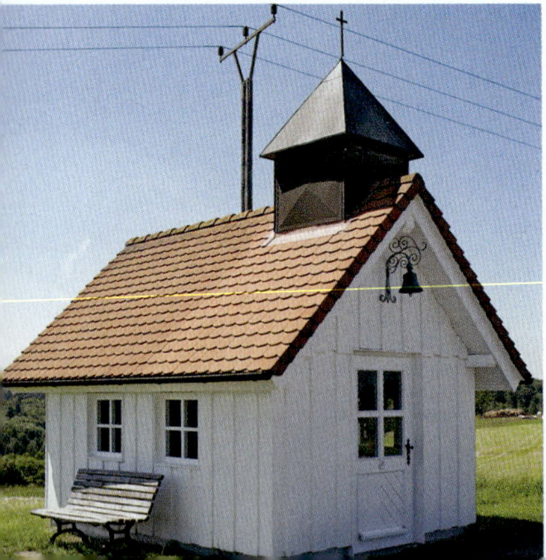

Die Solscheider Kapelle.

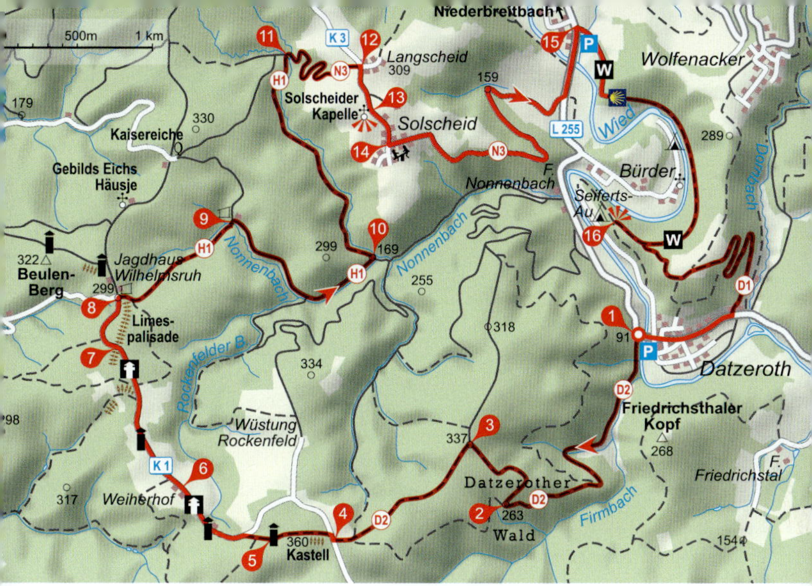

tal ❾. Hier steht an der Wegkreuzung eine Schutzhütte. Wir überqueren hinter dem kleinen Nonnensee links den Bach, gehen gleich danach rechts auf *H1* flussabwärts durch das Bachtal und biegen nach knapp 200 m rechts ab. Ein schöner Wanderweg führt weiter oberhalb des murmelnden Nonnenbachs entlang. Nach 1,4 km verlassen wir den Nonnenbach und wandern links auf *H1* durch das bewaldete Tal des **Bremscheider Bachs** ❿. Bis zur **Wolfswiese** ⓫ steigt der Weg immer leicht an. Dort überqueren wir den kleinen Bach und gehen rechts auf der Westerwaldsteig Erlebnisschleife »Wiedtaler Höhenpfad« und *N3* den Haarnadelkurven des Wegs folgend nach **Langscheid** ⓬. Am Ortsanfang gelangen wir rechts auf der *Niederbreitbacher Straße* zur **Solscheider Kapelle** ⓭. Die kleine Wallfahrtskapelle ist ein herrlicher Rastplatz und Aussichtspunkt. Auch innen ist die 1994 errichtete Kapelle sehenswert: Die Marienstatue wurde in Oberammergau geschnitzt; Kreuze, Blumen und brennende Kerzen zeigen, dass die Kapelle ein viel besuchter Andachtsort ist.

Auf der *Niederbreitbacher Straße* geht es hinab nach **Solscheid** ⓮, wo wir im Ort vor dem Kinderspielplatz auf der *Niederbreitbacher Straße* links und am Ortsende auf dem grasbewachsenen Feldweg rechts bergab gehen. Vor uns liegt das Wiedtal, und in der Ferne können wir die Ruine Neuerburg mit ihrem fünfeckigen Bergfried erkennen. Wir wandern am Waldrand entlang, dann macht der Weg im Wald einen Linksbogen. Nach der Rechtskurve am Ende des Walds gelangen wir ins Wiedtal, wo wir die Landstraße *L 255*

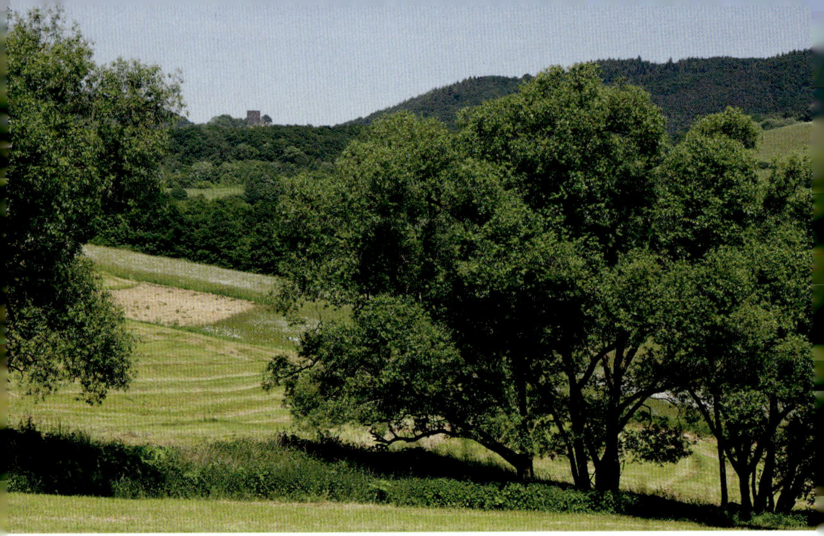

Über dem Wiedtal erhebt sich die Ruine Neuerburg.

überqueren und links auf dem Feldweg neben der Straße in Richtung Niederbreitbach wandern. Vor der Brücke verlassen wir die *Westerwaldsteig Erlebnisschleife* und *N3* und treffen auf den *Wiedweg*. Auf diesem überqueren wir geradeaus die Wied und gehen nach 250 m am Ortsanfang von **Niederbreitbach** ⑮ rechts auf dem *Wiedweg*, einem Teilstück der Westerwaldsteig Erlebnisschleife »Wiedtaler Höhenpfad«, zurück nach Datzeroth. Der Wanderweg verläuft im Wald oberhalb der Wied und bietet uns immer wieder herrliche Talblicke. Nach dem Flussbogen zweigt der *Wiedweg* nach links ab. Wir machen hier einen kurzen Abstecher geradeaus zu einem 180 m entfernten **Aussichtspunkt** ⑯, von dem wir einen guten Blick über den Wiedbogen mit der Seiferts Au (Campingplatz) haben. Nach der Aussicht gehen wir zu der Abzweigung zurück und lassen uns vom *Wiedweg* nach **Datzeroth** leiten. Dort verlassen wir diesen und folgen der Dorfstraße links durch den Ort zurück zum Parkplatz hinter der **Wiedbrücke** ①.

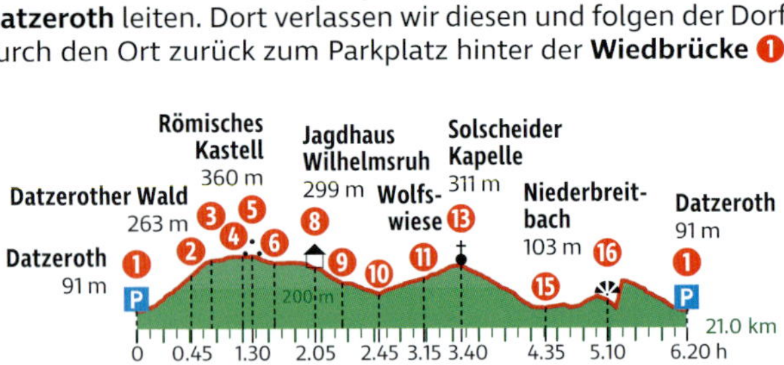

↗ 420 m | ↘ 420 m | 12.0 km

4.00 h

Von Niederhammerstein zur Rheinbrohler Ley

43

Auf dem Rheinsteig zur ältesten Burg am Mittelrhein

Wir wandern von Niederhammerstein auf dem Rheinsteig durch die Weinberge hinauf zur Burg Hammerstein, der wohl ältesten Burg am Mittelrhein. Der Rheinhöhenweg führt uns dann von der Burg durch den Wald zur Rheinbrohler Ley, wo wir eine herrliche Aussicht ins Rheintal und in die Vordereifel haben. Hier treffen wir wieder auf den Rheinsteig, auf dem wir durchs Tal des Hammersteiner Bachs zurück nach Niederhammerstein gelangen.

Ausgangspunkt: Parkplatz in Niederhammerstein neben der Hauptstraße gegenüber vom Weingut. Bus Linie 170 Neuwied–Linz am Rhein, Haltestelle Niederhammerstein, Hauptstraße.
Markierung: Rheinsteig, Rheinhöhenweg (R).
Anforderungen: Mittel.
Einkehrmöglichkeit: Weinstube Zwick in Niederhammerstein (Mo, Do Ruhetag, geöffnet 13–19 Uhr), Forsthof (Sa, So ab 11 Uhr geöffnet).
Sehenswürdigkeiten: Der hoch über dem Rhein gelegene Aussichtsfelsen der Rheinbrohler Ley besteht aus Grauwackenschiefer. Das Rheinbrohler Ehrenmal, eine kleine Kapelle, erinnert in der Nähe an die gefallenen Soldaten eines aus dem Rheinland stammenden Infanterieregiments. Burg Hammerstein wurde im 10. Jh. von den Konradinern erbaut und ist wohl die älteste Burg über dem Mittelrheintal. Im Jahr 1002 wurde sie als Reichsburg erwähnt und war bis 1417 Sitz der Grafen von Hammerstein. Nach der Besetzung im Dreißigjährigen Krieg diente die Burg den Herzögen von Lothringen als Ausgangspunkt ihrer Raubzüge, bis sie 1654 von Kurtrierer Truppen eingenommen und zerstört wurde. Seit 1893 befindet sie sich im Besitz der Freiherren von Hammerstein.
Karte: Wanderkarte 1:25.000 Rheinwandern 4 Neuwied von Naturnavi.

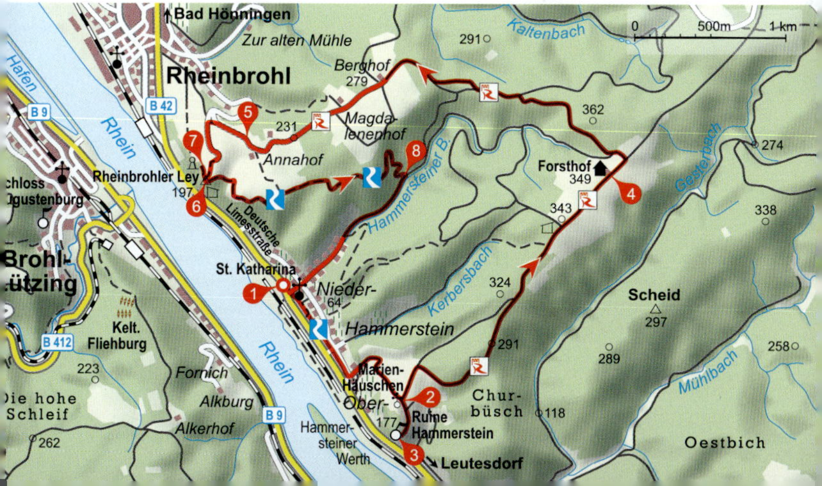

In **Niederhammerstein** ❶ gehen wir vom Parkplatz neben der *Hauptstraße* aus dem Ort und an dem Weinberg entlang. An der *Pater-Konrad-Keller-Straße* treffen wir auf den *Rheinsteig*. Dieser führt uns nach Oberhammerstein, wo wir nach dem Friedhof auf dem *Burgweg* links gehen. Der *Rheinsteig* führt uns danach durch den Wald zu einer Abzweigung am **Marien-Häuschen** ❷, das neben einer großen Linde steht (Rastplatz). Hier treffen wir auf den *Rheinhöhenweg* (R). Wir folgen noch kurz den beiden Markierungen bis zur nächsten Abzweigung, verlassen diese dort und gehen geradeaus zur nahe gelegenen **Burgruine Hammerstein** ❸. Die ehemalige Reichsburg wurde vermutlich im frühen 10. Jahrhundert erbaut und 1654 zerstört. Erhalten geblieben sind Reste der Wehrmauer mit dem Burgtor und Teile des mächtigen, runden Wehrturms. Die Aussicht von der Ruine ins Rheintal ist grandios!
Nach ihrer Besichtigung kehren wir auf demselben Weg zum **Marien-Häuschen** ❷ zurück. Jetzt wandern wir auf dem *Rheinhöhenweg* rechts durch den Wald und auf dem *Forsthofweg* über die Wiesen zum bewirtschafteten **Forsthof** ❹. Dahinter geht es an der nächsten Abzweigung links über die Wiese wieder in den Wald. Auf dem *Rheinhöhenweg* wandern wir jetzt die nächsten 2 km durch den Wald, an dessen Ende wir geradeaus am Berghof und Magdalenenhof vorbei zum **Annahof** ❺ gelangen. Wir gehen an diesem geradeaus vorbei und lassen uns vom *Rheinhöhenweg* nach links zur **Rheinbrohler Ley** ❻ leiten. Dort treffen wir auf den *Rheinsteig*. Den Logos der beiden Wanderwege folgend schauen wir uns das nahe gelegene **Rheinbrohler Ehrenmal** ❼ an und kehren danach um. Die Aussicht von der Rheinbrohler Ley und dem Ehrenmal ist eine der schönsten am Mittelrhein: Auf der gegenüberliegenden Rheinseite erhebt sich Burg Brohleck über

Blick von der Burgruine Hammerstein auf den Rhein.

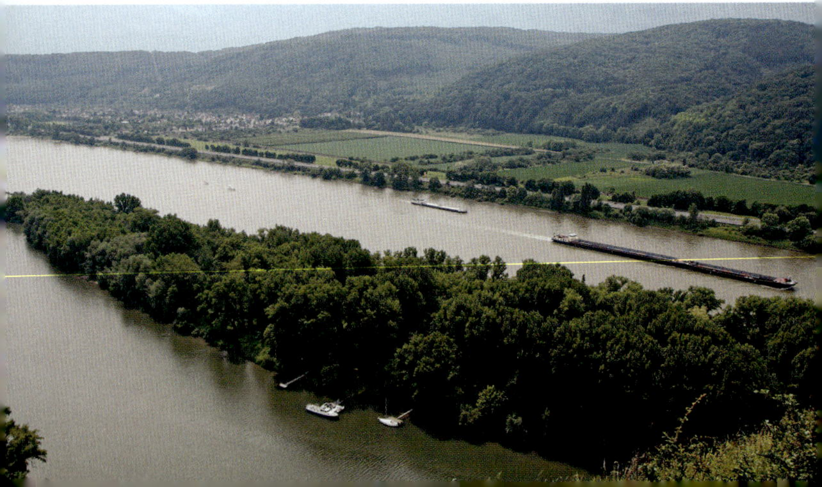

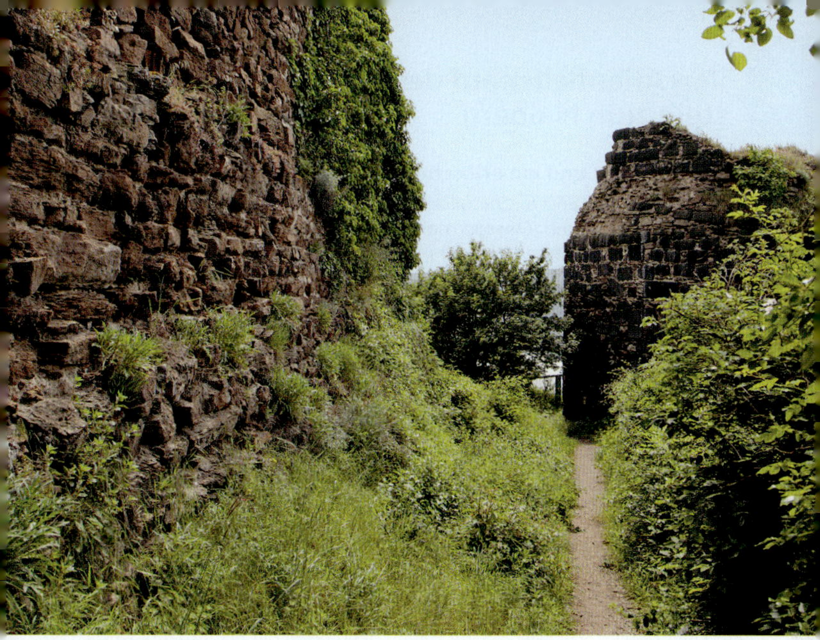

Im Innern der Burgruine Hammerstein.

dem Dorf Brohl; und schaut man flussaufwärts, sieht man, wie die Schiffe an der lang gezogenen Rheininsel Hammersteiner Werth vorbeifahren. Der *Rheinsteig* führt uns ab der Rheinbrohler Ley weiter über eine Hochebene in das bewaldete Tal des **Hammersteiner Bachs** 8. Dort wandern wir rechts durch das Bachtal zurück Richtung Niederhammerstein. Dort kommen wir auf der *Dorfstraße* am ehemaligen kurtrierischen Zehnthof aus dem 16. Jahrhundert (*Dorfstraße 28*) und der katholischen Kirche St. Katharina (17. Jahrhundert) vorbei. Am Ende der *Dorfstraße* gehen wir auf der *Hauptstraße* rechts zurück zum nahe gelegenen Parkplatz von **Niederhammerstein** 1, wo wir in der Weinstube Zwick den Tag ausklingen lassen können.

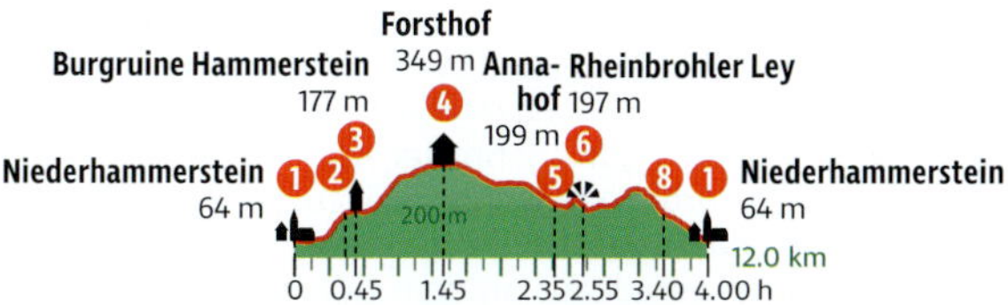

TOP 44

↗ 325 m | ↘ 325 m | 13.6 km

Von Arienheller auf dem Westerwaldsteig zum Malberg

4.00 h

Die Römerwelt und ein erloschener Vulkan

Von etwa 100 bis 260 n. Chr. bildete der Limes die Grenze zwischen den zwei römischen Provinzen Obergermanien und Rätien und den germanischen Stämmen. Der Grenzwall begann in Rheinbrohl, verlief über 550 Kilometer bis zur Donau und diente als Schutzwall und zur Kontrolle des Handels. Seinen Anfangspunkt bezeichnete der römische Historiker Tacitus als »Caput Limitis«, als »Kopf des Limes«. Seit 2005 ist dieser Obergermanisch-rätische Limes ein Weltkulturerbe der UNESCO. 2008 wurde im nahen Arienheller die »Römerwelt« eröffnet, wo Besucher erfahren, wie die Römer lebten. Die Römerwelt liegt am Limeswanderweg und am Westerwaldsteig. Unsere Wanderung führt von dort entlang des römischen Limes zum rekonstruierten Wachturm auf dem Beulenberg und weiter zum Malberg, einem erloschenen Vulkan, an dem bis in die 1930er-Jahre Basalt abgebaut wurde. Dort erkunden wir den verträumten, von steilen Wänden aus Basaltsäulen eingerahmten Malbergsee und wandern auf bequemen Waldwegen im Bahlsbachtal zurück.

Ausgangspunkt: Römerwelt Arienheller südöstlich von Bad Hönningen neben der B 42 (gebührenpflichtiges Parkhaus). Bus Linie 170 Linz–Neuwied bis zur Haltestelle Rheinbrohl, Berufsbildungszentrum. Von dort 1 km bis zur Römerwelt.
Markierung: Limesturm, Westerwaldsteig, H1, N3, 1, 5.
Anforderungen: Gering, überwiegend gute Wege.
Einkehrmöglichkeit: Malberg-Hütte an der Bergstation des ehemaligen Skilifts in Hähnen (Mo, Di Ruhetag).
Sehenswürdigkeiten: Erlebnismuseum Römerwelt am Caput Limitis (geöffnet Mitte März–Mitte Nov., Di–So 10–17 Uhr, roemer-welt.de). Der 373 m hohe Malberg markierte im Mittelalter die Grenze zwischen den Gemarkungen Neuerburg und Hönningen. Von 1860 bis in die 1930er-Jahre wurde hier Basalt abgebaut. Dieses witterungsbeständige Vulkangestein kommt dort in besonders schönen Basaltsäulen vor, die auch zum Bau des Hindenburgdamms auf Sylt verwendet wurden, der 1927 fertiggestellt wurde. 1896 wurde eine 3,5 km lange Seilbahn für den Transport der Steine ins Dorntal erbaut. Von dort erfolgte der Weitertransport mit einer Kleinbahn zur Verladestation am Rhein.
Karte: Wanderkarte 1:25.000 Rheinwandern 4 Neuwied von Naturnavi.

Von der **Römerwelt am Caput Limitis** ❶ in **Arienheller** gehen wir 120 m auf der Zufahrtsstraße, am Parkplatz vorbei und folgen dann links der *Arienheller Straße (K 2)* nach Arienheller. Wir orientieren uns dabei bis zum Jagdhaus Wilhelmsruh am *Limesweg* (Markierung *Limesturm)* und am *Westerwaldsteig*. Unterhalb von Gut Arienheller kommen wir an einer rekonstruierten Limespalisade vorbei und wandern nach der Rechtskurve der Straße links durch einen schattigen Hohlweg immer leicht bergauf zum **Gut Dielsberg** ❷. Wir gehen geradeaus an dem Gutshof vorbei und passieren

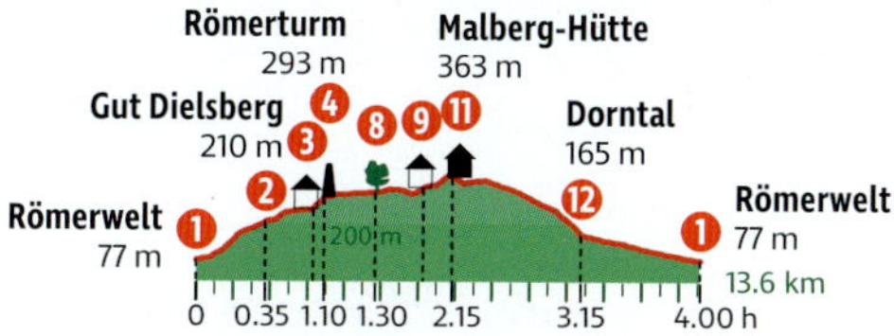

nach gut 300 m in einem Waldstück den Limeswall. Auf der Waldlichtung bei der **Schutzhütte Limes-Waldschule** ❸ könnten wir am Limes-Wandertag Mitte Mai auf römische Legionäre treffen. Der Wanderweg steigt weiter leicht an und führt hinauf zum rekonstruierten **Römerturm** auf dem **Beulenberg** ❹. Von dem hölzernen Wachturm haben wir einen guten Blick ins nahe Rheintal.

Wir wandern weiter durch den Rheinbrohler Wald, wo am Limes-Wandertag ein **Holzkohlemeiler** ❺ am Weg qualmt. Tafeln erklären uns, wie der Meiler funktioniert. Danach halten wir uns an der nächsten Abzweigung links und verlassen kurz darauf an der Forststraße oberhalb vom **Jagdhaus Wilhelmsruh** ❻ den *Limesweg* und folgen links auf der Forststraße weiter dem *Westerwaldsteig* zum **Gebildeichshäuschen** ❼, einer kleinen Waldkapelle mit Rastplatz. 400 m weiter steht mitten auf einer Wegkreuzung die mächtige **Kaisereiche** ❽. Wir gehen geradeaus weiter zum Malberg, wobei wir uns nach 1,3 km an der Abzweigung bei der **Frammerich-Schutzhütte** ❾ rechts halten und nach 200 m dem *Westerwaldsteig* nach links zum Malberg folgen. Dort passieren wir den Parkplatz und haben von einem Aussichtspunkt, der an der höchsten Stelle des 373 m hohen **Malbergs** ❿ liegt, einen ersten Blick in den Vulkankrater mit dem Malbergsee.

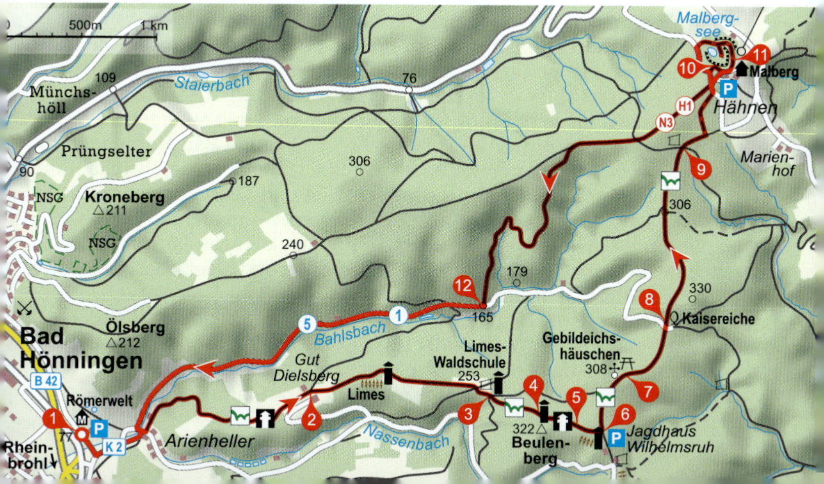

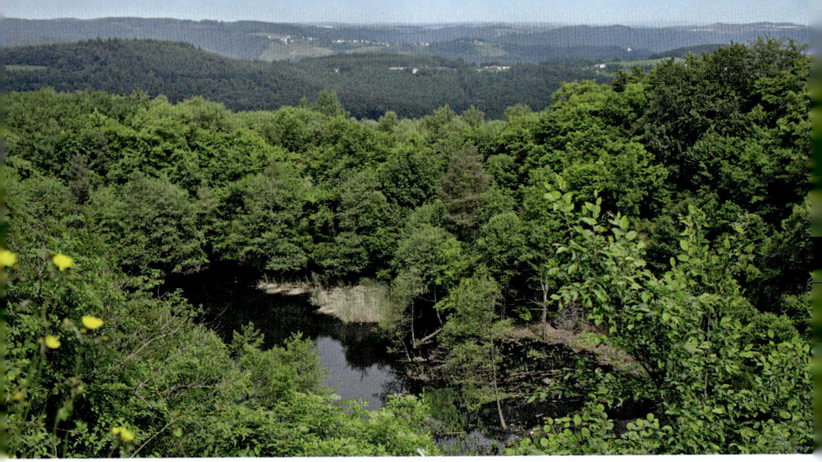

Der Malbergsee im ehemaligen Basalt-Steinbruch.

Der Blick reicht von hier auch weit über die bewaldeten Höhen des Westerwalds und ins Wiedtal. Danach gehen wir weiter zur nahe gelegenen **Malberg-Hütte** ⑪, in der wir einkehren können.
Dort, wo früher Basaltgestein abgebaut wurde, liegt heute der malerische Malbergsee, ein Feuchtbiotop, das von steilen Wänden aus Basaltsäulen umrahmt wird. Wir wandern auf einem schmalen Pfad, der oberhalb der Malberg-Hütte beginnt, um den See herum, wobei wir anfangs den Markierungen *H1* und *N3* folgen können. Dabei kommen wir an einem Aussichtspunkt vorbei, an dem wir den besten Blick in den etwas zwischen den Bäumen versteckten See haben, und können kurz darauf links zum See hinuntersteigen, der von schönen Basaltsäulen umrahmt wird.
Wir gehen danach wieder zurück und wandern links weiter um den See, wobei wir die Markierungen verlassen. Am Ende des Pfads gelangen wir auf der Forststraße links zurück zum Parkplatz. Dort treffen wir kurz vor der Zufahrtsstraße wieder auf die Markierungen *H1* und *N3*, denen wir jetzt rechts auf der geschotterten Forststraße in Richtung Bad Hönningen folgen. Nach 600 m verlassen wir an der Wegkreuzung auf einer Waldlichtung die Markierungen, wandern geradeaus ins Tal und halten uns nach 500 m an der nächsten, ins Dorntal ausgeschilderten Weggabelung links. Ohne Markierung folgen wir jetzt der Forststraße die nächsten 1,6 km immer geradeaus und gelangen nach einem Rechtsbogen und einer Haarnadelkurve durch ein Seitental ins **Dorntal** ⑫, durch das der Bahlsbach fließt. Dort folgen wir der Forststraße rechts am Bach entlang. Der bequeme Wanderweg, an dem ein idyllischer Waldweiher liegt, ist mit *1* und *5* markiert. Nach 2 km erreichen wir wieder **Arienheller**, halten uns dort rechts und gelangen auf bekanntem Weg zurück zur **Römerwelt am Caput Limitis** ①.

↗ 560 m | ↘ 560 m | 20.1 km

6.00 h

TOP **45**

Durch das Kasbachtal zum Auge Gottes

Ein roter Schienenbus, alte Steinbogenbrücken und der Rheinsteig

Vor 100 Jahren wurde Basaltgestein mit der Bahn durch das Kasbachtal an den Rhein transportiert. Seit 1999 fährt auf dieser knapp 9 Kilometer langen Steilstrecke zwischen Kalenborn und Linz am Rhein von Anfang März bis Mitte Dezember an den Wochenenden und Feiertagen eine Museumsbahn. Im Kasbachtal überquert der burgunderrote Schienenbus den Kasbach mehrfach auf alten Steinbogenbrücken. Unser Wanderweg folgt der historischen Bahnlinie und dem Lauf des Kasbachs. Durch ein Seitental verlassen wir das Kasbachtal und wandern zum Auge Gottes, einer kleinen Waldkapelle, um die sich eine Legende rankt. Auf dem Rheinsteig wandern wir dann vorbei an Rheinbreitbach zur Erpeler Ley, einem Aussichtspunkt, von dem wir auf die beiden Brückentürme der im Zweiten Weltkrieg bombardierten Ludendorffbrücke in Remagen und über das weite Rheintal blicken. Auf einem kurzen, steilen Abstieg geht es wieder zurück nach Kasbach.

Ausgangspunkt: Bürgerhaus in Kasbach, Kasbachtalstraße 56. Bus Linie 180 Linz am Rhein–Neustadt, Haltestelle Kasbach (500 m bis zum Bürgerhaus).
Markierung: Rheinsteig, LZ14/Rheinsteigzugangsweg, 3, Rheinsteig.
Anforderungen: Mittel, lange Tour mit Auf- und Abstiegen, Wanderschuhe mit Profilsohle empfohlen!
Einkehrmöglichkeit: Erpel: Gaststätte »Om Maat« (Am Markt) auf dem Marktplatz (Mo, Di Ruhetag), Restaurant Zur Brücke am Ortsende (geöffnet Mo, Di, Fr, Sa 11.30–14.30 und ab 17.30 Uhr, So ab 11.30 Uhr; Alte Brauerei im Kasbachtal bei Kasbach (März–Dez., Mo, Di, Do Ruhetag, Weihnachtsmarkt an den Adventswochenenden).
Sehenswürdigkeiten: Zur Wallfahrtskirche St. Johannes Baptist in Bruchhausen mit ihrer Madonna und dem Jesuskind aus dem 14. Jh. finden seit fast 800 Jahren Marienwallfahrten statt. Ursprünglich 1230 als römische Basilika errichtet, wurde die Kirche um 1500 zu einer gotischen Hallenkirche mit Chor und Netzgewölben umgebaut. Das Innere der dreischiffigen Kirche zieren prunkvolle Skulpturen. An der Südwand neben dem Eingang zeigt ein Bild aus dem 17. Jh. den »Totentanz«.
Karte: Wanderkarte 1:25.000 Rheinwandern 5 Bonn, Siebengebirge von NaturNavi.

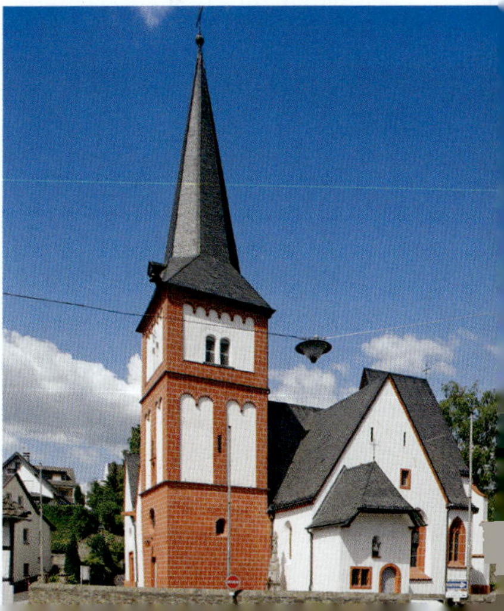

Wallfahrtskirche Bruchhausen.

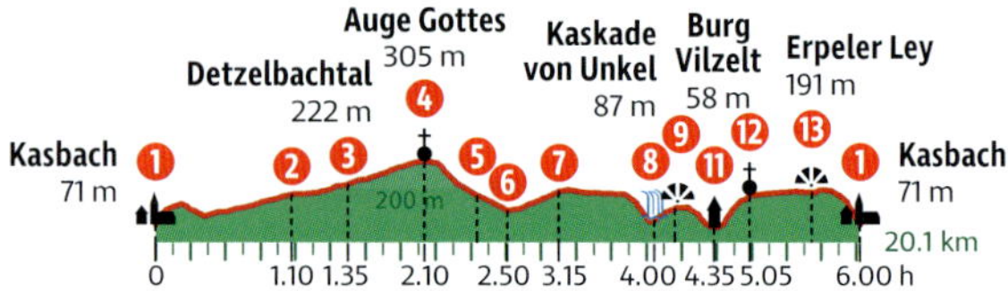

Am Bürgerhaus von **Kasbach** 1 überqueren wir auf Höhe des Spielplatzes Kromeswiese die *Kasbachtalstraße* und folgen dem schmalen Pfad (Treppen) den Waldhang hinauf. Ein kurzes Wegstück ist mit dem blauen Logo des *Rheinsteigs* markiert. Nach 200 m verlassen wir den *Rheinsteig* und wandern rechts auf dem nicht markierten, schmalen Waldpfad am Hang entlang ins ausgeschilderte Kasbachtal. Bei Nässe kann dieser Weg rutschig sein. Wir folgen an der nächsten Weggabelung rechts der Forststraße ins Tal bis zur *Franz-Steffens-Straße*. Hier führt links ein Abstecher zur Alten Brauerei im Kasbachtal (300 m).

Wir gehen auf der *Franz-Steffens-Straße* 50 m rechts und biegen *»Am Kuckstein«* nach links ab. Jetzt orientieren wir uns am *Linzer Rundwanderweg LZ14* und am *Rheinsteigzugangsweg* und wandern im schattigen Wald das **Kasbachtal** aufwärts in Richtung Kalenborn. Am Ende des Wohngebiets überqueren wir den Bach und gehen unter der Bahnlinie hindurch. Wir kommen am Haltepunkt Alte Brauerei vorbei und folgen danach dem Bachlauf und der Eisenbahn. Der Imkerverein Linz am Rhein-Unkel hat hier einen Bienenlehrpfad eingerichtet. Wir gehen unter der Eisenbahnbrücke hindurch und geradeaus am Bach entlang weiter. Nach etwa 1,7 km überqueren wir an einer Felswand den Kasbach und unterqueren gleich danach die Bahnlinie. 700 m weiter führt unser Weg erneut unter der Eisenbahnbrücke hindurch. Hier verlassen wir an der **Abzweigung vor der Brücke** 2 *LZ14* und den *Rheinsteig-Zuweg*, gehen links unter der Brücke hindurch und überqueren den Kasbach auf dem Steg. Auf einem schmalen Waldpfad steigen wir den Waldhang hinauf, bis der Pfad nach gut 100 m auf einen Forstweg trifft. Auf diesem gehen wir rechts und nach 200 m an der Weggabelung ebenfalls rechts. Jetzt wandern wir auf dem Forstweg geradeaus

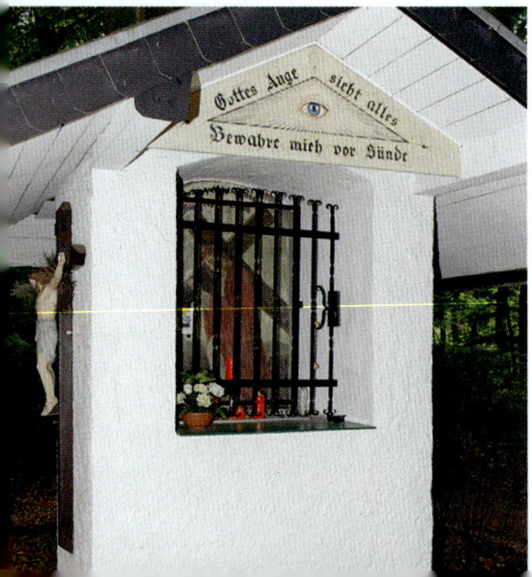

Das Auge Gottes.

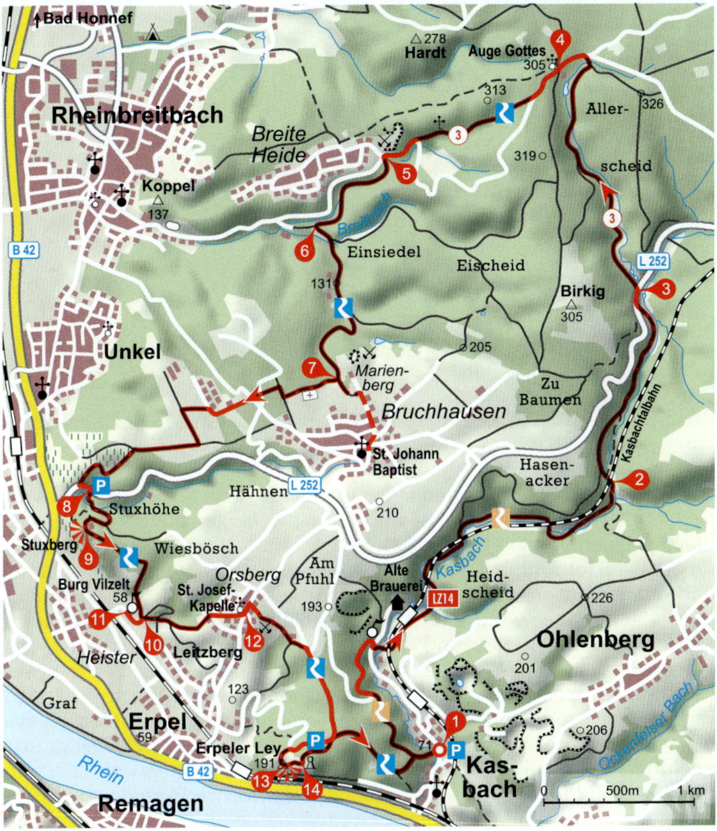

aus dem Tal hinauf zur Straße *L 252*, folgen dieser 80 m rechts und gehen dann links auf dem Forstweg weiter. Nun geht es ohne Markierung geradeaus durch das **Detzelbachtal** ❸, ein Seitental des Kasbachs – am Weg liegen Fischteiche. Unterwegs können wir an einem Baum die Markierung *3* entdecken. Am Talende liegt ein weiterer Fischteich. 200 m danach überqueren wir links den Detzelbach und folgen gleich darauf links der Forststraße zum **Auge Gottes** ❹, einer kleinen Waldkapelle, um die sich eine Sage rankt. Ein junger Herr soll einst wahllos jedes Wild verfolgt haben, bis sich eine todgeweihte Hirschkuh schützend vor seine nächste Jagdbeute stellte. Ein großes Auge blickte den Schützen mahnend an. Darin erkannte

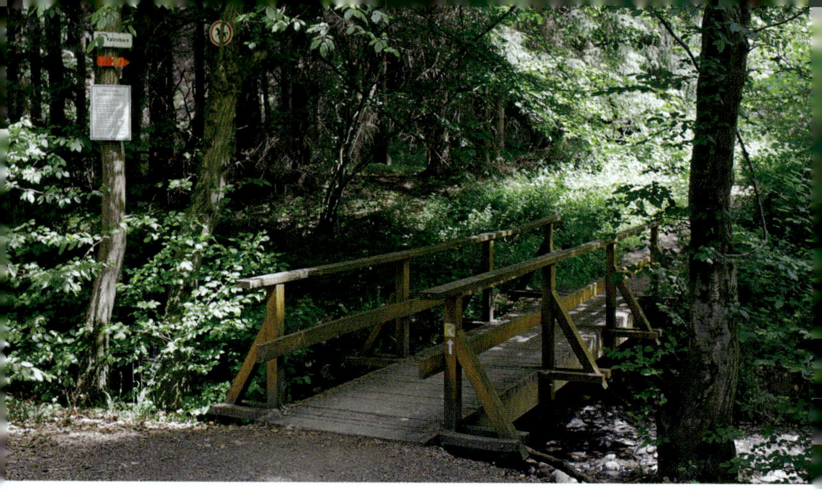

Holzsteg im Kasbachtal.

der Schütze das über alles und jeden wachende Auge Gottes und legte seine Flinte nieder. An dieser Stelle wurde von den Bauern aus der Umgebung die Kapelle errichtet.

An der Wegkreuzung bei der Kapelle gehen wir links an der Kapelle vorbei und orientieren uns jetzt bis zu unserem Ausgangspunkt am *Rheinsteig*. Nach 250 m halten wir uns an der Weggabelung rechts und gehen gleich danach geradeaus in Richtung Tal. Kurz vor Rheinbreitbach erinnert neben einem Rastplatz ein Wegkreuz an die Arbeiter in den ehemaligen Bergwerken – Glück auf! Am bewaldeten Ortsrand von **Rheinbreitbach** 5 können wir die Reste einer alten Aufbereitungsanlage für Kupfererz entdecken. Wir gehen hier vor der *Westerwaldstraße* links auf dem *Rheinsteig* weiter und überqueren den kleinen Bach. Danach verläuft der Wanderweg oberhalb des Bachs und führt dann ins **Breitbachtal** 6. Wir wandern dort links auf der breiten Forststraße (*Rheinsteig*) weiter, halten uns nach 200 m an der Weggabelung bei der Stromleitung rechts und kommen nach 1,3 km in **Marienberg** 7 am Bildungszentrum einer Versicherung vorbei. Wer möchte, kann hier geradeaus auf der *Marienbergstraße* einen Abstecher zur Wallfahrtskirche St. Johann Baptist in Bruchhausen machen (1,6 km hin und zurück). Wir wandern rechts auf dem *Rheinsteig* am Waldrand entlang und lassen uns von diesem Premiumwanderweg zum 2,7 km entfernten Wanderparkplatz an der **Kaskade von Unkel** 8 leiten (Straße *L 252*). Der künstliche, 7 m hohe Wasserfall im Hähnelbachtal ist ein idyllisches Plätzchen zum Rasten. Er ergießt sich von einem oberhalb liegenden Staubecken, das im 15. Jahrhundert zur Wasserversorgung der heute nicht mehr existierenden Urbachsmühle diente. Der *Rheinsteig* führt unweit des Parkplatzes auf

der anderen Straßenseite an dem kleinen Wasserfall vorbei und durch den Wald zum Aussichtspunkt **Stuxberg** ❾.
Danach wandern wir durch den Wald hinunter nach **Heister** ❿, ein Vorort von Unkel. Dort steht die kleine **Burg Vilzelt** ⓫, eine ehemalige Wasserburg, die erstmals 1290 urkundlich erwähnt wurde. Die Burg mit ihrem schiefergedeckten Walmdach befindet sich in Privatbesitz und kann nicht besichtigt werden. Von **Heister** ❿ leitet uns der *Rheinsteig* links hinauf nach **Orsberg** ⓬. Dort kommen wir auf der *Kapellenstraße* an der katholischen **St.-Josef-Kapelle** (1708 erbaut, Altar von 1649) vorbei. Wir verlassen den Ort mit seinen schmucken Fachwerkhäusern links auf der *Orsberger Straße* und gelangen am Ortsende rechts auf dem aussichtsreichen *Leyweg* zur **Erpeler Ley** ⓭. Die Aussicht vom Friedenskreuz auf dem Basaltfelsen des vor 800.000 Jahren entstandenen Vulkanschlots ins Rheintal ist überwältigend. In Richtung Remagen sehen wir die beiden schwarzen Brückentürme der ehemaligen Ludendorffbrücke, einer 325 m langen, zweispurigen Eisenbahnbrücke über den Rhein. Gegen Ende des Zweiten Weltkriegs bombardierte die deutsche Wehrmacht die strategisch wichtige Brücke, um ein Vorrücken der Amerikaner zu verhindern. Doch die Brücke hielt der Bombardierung stand und stürzte erst zehn Tage später ein. Im Brückenkopf ist heute eine Gedenkstätte eingerichtet. Auf dem *Rheinsteig* wandern wir am **Zeppelin-Denkmal** ⓮ vorbei, das an die erste Fahrt eines lenkbaren Zeppelins über den Rhein im Jahr 1909 erinnert, und zurück zum Bürgerhaus in **Kasbach** ❶.

Aussichtspunkt Erpeler Ley.

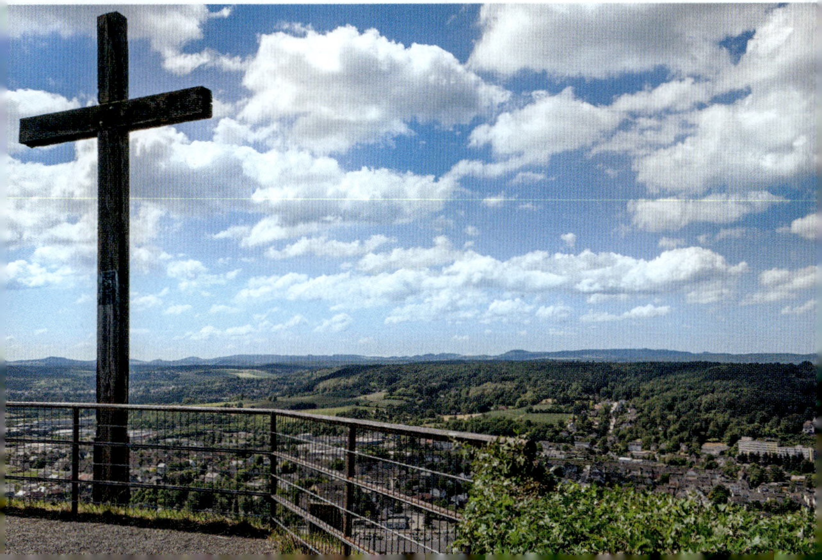

↗ 280 m | ↘ 280 m | 12.8 km

46 Von Kasbach über die Erpeler Ley nach Unkel

3.45 h

Aussichtspunkte, ein Wasserfall und die Brücke von Remagen

Von Kasbach aus steigen wir auf dem Rheinsteig hinauf zur Erpeler Ley. Der 191 Meter hohe Basaltfelsen mit seiner senkrecht abfallenden Wand aus Basaltsäulen ist ein toller Aussichtspunkt. Von der Römerzeit bis Ende des 19. Jahrhunderts diente der Felsen als Steinbruch und steht heute wegen seiner Wärme liebenden, seltenen Fauna und Flora unter Naturschutz. Die Erpeler Ley ist auch ein Geotop, das Einblicke in die Erdgeschichte vermittelt. Wir folgen dem Rheinsteig zur ehemaligen Wasserburg Vilzelt und zum Unkeler Wasserfall. Danach wandern wir auf einem ebenen Uferweg am Rhein entlang zurück. Auf der anderen Seite des Flusses sehen wir das Schloss Marienfels, die Wallfahrtskirche St. Apollinaris und die beiden Brückentürme der nach General Erich von Ludendorff benannten Brücke von Remagen.

Ausgangspunkt: Bürgerhaus Kasbach. Bus Linie 180 Linz am Rhein–Neustadt, Haltestelle Kasbach (500 m bis zum Bürgerhaus).
Markierung: Rheinsteig, RV.
Anforderungen: Mittel, Auf- und Abstiege auf dem Rheinsteig, Wanderschuhe mit Profilsohle.
Einkehrmöglichkeit: Alte Brauerei im Kasbachtal bei Kasbach (März–Dez., Mo, Di, Do Ruhetag, nostalgischer Weihnachtsmarkt an den Adventswochenenden); Unkel: Imbiss »Prost Mahlzeit« gegenüber vom Stuxhof (Sa Ruhetag), Erpel: Gaststätte »Om Maat« (Am Markt) auf dem Marktplatz (Mo, Di Ruhetag), Restaurant Zur Brücke am Ortsende (geöffnet Mo, Di, Fr, Sa 11.30–14.30 und ab 17.30 Uhr, So ab 11.30 Uhr).
Sehenswürdigkeiten: Die Brücke von Remagen, die am Ortsrand von Erpel über den Rhein führte, ging in die Geschichte ein. Sie wurde 1945 von einer amerikanischen Division eingenommen und von der deutschen Wehrmacht bombardiert. Die Einnahme dieses strategisch wichtigen Rheinübergangs durch die Amerikaner hat wohl den Zweiten Weltkrieg um einige Tage verkürzt. Im Kasbachtal verkehrt von Anfang März–Mitte Dez. an Wochenenden und Feiertagen ein roter Schienenbus. Dieser Museumszug befährt eine 9 km lange Strecke, auf der vor ungefähr 100 Jahren Basaltgestein an den Rhein transportiert wurde. Sie führt über mehrere alte Steinbogenbrücken. Bei Unkel wurde der Hähnelbach zur Wasserversorgung der heute nicht mehr existierenden Urbachsmühle gestaut. Der Abfluss des Staubeckens bildet einen 7 m hohen, künstlich angelegten Wasserfall, die »Kaskade von Unkel«.
Karte: Wanderkarte 1:25.000 Rheinwandern 5 Bonn, Siebengebirge von NaturNavi.

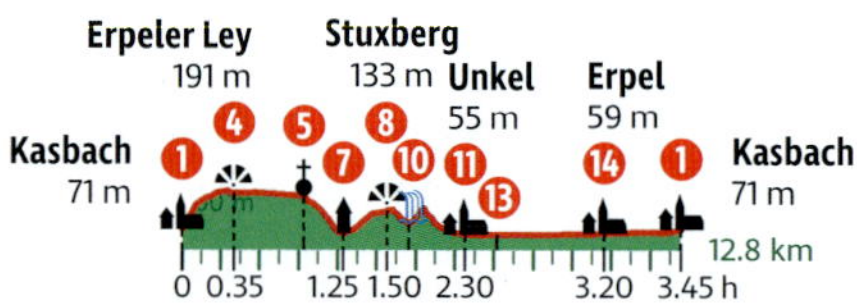

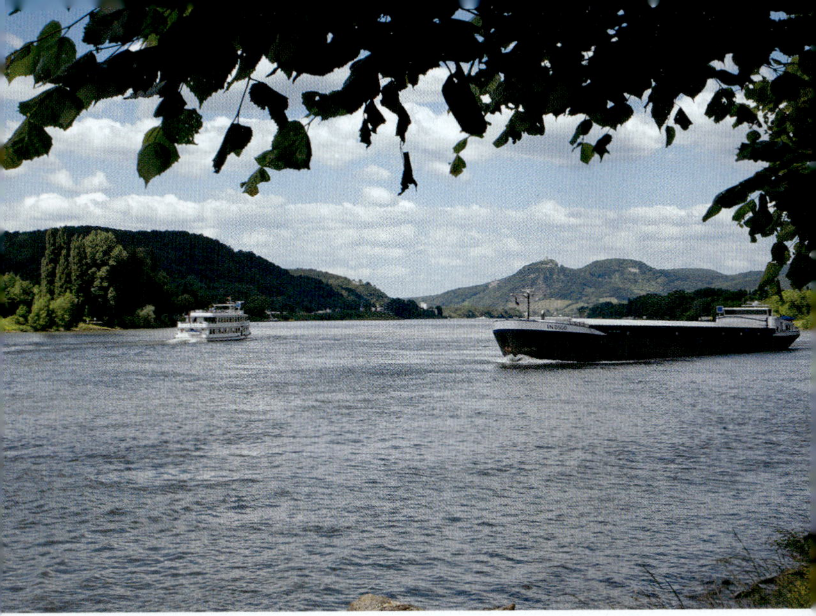

Blick auf den Rhein bei Unkel.

Vom Bürgerhaus **Kasbach** ❶ folgen wir am Spielplatz auf der anderen Straßenseite dem *Rheinsteig* in Richtung Erpeler Ley. Wir steigen die Treppen hinauf und gehen dann an der Abzweigung nach 200 m links weiter im Wald bergauf. An der nächsten Wegkreuzung gehen wir links und nach 150 m an der **Abzweigung** ❷, an der der *Rheinsteig* auch nach rechts führt, geradeaus. Kurz darauf halten wir uns an der Gabelung geradeaus und folgen dem *Rheinsteig* zum **Zeppelin-Denkmal** ❸ und zum Aussichtspunkt **Erpeler Ley** ❹. Von diesem blicken wir ins Rheintal und erkennen in Remagen die Brückentürme der ehemaligen Ludendorffbrücke.
Der *Rheinsteig* führt uns danach im Wald zurück zur bereits bekannten **Abzweigung** ❷, an der wir jetzt links gehen und uns vom *Rheinsteig* nach **Orsberg** ❺ leiten lassen. Dort folgen wir kurz der *Orsberger Straße* links und verlassen den Ort an der 1708 erbauten, katholischen **St.-Josef-Kapelle** links auf der *Kapellenstraße* wieder. Der *Rheinsteig* führt uns nun durch den Wald hinunter nach **Heister** ❻, ein Ortsteil von Unkel. Hier verlassen wir kurz den *Rheinsteig* und gehen auf dem Sträßchen *Im Weidenberg* links zur **Burg Vilzelt** ❼, einer ehemaligen Wasserburg aus dem späten 13. Jahrhundert (privat, keine Besichtigung). Wieder zurück, wandern wir von **Heister** ❻ geradeaus im Wald bergauf und folgen dem Höhenweg am Rand der bewaldeten Rheinterrasse zum Aussichtspunkt **Stuxberg** ❽. Von

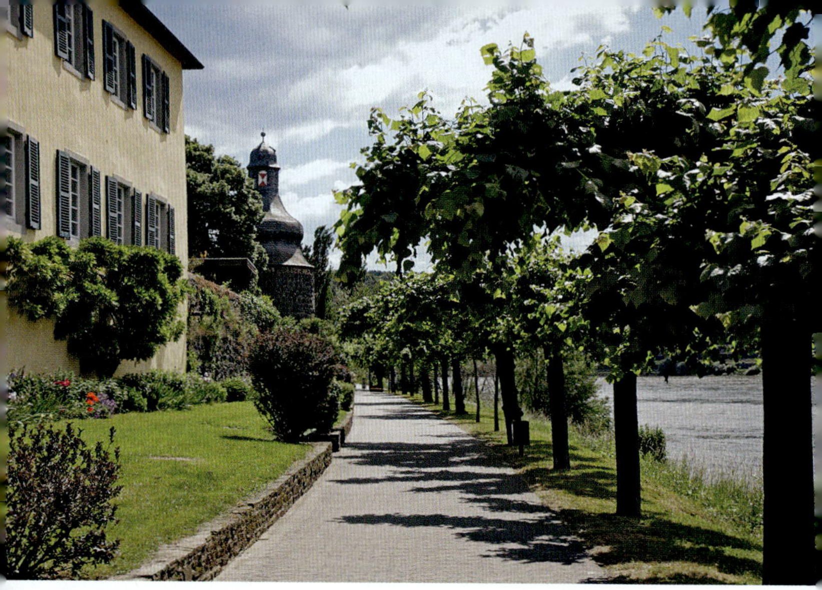

Günther-Lauffs-Promenade in Unkel am Rhein.

diesem haben wir einen schönen Blick auf Unkel und den Rhein. Der *Rheinsteig* führt uns von dort 150 m weiter durch den Wald zu einer Abzweigung auf der **Stuxhöhe** ⑨. Hier gehen wir geradeaus und nach 75 m links zum 7 m hohen, künstlich angelegten **Unkeler Wasserfall** ⑩, der auch Kaskade von Unkel genannt wird. Dies ist ein idyllischer Rastplatz; da er aber nah am Wanderparkplatz neben der Straße *L 252* liegt, ist man hier selten allein. Zurück an der Abzweigung auf der **Stuxhöhe** ⑨ verlassen wir den *Rheinsteig* und folgen der Markierung *RV* rechts haltend hinunter nach Unkel, wo wir die Markierung verlassen. Dort bietet der Stuxhof frisches Obst, Gemüse und Pflanzen an (ganzjährig Mi–So 9–19 Uhr geöffnet). Wir überqueren die *B 42* und auf der *Bruchhausener Straße* die Eisenbahnlinie. Hinter der Brücke gehen wir rechts auf dem *Heisterer Weg* an der Bahnlinie entlang bis zur Abzweigung der *Bahnhofstraße* kurz vor dem Bahnhof von **Unkel** ⑪. Hier gelangen wir links auf der *Bahnhofstraße* und der sich anschließenden *Von-Werner-Straße* zur **Rheinpromenade** ⑫. Dort folgen wir links am Rheinufer der *Günther-Lauffs-Promenade* zum **Gefängnisturm** ⑬, einem schönen Platz zum Ausruhen (Rastbank) und Beobachten der Schiffe. Der runde Turm mit seiner barocken Haube wurde 1553 errichtet, wobei die Haube erst um 1700 aufgesetzt wurde. Im Kellergewölbe des Turms befand sich ein Gefängnis, in dem – so wird berichtet – der junge Ludwig van Beethoven nach durchzechter Nacht aufgewacht sein soll.

Die nächsten 2,7 km wandern wir auf dem ebenen Uferweg am Rhein entlang nach **Erpel** ⑭, wobei wir kurz vor dem Ort einen schönen Blick über den Rhein zum Kloster Apollinarisberg haben. Nach dem Anleger der Personenfähre Remagen-Erpel können wir links durch die *Marktgasse* einen Abstecher zum 1000 Jahre alten Marktplatz mit seinen schönen Fachwerkhäusern machen. Wir überqueren die *B 42 (Rheinallee)* und verlassen auf dem Rad- und Wanderweg neben der Straße rechts den Ort. Am Ortsende sehen wir auf der anderen Rheinseite die schwarzen Brückentürme der ehemaligen Brücke von Remagen. Danach gehen wir links durch die Unterführung der Bahnlinie und wandern rechts entlang der Gleise zurück nach Kasbach. Dort führt uns die Straße *In der Stehle* zur *Kasbachtalstraße*, auf der wir links zurück zum Bürgerhaus **Kasbach** ① gelangen.

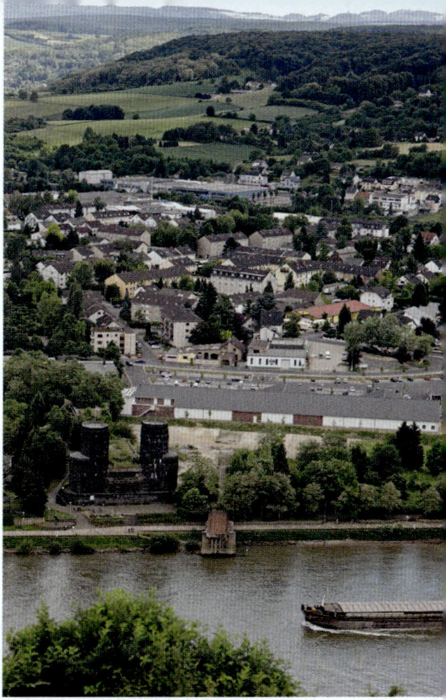

Die Brücke von Remagen am Rhein.

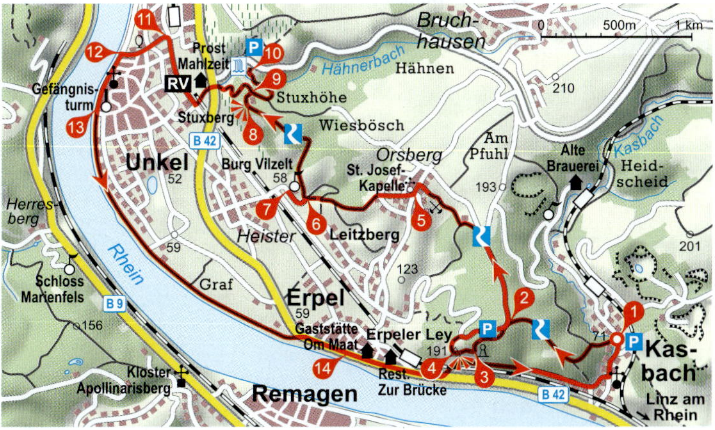

47 Von Bad Honnef-Selhof auf den Leyberg

2.30 h

Bachtäler und ein herrlicher Blick aufs Siebengebirge

Unsere Waldtour führt uns von der Jugendherberge in Bad Honnef-Selhof auf dem Rheinsteig und dem Rheinhöhenweg durch ein bewaldetes Seitental des Weidenbachs zur Barbarahütte. Wir besteigen den mit Basaltbrocken bedeckten Leyberg, von dem wir eine der spektakulärsten Aussichten über das nördliche Siebengebirge mit dem Rheintal haben. Danach kehren wir durch das Mucher Wiesental an der Mäckihütte und am Servatius-Wegkreuz vorbei zurück nach Bad Honnef.

Ausgangspunkt: Jugendherberge Bad Honnef-Selhof, Selhofer Straße 106. Bahnverbindung RB 27 und RE 8 Köln–Koblenz nach Bad Honnef, Bahnhof. Von dort Bus Linie 566 zur Haltestelle St.-Martins-Kapelle und auf der Selhofer Straße zum Ausgangspunkt (500 m).
Markierung: Rheinhöhenweg/Rheinsteig, Leyberg-Rundweg, K, Rheinsteig.
Anforderungen: Mittel, Waldwege, stellenweise felsig.
Einkehrmöglichkeit: Unterwegs keine; Bad Honnef.
Karte: Wanderkarte 1:25.000 Rheinwandern 5 Bonn, Siebengebirge von NaturNavi.

Von der Jugendherberge in **Bad Honnef** ❶ im Ortsteil Selhof gehen wir auf der Straße *Im rauhen Graben* (*Rheinhöhenweg*) etwa 350 m stadtauswärts, bis wir an einer **Abzweigung** ❷ auf den *Rheinsteig* treffen. Hier folgen wir den beiden Premiumwegen am Waldrand nach rechts in das bewaldete Tal, das von einem kleinen Zufluss des Weidenbachs durchflossen wird. Dort kommen wir an einer ökologisch wertvollen Feuchtwiese vorbei, die

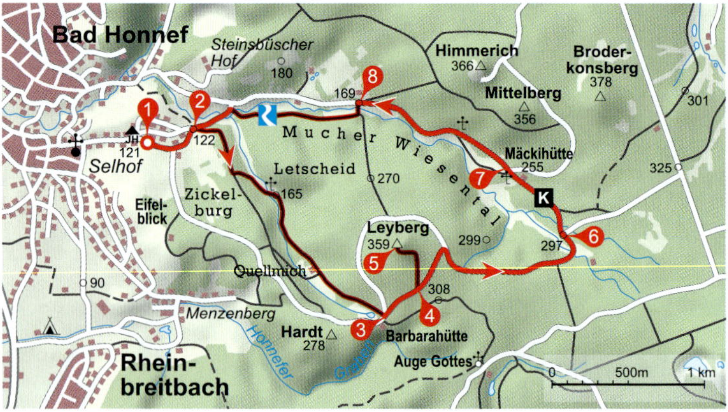

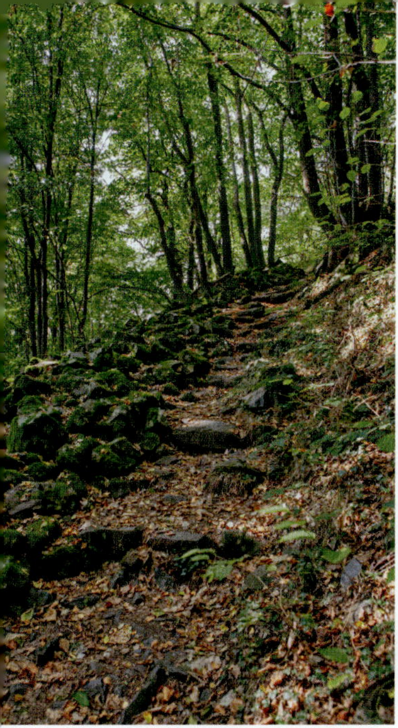

Ein steiniger Weg führt hinauf auf den mit Basaltbrocken bedeckten Leyberg.

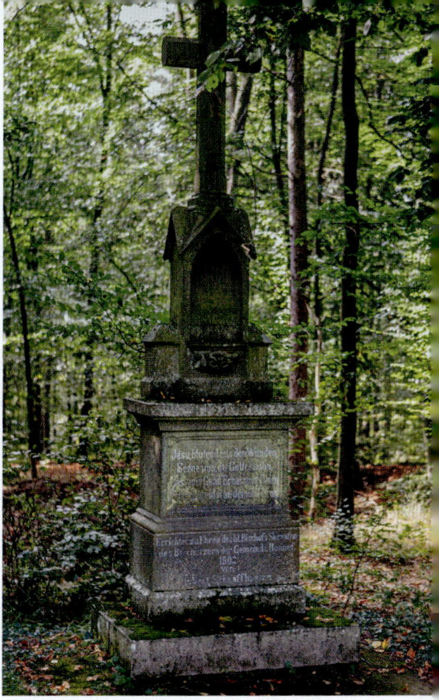

Das Servatius-Wegkreuz an der Mäckihütte erinnert an den Beschützer Bad Honnefs.

Quellemich heißt. Danach erreichen wir an einer Abzweigung den Rastplatz **Barbarahütte** ❸. Leider steht hier keine Schutzhütte mehr, denn diese ist abgebrannt. Unterhalb davon entspringt in einer sumpfigen Waldwiese der kleine Bach.

Wir verlassen den *Rheinhöhenweg* und den *Rheinsteig* und folgen links dem *Leyberg-Rundweg* zum Leyberg. Nach 330 m steigen wir an der **Abzweigung** ❹ unterhalb vom Leyberg links auf steilem Pfad und einer 80 m langen Felstreppe auf den mit Basaltbrocken bedeckten, 359 m hohen **Leyberg** ❺. Vom Gipfel des kegelförmigen Bergs haben wir einen traumhaften Ausblick ins Rheintal, zum Drachenfels und zum Siebengebirge.

Wir kehren auf demselben Weg zur **Abzweigung** ❹ zurück und wandern 300 m links weiter. An der nächsten Kreuzung verlassen wir den *Leyberg-Rundweg* und wandern rechts immer geradeaus ins 1,1 km entfernte **Mucher Wiesental** ❻, wo wir nach einem Linksbogen des Wegs ankommen. Dort treffen wir auf den *Kölner Weg (K)*. Der Markierung *K* folgend wandern wir oberhalb des Weidenbachs durch das Mucher Wiesental zur **Mäcki-**

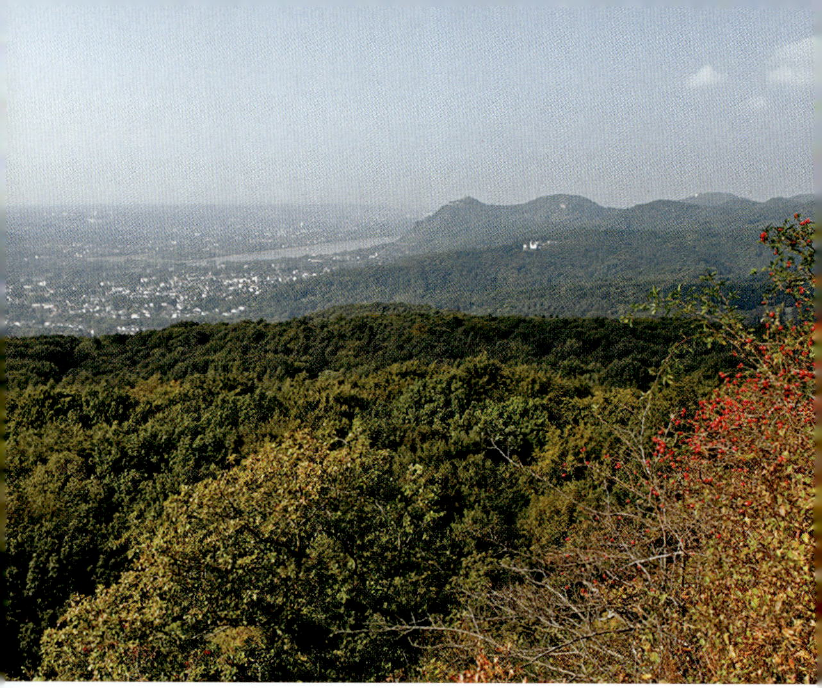

Aussicht vom Leyberg zum Drachenfels und dem Siebengebirge.

hütte ❼. Dort erinnert ein 1903 aufgestelltes Wegkreuz an Bischof Servatius, den Beschützer von Bad Honnef. Wir verlassen an der Hütte den *Kölner Weg* und wandern auf der asphaltierten Forststraße (*Mucherwiesenweg*) 1,1 km weit bis zu einer **Abzweigung** ❽, vor der wir auf den *Rheinsteig* treffen. Diesem folgend queren wir links den Weidenbach und wandern an der nächsten Abzweigung rechts weiter durch das Tal, bis wir nach 1 km an der **Abzweigung** ❷ wieder auf den Hinweg treffen. Der *Rheinhöhenweg* führt uns von dort geradeaus zurück zur Jugendherberge in **Bad Honnef-Selhof** ❶.

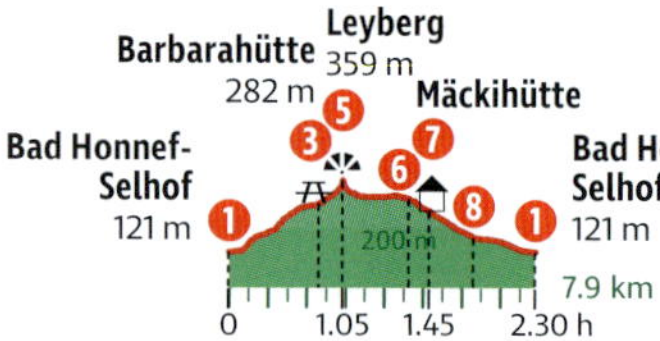

↗ 260 m | ↘ 260 m | 8.0 km

2.30 h

Vom Kloster Heisterbach auf den Weilberg

48

Die Geschichte der Zisterzienser und alte Vulkanberge

Die angesehene Benediktinerabtei Cluny in Burgund erlangte im 11. Jahrhundert großen Reichtum. Das verleitete die Ordensbrüder der Benediktiner dazu, ihr geistliches Wirken immer mehr zu vernachlässigen und sich einer weltlichen Lebensweise zuzuwenden. Der Benediktinermönch Robert von Molesme gründete daraufhin 1098 mit 20 anderen Glaubensbrüdern an einem abgeschiedenen Ort 100 km von der Abtei Cluny entfernt das Kloster Cîteaux, um dort weiterhin nach der ursprünglichen Glaubensregel »Bete und arbeite« des Benedikt von Nursia zu leben. Diese Mönche nannten sich Zisterzienser. Sie gründeten 1192 das Kloster Heisterbach. Von dort wandern wir zu den ehemaligen Vulkanbergen Weilberg, Stenzelberg und Petersberg und kehren auf dem Rheinsteig zurück.

Ausgangspunkt: Parkplatz Kloster Heisterbach. Bahnverbindung RB 27 und RE 8 von Köln-Koblenz nach Niederdollendorf, Bahnhof. Von dort Bus Linie 520 zum Kloster Heisterbach.
Markierung: HWW I, Rheinsteig.
Anforderungen: Mittel. Mehrere An- und Abstiege.
Einkehrmöglichkeit: Klosterstube im Kloster Heisterbach (Mo Ruhetag), Einkehrhaus Waidmannsruh (Mo, Di Ruhetag), Biergarten Petersberg (April–3. Okt. Mi–So geöffnet).
Sehenswürdigkeiten: Die 1237 geweihte, spätromanische Abteikirche des Klosters Heisterbach hatte mit einer Länge von 88 m und einer Breite von 44 m gewaltige Ausmaße und wurde nur vom Kölner Dom übertroffen. Nach der Aufhebung des Klosters 1803 wurde die Kirche abgetragen und ihre Steine zum Bau des Nordkanals zwischen Venlo und Neuss und für die Festung Ehrenbreitstein bei Koblenz verwendet. 1820 erwarb Graf Ernst zur Lippe-Biesterfeld die Klosterruine. Er ließ einen englischen Landschaftsgarten anlegen und 1840 ein Mausoleum in Form einer gotischen Waldkapelle bauen. Heute gehört das Kloster einer Sozialstiftung. Der Weilberg, 242 m, der Stenzelberg, 287 m, und der Petersberg, 335 m, entstanden vor rund 25 Millionen Jahren durch Vulkanismus, bei dem das Magma, das aus dem Erdinnern aufstieg, aber nicht an der Oberfläche austrat, sondern vorher im Innern der Vulkankuppen erstarrte. Am Weilberg wurde das Vulkangestein bis 1940 abgebaut. Der ehemalige Steinbruch ist heute ein Naturschutzgebiet. Am Stenzelberg, heute ebenfalls ein Naturschutzgebiet, wurde bis 1931 das Vulkangestein Latit abgebaut. Es wurde auch zum Bau des Klosters Heisterberg verwendet. Pfeiler aus minderwertigem Gestein, die sogenannten Umläufer, blieben stehen. Sie bilden heute markante Felsen. Auf dem Petersberg befand sich von 1949–1952 der Sitz der Alliierten Hohen Kommission. Später dienten die repräsentativen Gebäude der Bundesrepublik Deutschland als Gästehaus. Seit 2019 befindet sich darin das Steigenberger Grand Hotel & Spa Petersberg. Im ehemaligen Wachgebäude wurde der Schauplatz Petersberg eingerichtet, der über den Petersberg und seine bewegte Geschichte informiert (geöffnet Di–So 12–16 Uhr).
Karte: Wanderkarte 1:25.000 Rheinwandern 5 Bonn, Siebengebirge von NaturNavi.

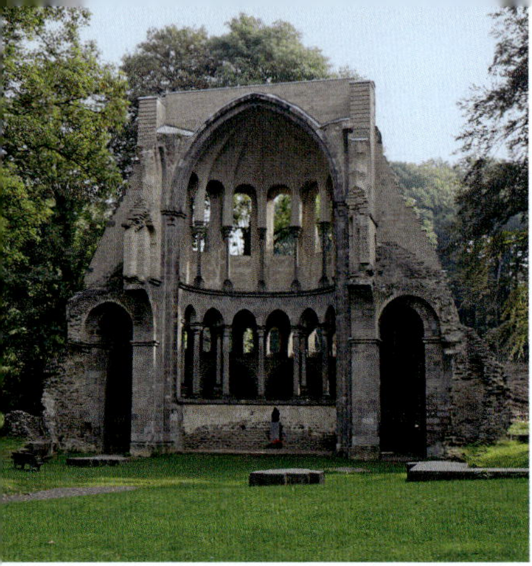

Die Chorruine von Kloster Heisterbach.

Am Parkplatz vor dem **Kloster Heisterbach** **1** überqueren wir uns rechts haltend die *L 268* und folgen dem Hauptweg des Westerwaldvereins *(HWW I)* zum Wald. Dort gehen wir an der Abzweigung rechts bergauf und verlassen nach 400 m an einer Abzweigung den *HW I*. Hier gehen wir am beschilderten Wegstein links auf dem kurzen Rundweg hinauf zum ehemaligen Basaltsteinbruch am **Weilberg** **2**. Von zwei Aussichtsplattformen mit Erläuterungstafeln kann man einen Blick in den ehemaligen Vulkan mit seinem Kratersee, in dem ein Feuchtbiotop entstand, werfen. Am Ende des Rundwegs überqueren wir den *HWW I* und wandern geradeaus auf der Forststraße am Parkplatz Weilberg vorbei zur Straße *L 268*, der *Dollendorfer Straße*. Wir gehen auf der Straße kurz links, überqueren sie und kommen auf dem *Mantelweg* am nahen Waldparkplatz *Im Mantel* vorbei. Nach 300 m folgen wir an einer **Wegkreuzung** **3** links dem *Stenzelberg-Rundweg* um den 287 m hohen Stenzelberg. Nach 600 m halten wir uns an einer Wegkreuzung rechts und können dann rechts auf einem kurzen Stichweg ein Stück weit in den ehemaligen Steinbruch am **Stenzelberg** **4** hineingehen. Aus Naturschutzgründen wurden die Trampelpfade, die weiter zu den Felsen führen, jedoch gesperrt.

Wir gehen den Stichweg wieder zurück und rechts weiter durch den Wald. Am Ende des Wegs treffen wir wieder auf den *Mantelweg*, wo wir im **Einkehrhaus Waidmannsruh** **5** eine Rast einlegen können. Das Gasthaus liegt nicht an einer öffentlichen Straße und ist wohl deshalb eine beliebte Station für Westernreiter und Wanderer. Wir wandern von dort rechts auf der *Nonnenstrombergstraße* weiter und verlassen diese nach knapp 50 m. Jetzt gehen wir links auf dem schmalen Waldpfad in lang gezogenen Serpentinen hinauf auf den 336 m hohen **Nonnenstromberg** **6**. Ein großer Steinhaufen signalisiert nach 900 m beschwerlichem Anstieg, dass wir mitten im Wald den Gipfel erreicht haben. Danach kommen wir an einem Aussichtspunkt vorbei und folgen den Serpentinen wieder bergabwärts.

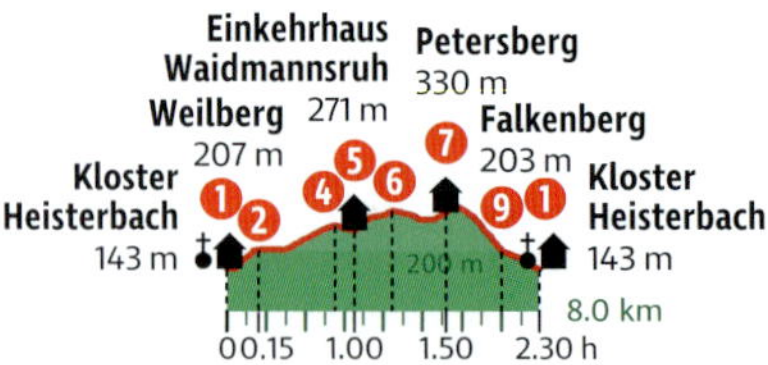

Nach dem Abstieg halten wir uns an der Abzweigung rechts und treffen nach ca. 150 m wieder auf die *Nonnenstrombergstraße*. Auf dieser gehen wir links, treffen nach 250 m bei der Mondscheinwiese auf den *Rheinsteig* und folgen diesem geradeaus zum Schauplatz **Petersberg** 7. Wir umgehen auf dem *Rheinsteig* die weitläufige Hotelanlage. Vor dem Hotel steht die Petersberg-Kapelle, daneben liegen die Grundmauern einer mittelalterlichen, fünfschiffigen Kirche, und hinter dem schlossähnlichen Hotelbau können Wanderer in einem Biergarten einkehren und die schöne Aussicht ins Rheintal genießen. Der *Rheinsteig* führt uns danach beim Biergarten rechts durch den Wald zum **Fritz-Rösing-Platz** 8. Hier erinnert ein Gedenkstein an Friedrich Ferdinand Rösing (1874–1970), der sich als Vorsitzender des Verschönerungsvereins Dollendorf um das Siebengebirge verdient gemacht hat. Danach führt der *Rheinsteig* über den 203 m hohen **Falkenberg** 9 und ab der nächsten Wegkreuzung gemeinsam mit dem *HWW I* rechts zurück zum **Kloster Heisterbach** 1.

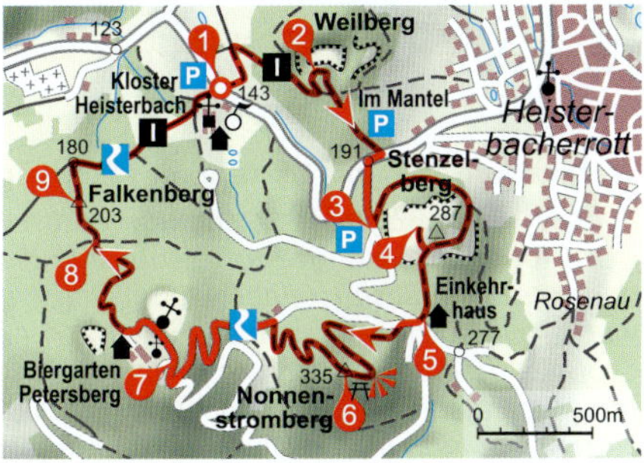

Der Basaltsteinbruch auf dem Weilberg ist heute ein geschütztes Biotop.

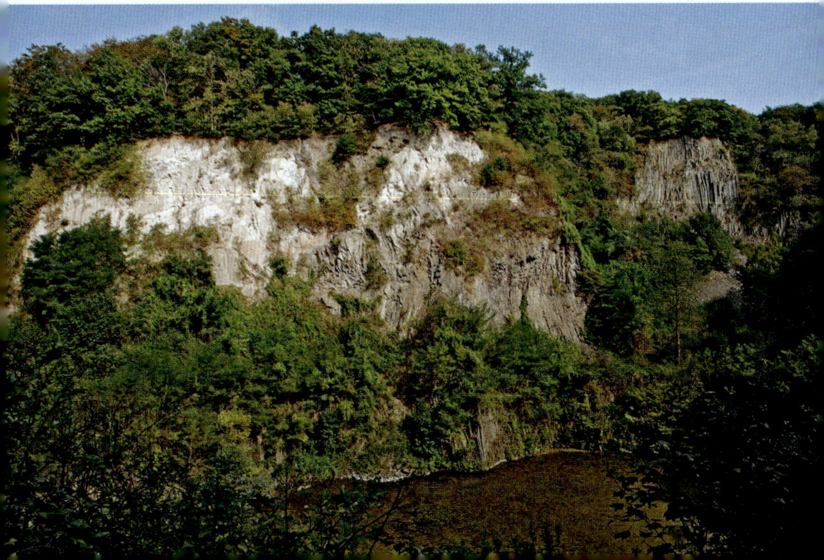

↗ 230 m | ↘ 230 m | 5.1 km

49 Auf den Großen Ölberg

1.45 h

Waldwanderung am Ostrand des Siebengebirges

In der zweiten Hälfte des 19. Jahrhundert wurde auch am Kleinen und Großen Ölberg Basalt abgebaut. Heute sind diese Steinbrüche stillgelegt, und der ehemalige Basaltsteinbruch am Großen Ölberg mit seinem kleinen See wurde ein Naturschutzgebiet für seltene Amphibien. Der 460 Meter hohe Große Ölberg ist der höchste Berg im Siebengebirge und einer der schönsten Aussichtsberge der Region. Vom Basaltplateau hinter der Ölberg-Gaststätte sieht man über die bewaldeten Gipfel des Siebengebirges bis zur Eifel mit der Hohen Acht. Der Name des Bergs hat nichts mit Öl zu tun, sondern leitet sich von einem alten Grenzmal ab, weshalb der Berg früher auch Malberg hieß. Auf bequemen Waldwegen wandern wir von Ittenbach über den Kleinen Ölberg auf den Großen Ölberg und über die Margarethenhöhe, einen 323 Meter hohen Pass, zurück. Dieser wurde nach einem Wegkreuz aus dem Jahr 1641 benannt, das ein Relief der heiligen Margaretha trägt.

Ausgangspunkt: Waldparkplatz Aacherhof an der L 83 nordwestlich von Ittenbach. Bus Linie 521 von Königswinter nach Ittenbach, Haltestelle Linde. Von dort 500 m zum Ausgangspunkt.
Markierung: HWW I.
Anforderungen: Gering, aber mehrere An- und Abstiege.
Einkehrmöglichkeit: Gasthaus auf dem Großen Ölberg (geöffnet Mi–Sa 10–18 Uhr, So 10–17 Uhr).
Karte: Wanderkarte 1:25.000 Rheinwandern 5 Bonn, Siebengebirge von NaturNavi.

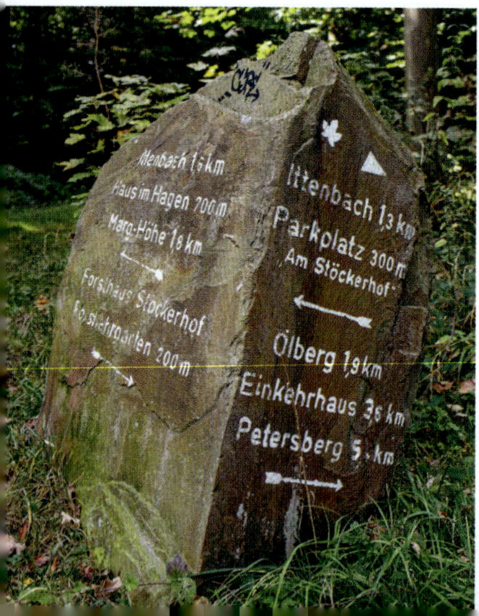

Wir beginnen unsere Rundwanderung am **Waldparkplatz Aacherhof** ❶ neben der *L 83* nordwestlich von Ittenbach. Vor dem Parkplatz folgen wir der Forststraße *(Gürtelweg)* nach links zum **Buchenplatz** ❷. Hier sind die verschiedenen Gesteinsarten zu sehen, die das Siebengebirge bilden. Nun orientieren wir uns am Hauptwanderweg I des Westerwaldvereins (*HWW I*) und am *Ölberg-Rundweg* und wandern geradeaus auf der Forststraße weiter. Im Linksbogen der Forststraße kommen wir an einem Aussichts-

Ein Basaltstein als Wegweiser im Siebengebirge.

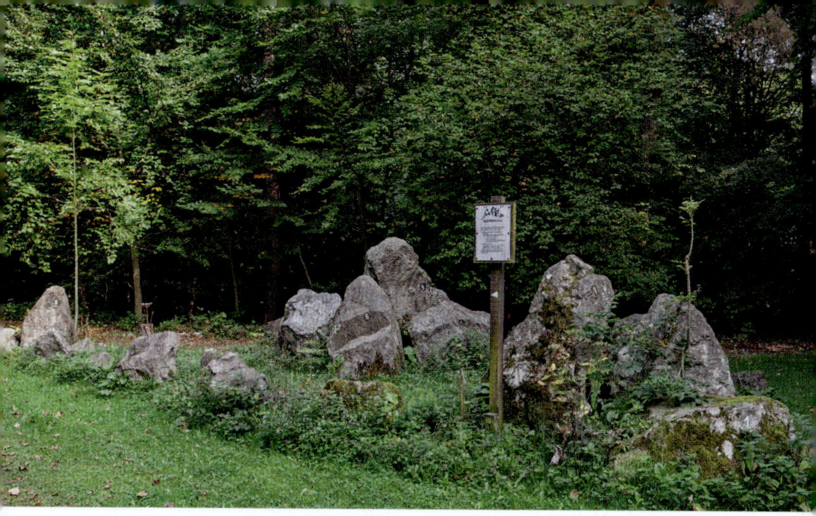

Am Buchenplatz sind die fünf Grundgesteinsarten aufgestellt, aus denen das Siebengebirge besteht: Trachyt, Latit, Basalt, Tuff und Quarzit.

punkt vorbei und treffen kurz darauf an einer **Wegkreuzung** ❸ auf die Forststraße *Stüsserweg*. Hier steht neben einem Rastplatz ein Wegkreuz. Wir verlassen den *Ölberg-Rundweg* und folgen *HWW I* 120 m geradeaus bis zur nächsten Abzweigung, wo wir *HWW I* verlassen. Wir gehen geradeaus und steigen nach etwa 100 m rechts auf dem nicht markierten Pfad hinauf auf den 332 m hohen **Kleinen Ölberg** ❹, einen ehemaligen Basalt-Steinbruch. Dieser ist vollständig vom Wald bedeckt, sodass wir von seinem Gipfel zwar keine Aussicht haben, uns aber zwischen den Basaltblöcken auf einer Rastbank ausruhen können. Wir steigen dann wieder den Pfad hinunter und wandern 150 m rechts weiter bis zur Abzweigung vor der aufgeforsteten **Lichtung** ❺. Hier gehen wir auf dem nicht markierten Waldweg links. Neben dem Weg stehen mächtige Buchen. Nach gut 250 m gehen wir auf dem nach links abzweigenden Weg weiter, kreuzen einen weiteren Forstweg und gehen danach an der **Abzweigung** ❻ vor dem *Humbroich-Platz* links hinauf auf den 460 m hohen **Großen Ölberg** ❼. Dort können wir einkehren und von der Sonnenterrasse des Gasthauses die Aussicht über das Siebengebirge bis zur Eifel genießen. Auf der Ostseite liegt unterhalb des Plateaus der ehemalige Basaltsteinbruch mit seinem kleinen See.

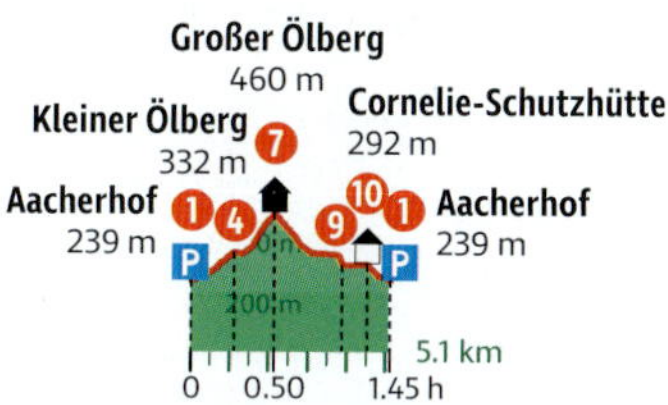

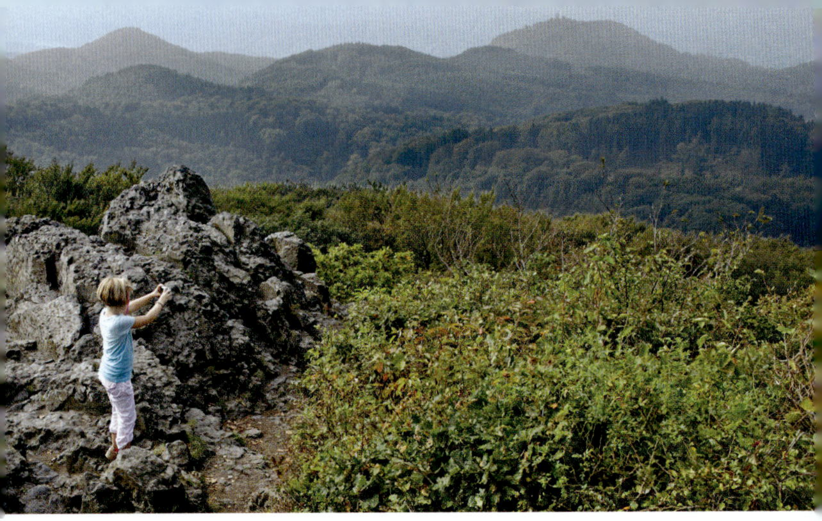

Aussicht vom Plateau des Großen Ölbergs.

Wir gehen wieder hinunter zu der **Abzweigung** ❻ und dort links auf der Zufahrtsstraße zum Ölberg am nahe gelegenen *Humbroich-Platz* vorbei, einem Rastplatz und Aussichtspunkt mit Drachenfelsblick. An der nächsten Abzweigung verlassen wir das Sträßchen und wandern rechts auf dem schmalen Schotterweg durch den Wald. Nach 220 m kreuzen wir die Zufahrtsstraße zum Ölberg und treffen kurz darauf erneut auf die Zufahrtsstraße. Hier gehen wir auf dieser 30 m rechts und gelangen dann links zur **Margarethenhöhe** ❽. Das Margarethenkreuz (Rastplatz) steht rechts am Waldrand.

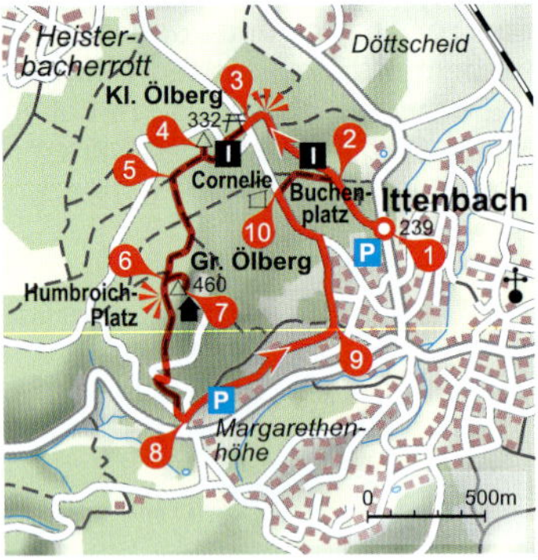

Auf dem *Ölbergringweg* wandern wir nun links bis an den Ortsrand von **Ittenbach** ❾. Hier gehen wir auf dem *Ölbergringweg* links weiter zum Waldparkplatz (Rastplatz) und dort erneut links auf dem *Stüsserweg* zur **Cornelie-Schutzhütte** ❿. An ihr biegen wir nach rechts ab und folgen an der nächsten Abzweigung rechts der Forststraße *Eschenweg* zum *Gürtelweg*, wo wir am **Buchenplatz** ❷ wieder auf den Hinweg treffen. Auf ihm gelangen wir rechts zurück zum Ausgangspunkt am **Waldparkplatz Aacherhof** ❶.

↗ 590 m | ↘ 590 m | 14.0 km

TOP

4.30 h

Der Naturpark Siebengebirge

50

Die Löwenburg, das Schloss Drachenburg und der Drachenfels

Das Siebengebirge mit seinen rund 40 bewaldeten Bergkuppen ist vulkanischen Ursprungs und entstand vor etwa 25 Millionen Jahren. Sein Name stammt wohl von den sieben Bergen, die man von der Kölner Bucht aus sieht. Seit 1923 sind 4800 Hektar Naturschutzgebiet, somit gehört es zu den ältesten Deutschlands. 1958 wurde das Siebengebirge zum Naturpark erklärt und 1971 mit einem Europadiplom ausgezeichnet. Die Landschaft ist abwechslungsreich, und ein enges Netz lohnenswerter Wanderwege durchzieht die Region. Die Löwenburg, erstmals 1247 urkundlich erwähnt, ließen die Grafen von Sayn als Grenzfeste gegen die Burgen Drachenfels und Wolkenburg erbauen und begegneten dem Streben der Kölner Erzbischöfe nach Ausdehnung ihrer Macht auf der rechten Rheinseite. Im 16. und 17. Jahrhundert wurden die einst mächtigen Burgen zerstört.

Ruine Löwenburg bei Rhöndorf.

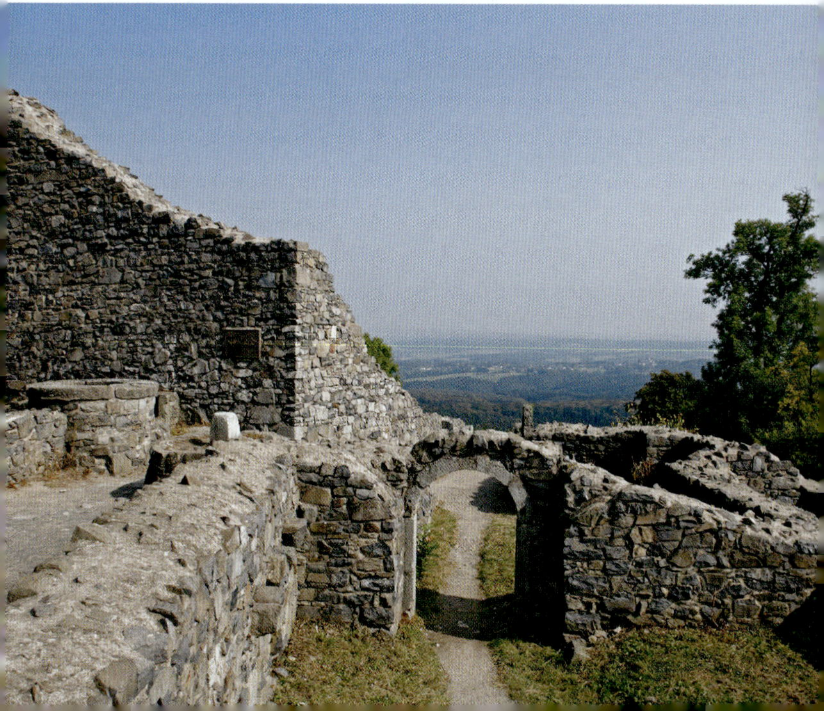

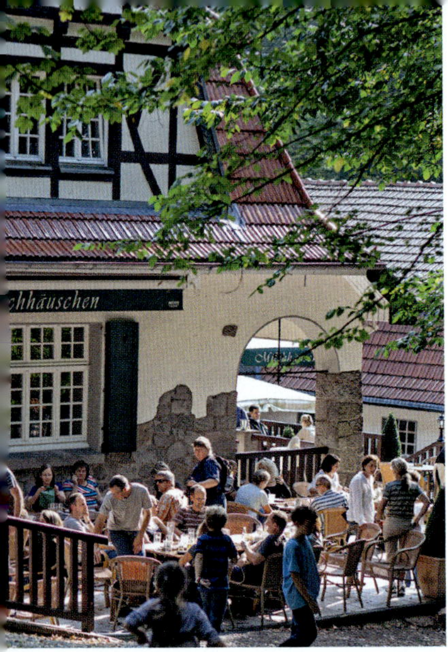

Die Ausflugsgaststätte Milchhäuschen.

Ausgangspunkt: Rhöndorf, Parkplatz Ziepchesplatz am nordöstlichen Rand der Altstadt. Zug RB27 und RE8 (Köln–Bonn–Koblenz) nach Rhöndorf, Bahnhof.
Markierung: Rheinsteig, Kölner Weg (K), Rheinsteig.
Anforderungen: Mittel, mehrere Auf- und Abstiege, stellenweise steile, schmale Pfade.
Einkehrmöglichkeit: Gaststätten in Rhöndorf, Waldgaststätte Löwenburger Hof (Do Ruhetag), Gaststätte »Milchhäuschen« (Do–So geöffnet), Gartenwirtschaft Am Drachenbrunnen (April–Nov. tgl. ab 11 Uhr geöffnet) und Felder's am Winzerhäuschen (Mo, Di Ruhetag) an der Drachenfelsstraße nördlich vom Schloss Drachenburg, Restaurant Drachenfels (Sa, So und Feiertag geöffnet).
Sehenswürdigkeiten: In Rhöndorf erbaute der erste deutsche Bundeskanzler Konrad Adenauer 1937 sein Wohnhaus, nachdem er von den Nationalsozialisten als Oberbürgermeister von Köln abgesetzt worden war. Das im Innern unverändert gelassene Adenauer-Haus ist heute eine Gedenkstätte (Mo geschlossen). Schloss Drachenburg hat Besonderes zu bieten: Baron Stephan von Sarter (1833–1902) wurde durch den Bau des Suezkanals an der Börse reich, sodass er sich 1882 mit dem Bau eines »Märchenschlosses« einen Traum verwirklichte. Bewohnt hat der Baron sein Schloss aber nie, denn er zog es vor, als Junggeselle in Paris zu leben. Das Schloss hatte nach dem Tod Sarters viele Besitzer und eine wechselvolle Geschichte. Heute befindet sich das aufwendig restaurierte Schloss im Besitz der Nordrhein-Westfalen-Stiftung Naturschutz, Heimat- und Kulturpflege. Das Schloss kann vom 16. März bis 1. Nov. täglich ab 11 Uhr, sonst täglich ab 12 Uhr besichtigt werden. Sa und So werden Schlossführungen, Themenführungen oder sonstige Veranstaltungen angeboten. Tickets können online bestellt werden unter schloss-drachenburg.de.
Karte: Wanderkarte 1:25.000 Rheinwandern 5 Bonn, Siebengebirge von NaturNavi.

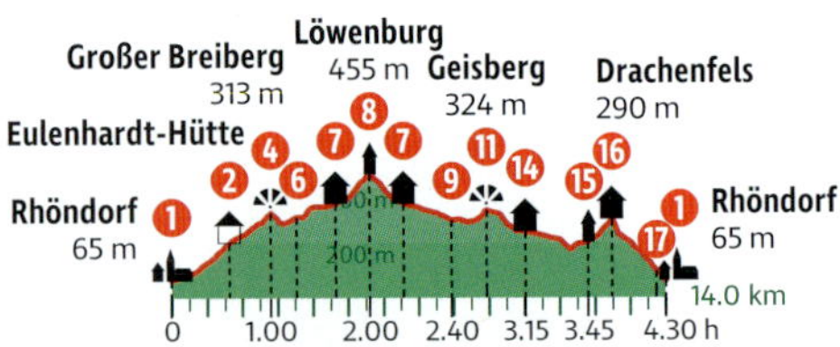

Am Ziepchesplatz in Rhöndorf, der von schönen Winzerhäusern umgeben ist, sprudelt die Drachenfelsquelle aus dem Ziepchen, dem alten Brunnen. Von 1844-1949, als die Drachenfelsquelle hier noch offen an die Oberfläche trat, war dies die wichtigste Wasserstelle des Orts. Wir wandern vom Ziepchen in **Rhöndorf** ❶ auf der *Löwenburgstraße* in Richtung Wald durch das schmucke Weindorf. Am Ortsende treffen wir hinter dem Schützenhaus auf den *Rheinsteig*. Auf diesem wandern wir nun geradeaus auf der *Löwenburgstraße* weiter. An der Wegkreuzung auf Höhe des Waldfriedhofs, in dem Konrad Adenauer bestattet wurde, biegen wir nach rechts auf den *Dr. Menser-Weg* ab, folgen dem *Rheinsteig* 500 m geradeaus und gelangen dann links über den bewaldeten Bergrücken des Knelingshardt zur **Eulenhardt-Hütte** ❷. Hier gehen wir geradeaus weiter, halten uns nach 250 m links und kreuzen nach weiteren 250 m den *Brieberichweg*, eine Forststraße. Jetzt führt uns der *Rheinsteig* nördlich um den 313 m hohen Großen Breiberg zur **Breiberg-Hütte** ❸. Von dort gehen wir rechts hinauf auf den **Großen Breiberg** ❹, dessen bewaldeter Gipfel (Rastplatz) einen Ausblick auf den Petersberg und den Drachenfels bietet. Wieder zurück an der **Breiberg-Hütte** ❸, wandern wir rechts auf dem *Rheinsteig* nördlich am 288 m hohen **Kleinen Breiberg** ❺ und südlich am 329 m hohen **Ölender** ❻ vorbei zum bewirtschafteten **Löwenburger Hof** ❼. Früher wurde in dieser ehemaligen Staatsdomäne Alm- und Waldwirtschaft betrieben, und 1910 wurde aus dem stattlichen Forsthaus eine Gaststätte. Seit 2003 befindet sich der historische Hof in Privatbesitz. Wir gehen hier auf dem *Rheinsteig* noch 350 m weiter, verlassen ihn dann und folgen rechts dem Weg hinauf zur 455 m hoch gelegenen **Löwenburg** ❽. Durch die lang gezogene Vorburg gelangen wir auf einer Treppe in die Kernburg mit ihren dicken Mauern und den Überresten des Bergfrieds, von Burgtoren, Zwinger und Palas. Nach der Besichtigung der großen Ruine gehen wir wieder zurück zum **Löwenburger Hof** ❼.

Ruine Drachenfels am Mittelrhein.

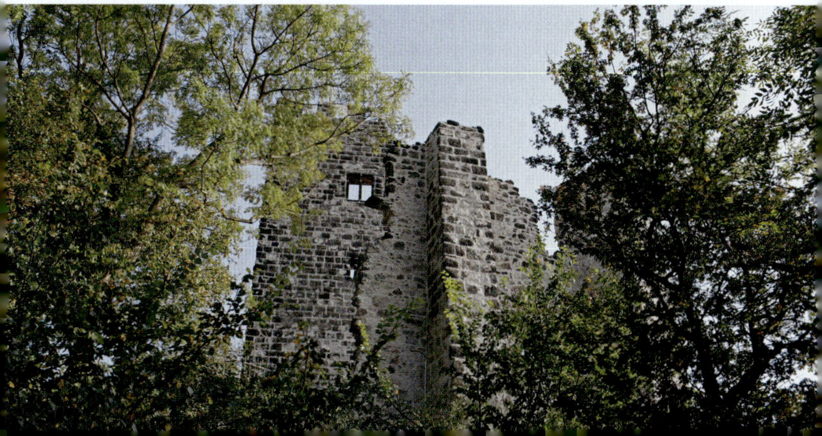

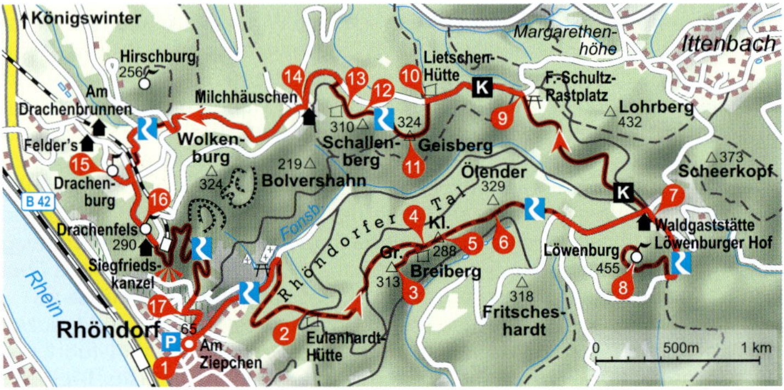

Dahinter treffen wir an der querenden Forststraße auf den *Kölner Weg (K)*. Auf dieser gehen wir kurz links und lassen uns dann rechts vom *Kölner Weg* die nächsten 1,2 km durch den Wald leiten. Rechts vom Weg erhebt sich der 432 m hohe Lohrberg, der dritthöchste Berg im Siebengebirge. Kurz hinter der Userother Hütte erreichen wir bei einer großen Waldwiese die **Drachenfelsstraße** 9. Auf dieser Forststraße *(Kölner Weg)* wandern wir links bis zur **Lietschen-Hütte** 10. Dort treffen wir wieder auf den *Rheinsteig*. Wir verlassen hier den *Kölner Weg* und folgen links dem *Rheinsteig* auf schmalem Pfad über den 324 m hohen **Geisberg** 11, auf dem die Walter-Guillaume-Hütte steht (Aussicht auf Drachenfels und Rheintal), und den 310 m hohen **Schallenberg** 12. Danach kommen wir an der **Dr.-Eduard-von-Gartzen-Hütte** 13 vorbei, einem sechseckigen Pavillon, und erreichen nach dem Abstieg das 1826 erbaute **Milchhäuschen** 14. Der Ursprung des heutigen Ausflugslokals geht auf einen Bauernhof zurück, der die Bewohner der Burg Drachenfels mit Milch und Fleisch versorgte. Nun gehen wir auf dem *Rheinsteig* und der *Drachenfelsstraße* weiter zur **Drachenburg** 15, einem Schloss wie aus einem Märchenfilm. Dorthin gelangen wir von der Haltestelle der 1833 erbauten Zahnradbahn, der ältesten Deutschlands. Auf dem *Rheinsteig* wandern wir vom Schloss zum nahe gelegenen **Drachenfels** 16. Vom Burghof haben wir eine herrliche Aussicht über das Siebengebirge, zur Löwenburg und ins Rheintal. Wer möchte, kann hier auch einkehren und sich von einem Drachen die Siegfriedsage erzählen lassen.

Nach der Besichtigung der hoch aufragenden Ruine leitet uns der *Rheinsteig* steil hinunter zum **Ulanendenkmal** 17 oberhalb von Rhöndorf, das an die im Ersten Weltkrieg gefallenen Soldaten eines Kavallerie-Regiments erinnert. Nach dem Denkmal verlassen wir den *Rheinsteig* und gehen an der nächsten Abzweigung rechts nach **Rhöndorf** 1 und auf der *Löwenburgstraße* rechts zurück zum Ziepchen.

Drachenfelsblick im Siebengebirge.

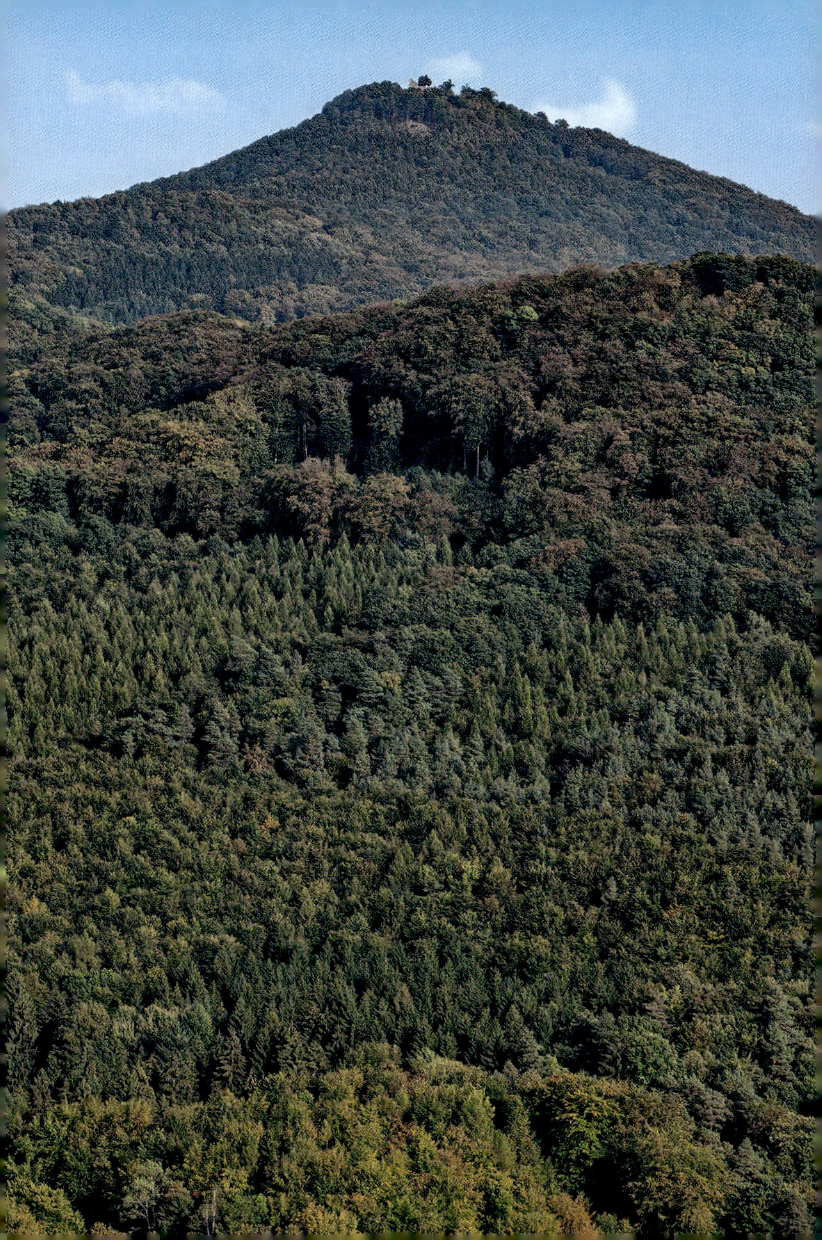

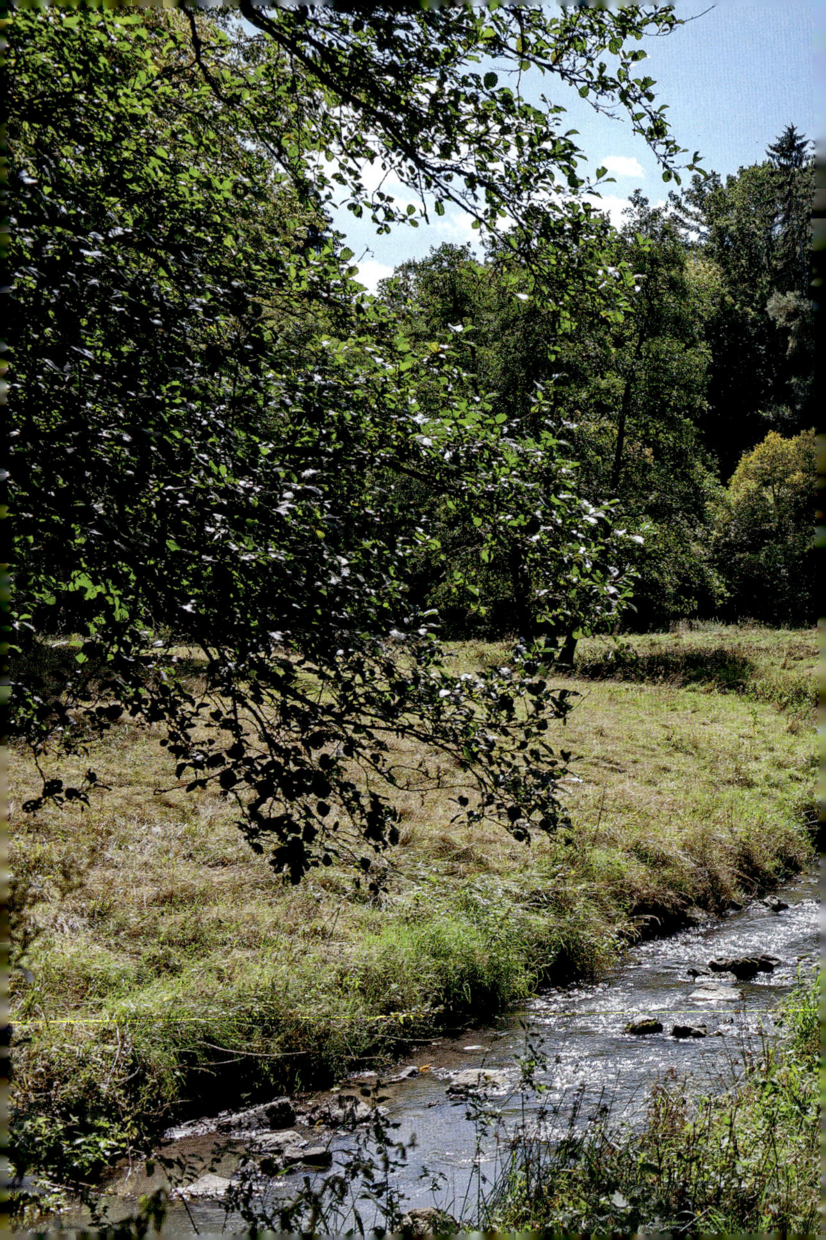

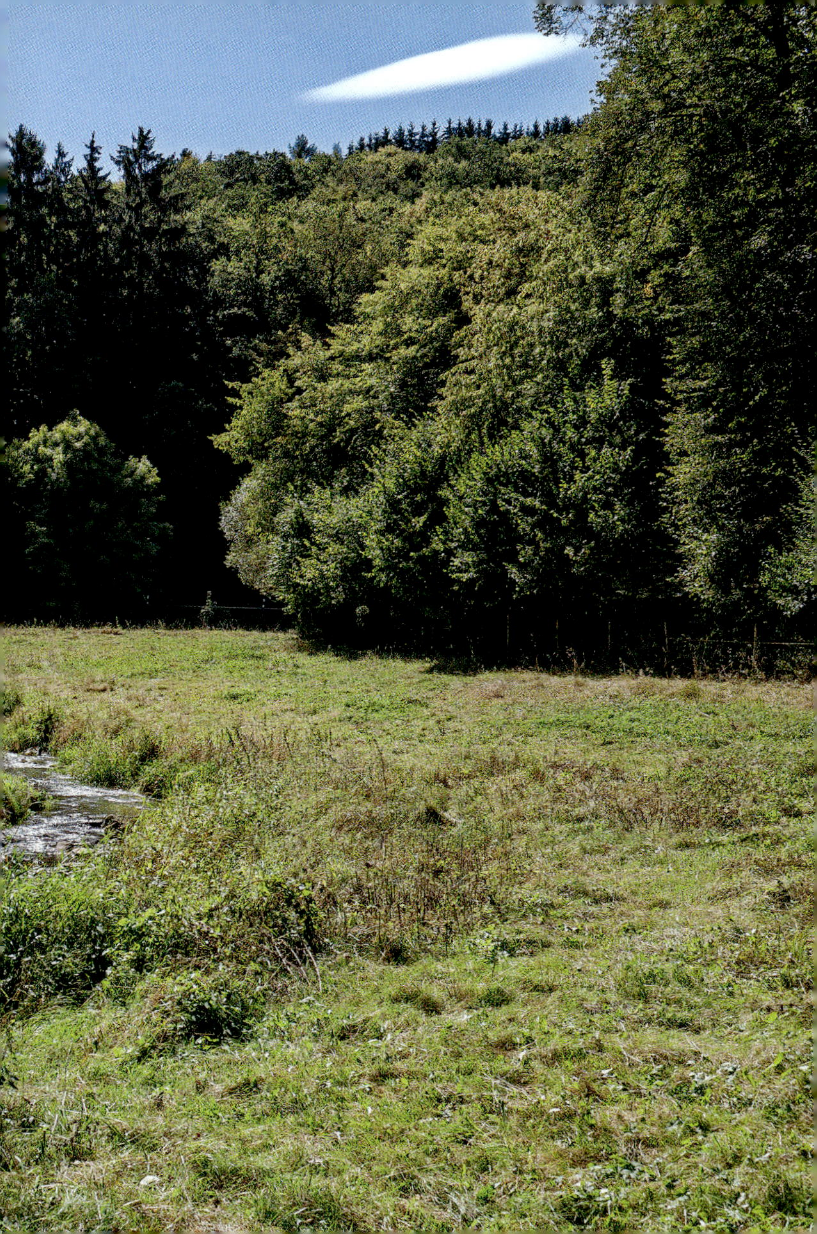

STICHWORTVERZEICHNIS

Umschlagbild: Blick von der Erpeler Ley ins Rheintal bei Erpel (Tour 46).

Bild S. 1: Ruine der um 1100 erbauten Isenburg (Tour 33).

Bild S. 26/27: Aussicht vom Sonnenberg auf das Nistertal bei Alhausen in der Kroppacher Schweiz (Tour 2).

Bild S. 200/201: Das Gelbachtal zwischen Wirzenborn und Reckenthal (Tour 28).

Alle Fotos vom Autor.

Kartografie:
50 Wanderkärtchen im Maßstab 1:50.000
© Bergverlag Rother GmbH, München
(gezeichnet von Barbara Häring, Gröbenzell, und Heinz Muggenthaler, Regen)
sowie zwei Übersichtskarten im Maßstab 1:500.000 und 1:700.000
© Freytag & Berndt, Wien

Werk-Nr.: 4156

3., aktualisierte Auflage 2024

ISBN 978-3-7633-4768-1

FSC www.fsc.org MIX Papier | Fördert gute Waldnutzung FSC® C147178

Wir freuen uns über jeden Korrekturhinweis zu diesem Wanderführer!
Bitte per E-Mail an: leserzuschrift@rother.de

ROTHER BERGVERLAG · Keltenring 17 · D-82041 Oberhaching
Tel. +49 89 608669-0 · rother.de